C·H·Beck

PAPERBACK

Julian Hans

Kinder der Gewalt

Ein Porträt Russlands
in fünf Verbrechen

C.H.BECK

2. Auflage. 2024

www.chbeck.de
Umschlaggestaltung: geviert.com, Michaela Kneißl
Umschlagabbildung: Stadtrand von Norilsk, aufgenommen im Mai 2010, © Sergey Maximishin
Satz: C.H.Beck.Media.Solutions, Nördlingen
Druck und Bindung: Druckerei C.H.Beck, Nördlingen
Printed in Germany
ISBN 978 3 406 80886 9

myclimate

verantwortungsbewusst produziert
www.chbeck.de/nachhaltig

Für Djamilia

Inhalt

Einleitung

Wer die Gewalt zu seiner Methode macht,
muss die Lüge zu seinem Prinzip erwählen.

Alexander Solschenizyn, Nobelpreisrede 1970

Zwanzig Jahre lang hält eine Bande rücksichtsloser Gewalttäter eine Kleinstadt in Russlands Süden im Griff. Sie raubt den Bauern ihr Land, missbraucht die Mädchen, kauft die Polizisten. Gegner werden getötet, Hilferufe nicht gehört. Die Anführer des Clans sitzen als Abgeordnete im Parlament, ihre Firmen erhalten Millionen aus der Staatskasse. Erst als in einer Nacht zwölf Menschen brutal ermordet werden, darunter vier Kinder, schreckt das Land auf und die Öffentlichkeit fragt sich: Wie konnte das Verbrechen so mächtig werden? Und warum haben die Menschen diese Tyrannei so lange geduldet? Viele in Russland erkennen Parallelen: Die Angst im Alltag, die Willkür der Polizei, die manipulierte Justiz, die Verbindung zwischen den Staatsorganen, der Wirtschaft und der organisierten Kriminalität gibt es auf allen Ebenen im ganzen Land bis in den Kreml. Und die Fragen, warum die Menschen das mit sich machen lassen und warum es nicht mehr Widerstand gab, betreffen die ganze Gesellschaft.

Seit dem 24. Februar 2022 stellen sich diese Fragen noch dringlicher. Unter dem Eindruck von Russlands Überfall auf die Ukraine und der Gräueltaten seiner Soldaten versuchen wir zu begreifen, warum diese Gesellschaft so bereitwillig in diesen

Krieg zieht. Warum wehren sich nicht mehr Russinnen und Russen? Warum lassen sie sich scheinbar schicksalsergeben für einen Feldzug rekrutieren, dessen Sinn sie nicht wirklich verstehen? Warum zeigen so wenige Mitgefühl für ihre Verwandten in der Ukraine? Und warum fehlt ihnen scheinbar jede Wertschätzung für das Leben – das Leben anderer, aber auch das eigene? Am Beispiel von fünf Verbrechen schildert dieses Buch, wie Willkür, Gewalt, Machtmissbrauch und Lüge auf eine Gesellschaft wirken und welche Wege Menschen finden, darauf zu reagieren – mit Resignation, mit neuer Gewalt, aber auch mit Mut und Klugheit.

Die hier geschilderten Verbrechen haben die russische Gesellschaft bewegt, wurden aber bei uns kaum wahrgenommen. Die außenpolitische Berichterstattung konzentriert sich vor allem auf den Kreml, auf die Repressionen gegen die Opposition und auf russische Einmischungsversuche in seiner Nachbarschaft und anderswo – und hat damit oft schon mehr als genug zu tun. Warum lohnt sich ein Blick auf russische Kriminalfälle? In Russland wird wenig über Politik gesprochen. Seit Jahren antworten etwa drei Viertel der Befragten, sie interessierten sich nicht für Politik und wollten damit auf keinen Fall etwas zu tun haben. Gleichzeitig interessiert sich eine aufgeklärte Minderheit sehr für Politik: Die Anhänger von Alexej Nawalny, die Vertreter der inzwischen verbotenen Organisation Memorial, die Journalistinnen und Journalisten der unabhängigen Medien und ihre Zuschauer und Leser. Aus dieser aktiven, aber relativ kleinen Gruppe rekrutieren sich im Wesentlichen die Gesprächspartner internationaler Medien. Das ist keine Parteilichkeit, westliche Korrespondenten haben kaum eine andere Wahl: Wenn offizielle Stellen konsequent Lügen verbreiten und Tatsachen verdrehen, wenn untergeordnete Behörden schweigen, wenn Bürgermeister, Schuldirektorinnen und Wissenschaftler aus Angst nicht öffentlich reden wollen und die Mehrheit der Bevölkerung aus dem gleichen Grund sorgsam darauf achtet, erst gar nicht mit politischen Fragen in Berührung zu kommen, dann bleiben nur die wenigen Aufgeschlossenen und Engagierten, die natürlicherweise die Diktatur ablehnen, aber darin letztlich doch nicht für die Mehrheit sprechen können.

Es wurde in den vergangenen Jahren viel Energie darauf verwendet, Wladimir Putin zu verstehen, und viel Papier, um zu erklären, was der Führer im Kreml «wirklich will». Das war zweifellos notwendig, da sich viele auch in deutschen Parteien und bei Wirtschaftsverbänden bis zuletzt Illusionen machten über einen rationalen Verhandlungspartner, für den man nur die richtige Sprache finden müsse. Seit Februar 2022 ist klar, dass die einzige Sprache, die Wladimir Putin versteht, die Sprache der Macht ist und ihr Dialekt die Gewalt. Nur kam dabei das Bemühen zu kurz, auch die russische Gesellschaft verstehen zu wollen. Sie ist noch schwerer zu fassen als ihr Präsident. Sie tritt nicht öffentlich auf, veröffentlicht keine Aufsätze über ihre Sicht der Welt, und sie ist weniger homogen als es scheint. Vor allem ist sie nicht identisch mit ihrer politischen Führung. Wenn das Entsetzen über den Krieg bisweilen dazu verleitet, ein Gleichheitszeichen zwischen den Kriegsverbrecher im Kreml und die Menschen in Russland zu setzen, wird dieser Kurzschluss nicht helfen, den richtigen Umgang mit Russland zu finden, wenn Putin einmal nicht mehr da ist.

In einem Land, in dem es seit Jahrzehnten keine freie öffentliche Debatte gibt und das sich seit zwei Jahren mit beschleunigten Schritten in Richtung einer totalitären Diktatur bewegt, darf man sich nicht viel davon erwarten, wenn man Passanten ein Mikrofon entgegenstreckt und fragt: «Wie beurteilen Sie die Kriegsverbrechen in Butscha?» Die Befragten haben viele Gründe, nicht, oder nicht ehrlich zu antworten. Der naheliegendste ist Angst: Kritik am Krieg ist heute ein sicheres Ticket ins Gefängnis. Desinteresse ist ein weiterer: Warum soll ich mich mit Fragen befassen, die mich belasten und auf die ich keinen Einfluss habe? Der einzig sichere Ausweg ist das zu wiederholen, was im Staats-TV gerade als offizielle Linie vorgegeben wird. Erfahren wir also auf diesem Weg, was die Russen denken? Schwerlich.

Dieses Buch versucht einen anderen Ansatz. Es stellt fünf Kriminalfälle vor, die in deutschen Medien entweder gar nicht oder nur am Rande erwähnt wurden, dafür aber in Russland quer durch alle Gesellschaftsschichten die Gemüter erregt haben. Sie geben einen Einblick in eine Wirklichkeit, die durch den Fokus auf die Politik zwangsläufig ausgeblendet wird oder zumindest unterbelichtet bleibt. Eine Wirklichkeit, die das Bewusstsein der Mehrheit in der Regel stärker bewegt als ein politischer Prozess gegen Vertreter der Opposition. Darüber hinaus handelt es sich um Fälle, zu denen jede und jeder eine Meinung hat und oft auch bereit ist, sie zu äußern. Und schließlich haben alle diese Themen auch eine politische Dimension. Zu Butscha äußern sich nur wenige öffentlich. Zu dem Massenmord an einem Bauern und seiner Familie im Gebiet Krasnodar 2010 hatte dagegen jeder eine Meinung. In beiden Fällen geht es um die Frage, wie dieser Ausbruch blinder Gewalt möglich war und was passieren müsste, damit Gewalt von der russischen Gesellschaft nicht mehr als normal hingenommen wird?

Um die Prägung zu verstehen, die zu den Exzessen russischer Soldaten führten, erscheinen mir die Verhältnisse in der Kleinstadt Kuschtschowskaja, die jahrzehntelang im Griff einer mordenden und vergewaltigenden Bande lebte, aufschlussreicher als der jährliche Bericht über Putins ritualisierte Pressekonferenz. Und die landesweite Sympathie, die einer Handvoll Zwanzigjährigen entgegenschlug, die als «Partisanen von der Küste» Polizei und Staat mit Waffengewalt herausforderten, lehrt einiges über Jewgenij Prigoschin und die Reaktionen auf den von ihm angeführten Wagner-Aufstand im Frühjahr 2023.

Jeder der vorgestellten Kriminalfälle ist Ausgangspunkt für einen eingehenden Blick auf grundlegende Phänomene und Entwicklungen der russischen Gesellschaft. Nicht der Tathergang steht im Mittelpunkt, sondern die Reaktionen der Gesellschaft auf das Verbrechen. Die Kontroversen um den Mord der Schwestern Chatschaturjan an ihrem Vater sind nur zu verstehen, wenn man die Bedeutung von Putins Politik der «traditionellen Werte» kennt. Und die Art und Weise, in der die Aktionskünstlerin Katrin Nenaschewa mit den Traumata umgeht, die sie von Geiselnahme und Folter im besetzten Donezk davongetragen hat, ist ein Beispiel für einen neuen Umgang mit seelischen Wunden, für den in den vergangenen Jahren immer mehr Russinnen und Russen die professionelle Hilfe von Psychotherapeuten in Anspruch nehmen. Letztlich führt jedes Verbrechen direkt zu den zentralen Fragen menschlichen Zusammenlebens – den Fragen nach Gut und Böse, nach Schuld und Vergebung und nach Gerechtigkeit.

Im Zusammenhang mit der Machtergreifung der Nationalsozialisten und dem Verhalten von SS und Geheimpolizei sprach Hannah Arendt vom «Eindringen der Kriminalität in den Bereich des Öffentlichen».[1] Dieser Prozess hat sich in Russland auf eigene Weise vollzogen. Nicht über eine menschenverachtende Ideologie, sondern über Gier und Korruption. Ein nüchternes Verständnis für das Land hieße, sich diese Entwicklung vor Augen zu führen, statt sich auf die entlastende Position zurückzuziehen, dass «die Russen» eben diese Führung und den Staat wollen, so wie er ist. Entweder um der Führung auf diese Weise eine Carte Blanche zu geben, oder um das ganze Land in Bausch und Bogen zu verurteilen. Stattdessen lohnt es sich, die Frage zu stellen, was in den Köpfen der Frauen, Männer und Kinder in Russland in den vergangenen Jahren und Jahrzehnten passiert ist, dass sie ein solches Regime unterstützen und bei seinen Verbrechen mittun?

Seit dem Beginn des offenen Angriffskrieges gegen die Ukraine wird immer mehr Menschen im Westen klar, dass es in diesem Konflikt nicht allein darum geht, ob Moskau zusätzliche Territorien in seine Gewalt bringt. Für uns ist entscheidend, ob wir die regelbasierte Ordnung verteidigen können, die Europa über sieben Jahrzehnte aufgebaut hat. Oder ob Wladimir Putin auch außenpolitisch das Recht des Stärkeren durchsetzen kann.

Darüber, wie es danach weitergehen soll, gibt es derweil nur vage Vorstellungen. Was muss passieren, damit Russland nicht mehr gefährlich ist für seine Nachbarn und für die Welt? Auch wenn Putin dann nicht mehr im Kreml sitzt – die Gesellschaft tritt nicht ab. Menschen, die ihr Leben lang erniedrigt wurden und daher schnell bereit sind, andere zu erniedrigen. Ein Muster, das sich seit Generationen wiederholt und aus dem auszubrechen nur einzelnen gelingt. Wer Angst hat, ist bereit, Dinge zu glauben, die jeder Logik und jeder Erfahrung zuwiderlaufen, wenn sie nur Rettung versprechen. Er ist nicht nur bereit, Schwarzes weiß zu nennen und Weißes schwarz, sondern auch daran zu glauben und diese Einstellung morgen wieder zu ändern, falls es verlangt wird. Der letzte verbliebene Maßstab, nach dem Gut und Böse unterschieden werden, Richtig und Falsch, ist die Identifikation mit dem Staat und seinem Anführer: Wir sind gut, weil wir Russen sind, und weil wir Russen sind, kann, was wir tun, nicht schlecht sein. Der unter Putin von Jahr zu Jahr gesteigerte Pomp um den Tag des Sieges am 9. Mai hat neben der Militarisierung der Gesellschaft noch eine weitere Komponente: Er festigt die Erinnerung, dass Russen auf der richtigen Seite der Geschichte stehen. Dass ihr Kampf ein gerechter ist und ein notwendiger. Und wer ihn kämpft, wird siegen. Ständig wiederholt und flankiert von Gesetzen gegen «Geschichtsfälschung», die alle Grautöne beseitigen.

Bewusst wurden hier große politische Prozesse ausgelassen. Die zahlreichen Verfahren gegen Alexej Nawalny etwa, der Prozess gegen die Mörder an Boris Nemzow, in dem von den Auftraggebern nicht gesprochen werden durfte. Das Urteil gegen den Historiker Juri Dmitrijew von der Organisation Memorial, die sich die Suche nach der historischen Wahrheit zur Aufgabe gemacht hat. Diese Fälle sind zum einen der westlichen Öffentlichkeit bereits bekannt. Zum anderen muss man davon ausgehen, dass sie direkt vom Kreml gesteuert wurden. Stattdessen liegt das Augenmerk auf alltäglichen Fällen, wie sie jeder erleben kann, ganz unabhängig von seiner oder ihrer Einstellung zum Regime. Und darauf, wie die Mühlen der Justiz und der Bürokratie ohne unmittelbare Lenkung von ganz oben mahlen. Kurz: der alltägliche Umgang mit Wahrheit, Lüge und Gewalt.

Dass keine politischen Fälle ausgewählt wurden, hilft auch, eine im Westen verbreitete Fehlannahme zu korrigieren: Russland ist zwar ein autoritäres Regime. Gleichwohl wird auch in einer Diktatur, die in totalitärer Manier auf alle Lebensbereiche ausgreift, nicht alles vom Kreml gesteuert. Nicht überall zieht Wladimir Putin die Fäden. Während die Propaganda den Eindruck aufrechtzuerhalten bemüht ist, der Präsident habe alles unter Kontrolle, läuft in Wahrheit vieles chaotisch ab, ja teilweise anarchisch. Die Herausforderung ist, zu versuchen, sich Russland als Diktatur und Anarchie gleichzeitig vorzustellen. Die vorgestellten Beispiele veranschaulichen das.

Wenn dem Leser manches ungereimt oder widersprüchlich erscheint – etwa dass Banditen Verbindungen bis in die höchsten Kreise von Politik und Justiz haben, und dann doch im Gefängnis landen –, so sind solche Widersprüche Teil der Realität.

Wenn der Leser davon irritiert ist, hat dieses Buch sein Ziel erreicht. Denn in dieser Irritation verbringen 146 Millionen Menschen in der Russischen Föderation ihr ganzes Leben. Sie versuchen täglich, sich einen Reim darauf zu machen, was um sie herum geschieht, und ihr Verhalten anzupassen, um möglichst unbeschadet durch diese Realität zu kommen. Ein vermeintlicher Ausweg aus der anstrengenden Widersprüchlichkeit des Lebens sind übrigens Verschwörungserzählungen, die in Russland seit jeher viele Anhänger finden.

Die geschilderten Verhältnisse werden auch nach Putin noch da sein. Sie zu überwinden wird noch mühsamer und langwieriger sein als ein Machtwechsel im Kreml. Die Entwicklungen der vergangenen Jahre haben gezeigt, dass Russlands autoritäres Erbe nicht allein durch Veränderung in der Politik oder in den Institutionen überwunden werden wird. Es gibt nicht die demokratische Kraft, die nur eine Chance braucht, und Russland wird frei sein. Es fehlt nicht einfach die passende Reform, um aus der kleptokratischen Diktatur eine soziale Marktwirtschaft zu machen oder aus dem sadistischen Lagersystem einen humanen Strafvollzug. Veränderung wird nur möglich sein, wenn der Staat und die Gesellschaft Gewalt und Lüge hinter sich lassen.

Angst

RAPED WHILE DYING
AND STILL NO ARRESTS?
HOW COME, CHIEF WILLOUGHBY?

Three Billboards Outside Ebbing, Missouri
Martin McDonagh, USA/GB 2016

Kuschtschowskaja Rus

Der 4. November 2010 ist ein arbeitsfreier Tag. Noch verbindet kaum jemand etwas mit dem Datum, das fünf Jahre zuvor vom Parlament als neuer Feiertag eingeführt wurde. Der «Tag der Einheit des Volkes» ersetzt den Tag der Großen Oktoberrevolution. Die Sowjetunion ist Geschichte, für das neue Russland ist noch kein passender Gründungsmythos gefunden. Doch der 4. November 2010 wird für immer in Erinnerung bleiben als der Tag, an dem eines der grausamsten Verbrechen in der Geschichte des Landes verübt wurde.

Im Haus der Familie Ametow ist an diesem Tag der Tisch reich gedeckt. Es gibt Sekt, Wein und Cognac und schwere Salate mit Mayonnaise. Serwer Ametow, der Hausherr, führt ein eigenes Agrarunternehmen; ein zupackender Mann mit kurzem Schnauzer und grauen Schläfen, 51 Jahre ist er alt. Auf Hunderten Hektar Land baut er Getreide und Sonnenblumen an. Die Geschäfte laufen, den Ametows geht es gut. Ein befreundeter Unternehmer ist mit seiner Familie aus dem zweieinhalb Autostunden entfernten Rostow am Don angereist. Eine Nachbarin und ihr Sohn sind ebenfalls gekommen. Insgesamt zwölf Personen haben sich im Haus der Ametows versammelt: acht Erwachsene, drei Kinder und ein Säugling, die Enkeltochter der Gastgeber. Alles sieht danach aus, als würde es ein geselliger Abend im Kreise guter Freunde.

Als die Mörder durch das Seitenfenster eindringen, überraschen sie die Männer beim Billard. Die Frauen unterhalten sich beim Tee. Die Kinder sehen fern. Die Angreifer zerren den Hausherrn ins Wohnzimmer. Vor seinen Augen erstechen sie seine Frau Galina, seine Schwiegertochter, seine Gäste. Serwer Ametow soll zusehen, wie ihm die liebsten Menschen genommen werden. Erst ganz zum Schluss erstechen die Angreifer auch ihn. Sie haben sich lange auf ihre Tat vorbereitet. Wochenlang haben sie das Haus der Ametows observiert. Sie haben sich Schuhe besorgt, die ihnen ein paar Nummern zu groß sind, damit die Spuren keine Rückschlüsse auf ihre Besitzer zulassen, und ein Set langer Küchenmesser, das sie nach der Tat wegwerfen. Die Kinder erwürgen sie. Dann übergießen sie die Leichen mit Benzin und zünden sie an. Die Obduktion wird später ergeben, dass Amira, die neun Monate alte Enkeltochter der Ametows, noch lebte. Sie erstickte an den Rauchgasen des Brandes, mit dem die Täter ihre Spuren verwischen wollten.

Djalil Ametow, der Sohn von Serwer und Galina, hat die Feier früh verlassen, um im Betrieb eine Lieferung anzunehmen. Die Arbeiten enden erst nach Mitternacht. Am nächsten Morgen will er seine Eltern und seine Frau anrufen, aber niemand geht ans Telefon. In einer Nacht hat er seinen Vater, seine Mutter, seine Frau und seine kleine Tochter verloren.

Vielleicht wäre auch dieses Verbrechen nie aufgeklärt worden. So wie Hunderte zuvor in dieser Kleinstadt im Süden Russlands – Morde, Erpressungen, Vergewaltigungen. Für die Bewohner der Staniza Kuschtschowskaja gehörten sie irgendwann zum Leben dazu. So wie die Tatsache, dass niemand zur Rechenschaft gezogen wurde für diese Taten. Hätte nicht der Zufall geholfen, der Name der ehemaligen Kosakensiedlung im Gebiet Krasnodar wäre wohl noch heute kaum jemandem geläufig. Wäre an jenem Morgen im November 2010 nicht ein Team des Staatsfernsehens vor Ort gewesen, um Aufnahmen für die Show

«Bitte melde dich!» zu drehen, wäre vielleicht auch dieser Fall zwischen zwei Pappdeckeln im Aktenschrank der örtlichen Polizeistation verstaubt wie viele andere Verbrechen zuvor. Begangen von der Bande, die diesen Aktenschrank bezahlt hatte. So wie andere Möbel, Computer und Autos für Polizisten. Kuschtschowskaja, eine Kleinstadt mit 30 000 Einwohnern im Süden Russlands, wo der Himmel weit ist und der Boden fruchtbar und die Polizei von Banditen gesponsert wird.

Den Bewohnern der Staniza Kuschtschowskaja ist gleich klar, wer hinter der Tat steht. Aber sie sprechen höchstens flüsternd darüber. Aufgeschreckt vom Bericht des zufällig anwesenden Fernsehteams schicken russische Medien ihre Reporter in die Kleinstadt. Staatliche wie dem Kreml gegenüber kritisch eingestellte berichten in den folgenden Wochen gleichermaßen von Angst und Terror, die seit den 1990er Jahren den Ort im Griff haben. Bei der Schilderung des Massenmordes unterscheiden sich die Berichte kaum, wohl aber bei der Deutung der Zustände: In den staatlichen Medien erscheint die Staniza Kuschtschowskaja als ein Provinznest, in dem eine kriminelle Bande von Moskau unbemerkt ihr Unwesen treiben konnte, bis der Präsident das föderale Ermittlungskomitee losschickte, um aufzuräumen. In unabhängigen Medien liest man auch von den engen Verflechtungen von Gangstern und Behörden und vom Aufstieg ihres Anführers Sergej Zapok vom Schutzgeldeintreiber zum Abgeordneten des Regionalparlaments. Die *Nowaja Gaseta* entdeckt sein rundes Gesicht mit den in die Stirn gekämmten Haarfransen auf einem Video von der Feier zur Amtseinführung von Präsident Dmitrij Medwedew unter den Gästen im Kreml.

Es gibt Leute in der Staniza Kuschtschowskaja, die sagen, das Leben unter den Zapoks war gar nicht so schlecht. Damals waren wenigstens die Verhältnisse klar. Man wusste, wer das Sagen hatte am Ort, mit wem man sich einig werden musste, wenn man etwas anfangen wollte: Einen Acker kaufen, ein Haus bauen, einen Betrieb eröffnen, eine Bar betreiben, ein Problem lösen. Oder auch einfach nur mit einem Mädchen ausgehen. Denn wie die Äcker, die Grundstücke und die Wirtschaft betrachteten die Zapoks auch die Mädchen als ihr Eigentum.

Trotzdem regen sich die Menschen auf, als bekannt wird, dass die Männer aus der Zapok-Bande über zwei Jahrzehnte Hunderte Schülerinnen, Studentinnen und junge Frauen in der Kleinstadt vergewaltigt haben. Sie haben ihnen vor den Schulen aufgelauert, waren vormittags in Klassenzimmern und abends in Diskotheken aufgekreuzt und haben mit den Fingern auf die Schülerinnen gezeigt, die ihnen gefielen: «Du und du und du, ihr kommt mit.» Wenn ihre Autos an der Bushaltestelle hielten und sie ein Mädchen zwangen, einzusteigen, sahen die anderen Wartenden weg. Wenn sie nachts die Studentinnen aus ihren Unterkünften holten, stellte sich ihnen niemand in den Weg.

Doch als die Zeitungen jetzt davon berichten, empören sich die Eltern. Nicht über die Zapoks. Nicht über die Lehrer oder die Ausbilder, die sich der Willkür schweigend untergeordnet hatten. Nicht über das Wachpersonal in Berufsschulen und Wohnheimen oder gar über die Polizisten, die nichts unternommen hatten. Die Mütter und Väter empören sich über die Journalisten. Dass bekannt wurde, dass sich Banditen ihre Töchter nahmen wie ihnen beliebte, brachte Schande über sie. Nicht über die Täter wohlgemerkt. Über ihre Opfer und deren Familien.

In Russland wirkt der grausame Massenmord in der Staniza Kuschtschowskaja wie ein Blitz: Sein grelles Licht macht die Konturen einer Welt sichtbar, an die sich die Menschen über die Jahre gewöhnt und an die sie sich angepasst haben – und vor denen sie jetzt selbst erschrecken. Aus allen Winkeln des Landes berichten Menschen auf Twitter, Facebook und VKontakte von ähnlichen Erfahrungen aus ihrer Region. Unter dem Hashtag #KuschtschowskajaRus entsteht ein Mosaik von Willkür, Gewalt, Erpressung und Schutzlosigkeit. Von der Verquickung von Polizei, Justiz und Politik mit der organisierten Kriminalität und vom Leben mit dem Gefühl des Ausgeliefertseins ohne Hoffnung, etwas an der eigenen Lage ändern zu können. Kommentatoren deuten die Staniza Kuschtschowskaja als ein Russland en miniature. *Kuschtschowskaja Rus*, das hört sich an wie eine eigene Epoche in der russischen Geschichte. Nach der Kyjiwer Rus und der Moskauer Rus nun die Kuschtschowskaja Rus, ein Reich in dem allein das Recht des Stärkeren gilt und Verbrechen nicht geahndet werden. Am Beispiel einer Kleinstadt im Süden kann man studieren, wie es so weit kommen konnte.

Aufstieg

Eigentlich fehlt diesem Land nichts zum Glück. An den Ausläufern des Kaukasus ist das Klima mild, die Böden sind fruchtbar. Auf seinem Weg aus den Bergen ins Asowsche Meer versorgt der Kuban die Schwarzerde mit Wasser. An seinen Ufern lebten Kosaken und Turkvölker lange Zeit unter der Herrschaft des Krim-Khanats. Im späten 18. Jahrhundert nutzte Katharina II. die Schwäche des Osmanischen Reiches, um das russische Imperium nach Süden auszudehnen. Die Sicherung des Grenzlandes übertrug sie den Kosaken. Viele Orte tragen bis heute das Wort *Staniza* im Namen, die alte Bezeichnung einer Kosaken-Siedlung.

Sich selbst zu Ehren gab die Zarin der Gebietshauptstadt den Namen «Jekaterinodar», was soviel heißt wie «Geschenk Katharinas», obwohl es ja eher kein Geschenk war, sondern das Gegenteil: erobertes Land. Nach der Oktoberrevolution tauschten die Bolschewiki den Namen der Zarin gegen die Farbe Rot: Krasnodar. Das sollte ihren Anspruch auf das Gebiet unterstreichen, das in Wahrheit im Bürgerkrieg aber eine Hochburg der Weißen war, also ihrer Gegner. Mit 5,8 Millionen Einwohnern ist das Gebiet Krasnodar heute die am dichtesten besiedelte Region der Russischen Föderation nach der Hauptstadt und zugleich eine der wohlhabendsten.

Die Staniza Kuschtschowskaja ist kein trister Ort mit grauen Plattenbausiedlungen. Sie hat überhaupt nichts von einem kriminellen Brennpunkt, aber viel von einer Idylle: Einfache Häuser aus roten Ziegeln säumen die Straßen. In den Vorgärten wachsen Feigen und Tomaten. Mitten durch den Ort fließt die Jeja; Männer werfen ihre Angeln aus, an den Wochenenden treffen sich Familien zum Picknick am Ufer. Aus der flachen Ebene ragt nur die Kirche des Heiligen Johannes des Evangelisten hervor, ihre goldenen Kuppeln glänzen im Sonnenlicht. Ein Priester ließ sie vor 30 Jahren an der Dzierżyński-Straße errichten. Die Straße heißt heute noch nach dem Gründer der bolschewistischen Geheimpolizei. In der Staniza gibt es außerdem den Lenin-Park, den Gorki-Park, den Park des Sieges und einen Springbrunnen mit Musikbegleitung. Auf den Straßen fahren Traktoren und Mähdrescher. Auf den Feldern ringsum wachsen Weizen, Mais und Zuckerrüben. Überall in Russland lieben die Menschen die Sonnenblumenkerne aus dem Kuban: schwarz und fett und vollgepumpt mit der Sonne des Südens. Knackig geröstet und behutsam gesalzen in der Staniza Kuschtschowskaja.

Was nach dem Ende der Sowjetunion im Kuban passiert, wirkt wie eine kleinere Version der landesweiten Entwicklung: Menschen, die im alten System Einfluss und Kontakte hatten, nutzen diese, um im neuen System Besitz anzuhäufen. Nur dass es hier nicht um Öl und Gas und die Schwerindustrie geht, sondern um Land und Ackerfläche. Kolchos-Direktoren, Beamte und Parteibonzen versorgen sich mit den attraktivsten Stücken und nehmen dann den weniger Privilegierten ihre Anteile zum kleinen Preis ab. Wollen die nicht freiwillig verzichten, hilft meist ein wenig Druck.

Nikolaj Zapok ist zwar weder Kolchos-Direktor noch Beamter und schon gar kein Parteibonze, aber von Druck machen versteht er etwas. Als Falschspieler hat er die kriminelle Unterwelt der Sowjetunion kennengelernt und die ungeschriebenen Regeln, nach denen diejenigen leben, die sich außerhalb des Gesetzes stellen. Als nach dem Bankrott des sozialistischen Systems die Verteilungskämpfe um Land und Besitz beginnen, ist Nikolaj Zapok in einer guten Startposition. Noch in den frühen Jahren der Perestroika hat er einen Betrieb gegründet, der Zierleisten aus Kunststoff herstellt. Aber es sind nicht die Zierleisten, die den Grundstein zur Macht des Zapok-Clans in der Staniza Kuschtschowskaja bilden werden. Viel wichtiger ist der Trainingsraum für Kraftsport, den Nikolaj Zapok auf dem Betriebsgelände einrichtet. Hier wachsen seine beiden Neffen auf, Nikolaj junior und Sergej. Ihre Freunde aus dem Kraftraum nennen Nikolaj den Älteren respektvoll «Onkel Kolja». Die Jungs an der Hantelbank und den erfahrenen Onkel Kolja verbindet das Verständnis, dass mit dem alten System auch die alten Regeln in Auflösung begriffen sind. Und in einer Welt ohne Regeln zählt nur noch Stärke.

Als die Sowjetunion 1991 zerfällt, hat sich im Kraftraum von Onkel Kolja bereits eine Gruppe von gut zwei Dutzend durchtrainierten Kämpfern gebildet. Das Wort «Sportler» bekommt in den 1990er-Jahren in Russland eine neue Bedeutung: Sportler sind nicht mehr nur die Athleten, die zum Ruhm ihres Landes bei Olympia Medaillen sammeln. Sportler werden auch jene jungen Männer genannt, die ihre Tage mit Gewichtheben und Kampfsport verbringen, in gefälschten Adidas-Anzügen abhängen und immer dann gerufen werden, wenn Geschäftsleute ihre Interessen gegenüber Konkurrenten durchsetzen wollen. Ein anderer Name beschreibt die Rolle der Sportler noch anschaulicher: «Torpedos». Sie kommen immer dann zum Einsatz, wenn Widerstand gebrochen werden muss. Im ungeregelten Kapitalismus der 1990er-Jahre ist Gewalt eine wertvolle Ressource.

Bald kennt jeder in der Staniza Kuschtschowskaja die Sportler aus dem Trainingscamp von Onkel Kolja mit ihren Kampfnamen: Da sind Nikolaj junior, genannt Kolja der Wahnsinnige und Wjatscheslaw Zepowjas, genannt der Bösewicht. Wladimir Alexejew, bekannt als der skrupellose Wowa. Weiter Suchoi, Maff, Odessa, Byk der Bulle. Alle zusammen bilden die «Brigade». Bei Bedarf erinnert die Brigade säumige Schuldner an überfällige Forderungen, treibt Schutzgelder ein oder zwingt Konkurrenten zur Aufgabe.

Nach und nach zieht sich der alte Nikolaj aus dem Geschäft zurück und übergibt die Führung an seinen Neffen, Nikolaj den Jüngeren. Der 18-Jährige befehligt jetzt an die 50 Mann. In der Staniza Kuschtschowskaja und in den umliegenden Siedlungen werden Bauern und Geschäftsleute erpresst. Am 16. September 1998 wird in einem Nachbarort ein 30 Jahre alter Mann tot in seiner Garage gefunden. Seine Mörder haben ihm mit einer Eisenstange den Schädel zertrümmert. Alexej Iwanow war einige Tage zuvor an einer Schlägerei beteiligt gewesen, bei der die Zapok-Brüder und ihre Leute den Kürzeren gezogen hatten. Der Mord an dem Widersacher ist der früheste, den das Gericht der Bande viele Jahre später nachweisen wird.

Nikolaj junior betreibt das Geschäft systematischer als sein

Onkel. Er teilt die Kleinstadt in Zonen auf. Jedes Objekt hat einen Aufseher: der Park, die Bar, der Lebensmittelladen, die Berufsschule. So bekommen alle zu spüren, wer am Ort das Sagen hat. Als Heranwachsender hat man in der Staniza die Wahl, ob man zu den Geschlagenen gehören möchte, für die jeder Gang ins Zentrum zum Spießrutenlauf wird. Oder ob man lieber einer von denen ist, die aus dem Schutz der Gruppe heraus andere drangsalieren und abziehen. Bald wächst die Bande auf 150 Mitglieder. Nach innen gilt strenge Disziplin: Rauchen und Alkohol sind tabu. Was zählt, sind Sport, gesunder Lebensstil und Gehorsam. Jeder muss jederzeit erreichbar sein; wer den Ort verlässt, muss sich vorher abmelden. Regelmäßiges Training ist Pflicht. An christlichen Feiertagen haben alle in der Kirche zu erscheinen. Eine Mischung aus vulgärer Orthodoxie und Nationalismus prägt die Geisteshaltung.

Es sind die frühen Jahre des neuen Russland. Die Nation ist auf der Suche nach ihrer Identität, ihre Organe sind schwach. Jeder muss sehen, wo er bleibt. Wer stark ist, nimmt sich, was er kriegen kann. Die jungen Männer der Brigade sind stark und rücksichtslos genug, um zu rauben, was ihnen gerade gefällt: Geld, Uhren, Wertsachen. Und Mädchen.

Schulen, Universitäten und andere öffentliche Gebäude sind in Russland normalerweise nicht für jeden zugänglich. Meist muss man sich am Eingang als Schüler, Student oder Mitarbeiter ausweisen. Besuche müssen angemeldet werden. Aber die Wachleute an den Schulen und Instituten in der Staniza kennen die Mitglieder der Zapok-Bande. Sie gehen unbehelligt ein und aus, erkundigen sich, wann der Unterricht endet, gehen in die Klassen und holen sich die Mädchen, die ihnen gefallen. Die Lehrer schauen weg.

An Bushaltestellen zerren die Rowdys Mädchen vor den Augen der Wartenden in ihre Autos. Sie lauern ihnen auf vor Schulen und Geschäften, sie überfallen sie auf dem Heimweg von Partys. Vom skrupellosen Wowa heißt es, er sei völlig durchgeknallt. Wenn er schlecht drauf ist, geht er durch die Stadt und schlägt jeden zusammen, den er trifft. Wowa hält einen furchtbaren Rekord: elf Anzeigen wegen Vergewaltigung innerhalb von 24 Stunden.

Die Männer der Brigade sind aber nicht nur brutal, sondern auch feige: Ihre Opfer suchen sie gezielt unter denen, die aus den Dörfern im Umland zur Ausbildung in die Staniza Kuschtschowskaja kommen und sich ein Zimmer bei einer Wirtin mieten. Zum ersten Mal fort von zuhause, unerfahren und ohne Schutz durch Familie oder Bekannte sind sie leichte Beute. Die Wirtinnen erkennen die Männer von der Brigade schon von Weitem. Bereitwillig öffnen sie ihnen, das erspart ihnen Krach und Skandale und die Türen bleiben ganz. Ein Übergriff auf ein einheimisches Mädchen dagegen könnte Schwierigkeiten nach sich ziehen: Die Familie kennt die Verhältnisse und würde ihren Kindern glauben. Die Leute im Ort sind vernetzt. Auch Mädchen aus den muslimischen Republiken im Nordkaukasus tasten die Banditen nicht an – aus Angst vor der Rache ihrer Familien. Ganz ohne Einfluss waren die Menschen in Kuschtschowskaja also nicht. Aber wo sie schwach waren, waren die Zugereisten hilflos.

Egal wo sich die Mafia breit macht – wenn sie nicht gestoppt wird, dringt sie in alle Bereiche der Gesellschaft vor. Sie zersetzt die Polizei, die Politik, die Verwaltung, die Wirtschaft, die Gerichte. In der Region Krasnodar spielen sogar die Ärzte des psychiatrischen Krankenhauses mit.

In Zukerowa Balka leben 600 Einwohner und noch einmal halb so viele Irre. Der Weiler liegt eine halbe Stunde Autofahrt nördlich von der Staniza Kuschtschowskaja an der Fernstraße M4 «Don», die von Moskau 1500 Kilometer geradewegs nach Süden führt bis nach Noworossijsk am Schwarzen Meer. Wer aus der Hauptstadt mit dem Auto in den Sommerurlaub auf die Krim fährt, der nimmt diesen Weg. Kein Mensch würde Zukerowa Balka kennen, wäre der Name nicht zu einem Synonym für die Wegelagerei der Verkehrspolizei geworden. Das Internet ist voll mit Berichten und Videos über Uniformierte, die am Kontrollpunkt zwischen dem Gebiet Rostow und der Region Krasnodar Autofahrer so lange aufhalten, bis sie bereit sind, sich freizukaufen.

Weniger bekannt ist die Psychiatrische Spezialklinik Nummer 3, die hier ein Jahr nach Stalins Tod eröffnet wurde. Auf einer kleinen Anhöhe, an der Stelle, an der sich früher einmal ein Kloster befand, dem Heiligen Nikolaus geweiht, stehen umgeben von einem weißen Betonzaun zwei Dutzend Gebäude mit insgesamt 300 Betten. Aus dem ganzen Süden Russlands werden Patienten mit psychischen Störungen zur Behandlung nach Zukerowa Balka gebracht, ein großer Teil von ihnen sind Alkoholkranke. Aber auch für die Verbrecher aus der Zapok-Bande können die Ärzte etwas tun.

Mit jedem neuen Übergriff der Brigade wird es schwerer zu erklären, warum die Täter nicht belangt werden. Jeder in der Staniza kennt ihre Namen, jeder sieht die Untätigkeit der Polizei und der Justiz. Da finden Gangster und Strafverfolger einen Weg, der beide Seiten entlastet. Die Psychiatrische Spezialklinik Nummer 3 bescheinigt den Tätern, was ohnehin viele im Ort denken: dass sie völlig verrückt sind, nicht mehr bei Sinnen und nicht in der Lage, ihre eigenen Handlungen zu steuern, geschweige denn, sich in ihre Opfer hineinzuversetzen. Fortan wüten die Gangster mit der Lizenz zum Durchdrehen; traut sich doch einmal jemand, sie anzuzeigen, flattert kurz darauf eine

Bescheinigung über die Unzurechnungsfähigkeit der Beschuldigten ins Gericht. Das Strafverfahren wird eingestellt, die Sache ist jetzt ein Fall für das Irrenhaus, und nach wenigen Tagen, die sie scheinbar zur Zwangsbehandlung verschwunden sind, lauern sie auf den Straßen der Staniza wieder auf ihr nächstes Opfer.

Je mehr die Bande ihre Herrschaft über den Ort etabliert, desto weniger Gewalt brauchen sie, um zu bekommen, was sie wollen. Haben sie ihre Opfer früher einfach mit roher Gewalt verschleppt, wenden die Männer jetzt eine Methode an, die sie im Ort den «Kamm» oder «Rechen» nennen: In Gruppen lauern sie auf der Straße oder im Park, oder sie fahren langsam im Auto neben einem Mädchen her, das allein zu Fuß unterwegs ist. «Wie heißt du?» – auf diese einfache Frage gibt es nur falsche Antworten. Nennt das Mädchen seinen Namen, heißt das, sie lässt sich auf den Kontakt ein. Schweigt es, ist es nur schüchtern. Den Männern zu sagen, sie sollen sich zum Teufel scheren, hieße, sie zu provozieren. Und diese Kerle provoziert man besser nicht. Schülerinnen und Studentinnen wagen sich nur noch in Gruppen auf die Straße. Wenn sie können, fahren sie mit dem Taxi in die Berufsschule und wieder nach Hause.

Wie viele Vergewaltigungen die Gruppe verübt hat, lässt sich im Nachhinein nicht mehr feststellen. In russischen Medien ist nach dem Massenmord im Hause der Familie Ametow von Hunderten die Rede, aber das sind Schätzungen. Allein zwischen 2008 und 2010 sind bei der Polizei 47 Anzeigen eingegangen. Nur in zwei Fällen wurden Ermittlungen eingeleitet. 47 Anzeigen in zwei Jahren. Die Herrschaft der Bande dauerte über zwanzig Jahre. Und die meisten Opfer gingen erst gar nicht zur Polizei.

Die Mädchen, die in die Fänge der Brigade geraten sind, werden im Ort zu Ausgestoßenen. Die anderen Jugendlichen meiden sie, keiner wird so eine heiraten. Diejenigen, die davongekommen sind, nennen diejenigen, die es erwischt hat, «Abfall». Die Zerstörung, die die Vergewaltigung angerichtet hat, bringt die Gesellschaft zu Ende: die Verachtung der Mitschülerinnen, das Achselzucken der Polizisten, die Vorwürfe der Eltern.

«Mitgefühl wecken die missbrauchten Mädchen bei den Leuten in Kuschtschowskaja keines, Null», notiert Jelena Kostjutschenko, die Reporterin der *Nowaja Gaseta* im Dezember 2010, nachdem sie mehrere Wochen in der Staniza verbracht und mit vielen Missbrauchsopfern gesprochen hat. Es wirke so, als sei die allgegenwärtige Gewalt in der Staniza Kuschtschowskaja zur Normalität geworden. Der Reporterin fällt auf, dass auch Frauen, die das Glück hatten, nicht ins Visier der Bande zu geraten, Erfahrungen mit Gewalt gemacht haben: «Einige werden systematisch verprügelt: nicht von den Zapoks, sondern von Freunden, Ehemännern oder Bekannten. Kleinigkeiten genügen als Anlass. Sie bekommen Ausgehverbot, dürfen sich nicht mit Freundinnen treffen», schreibt Kostjutschenko. «Es ist das natürliche Recht des Stärkeren, über den Schwächeren zu bestimmten. Männer bestimmen über Frauen.»[2]

Offen spricht niemand über die Vergewaltigungen. Alle haben ein Interesse am Schweigen. Die Berufsschule fürchtet um ihren Ruf, es gibt ohnehin zu wenige Bewerber. Noch nicht einmal ihren eigenen Eltern vertrauen sich die Mädchen an. Opfer, mit denen Kostjutschenko gesprochen hat, erklären das so:

«Meine Mutter wäre die erste, die mich eine Schlampe schimpft. Mein Vater würde mich umbringen.»

«Ich würde nicht wollen, dass sich meine Mutter aufregt. Sie wohnt ja weit weg.»

«Ich will meine Ausbildung fertig machen. Ich will Sanitäterin werden. Wenn meine Eltern von dieser Sache erfahren, holen sie mich hier weg.»

«Mein Vater würde eingreifen und dann würden sie ihn umbringen. Also sage ich lieber nichts.»

«Meine ältere Schwester hat meiner Mutter alles erzählt, was am Medizinischen College vor sich geht. Und trotzdem haben sie mich hierher geschickt. Was soll ich da noch sagen?»

Ein Mädchen, dass im Nachbarzimmer saß, während nebenan ihre Freundin von einem aus der Brigade vergewaltigt wurde, beschreibt ihre Gedanken gegenüber Kostjutschenko so: «Es hat keinen Sinn, über das Grauen zu grübeln, das zerstört nur die Persönlichkeit. Man muss in allem das Positive suchen.»

Es gibt eine Redensart im Russischen: «Wenn die Hündin nicht will, bespringt der Rüde sie nicht.» Kostjutschenko hört sie bei ihren Gesprächen in Kuschtschowskaja immer wieder. Auch von Lehrerinnen. Auch von Eltern.[3] So entlasten Zeugen ihr Gewissen, wenn sie weggeschaut haben.

Raub und Schutzgelderpressung sind keine geeigneten Geschäftsfelder, wenn man nachhaltig zu Wohlstand und Ansehen kommen möchte. Auf die Dauer ist der Aufwand zu hoch für den Ertrag. Die Bande der Zapok-Brüder begnügt sich nicht länger damit, von den Bauern in ihrem Revier Abgaben zu verlangen, sie steigen jetzt selbst ins Geschäft ein. 1999 gründen sie die Firma Agro Komplex, in die fortan Felder, Landmaschinen und ganze Höfe überführt werden, die die Bande den Landwirten abnehmen. Eigentümerin und Geschäftsführerin von Agro Komplex wird Nadeschda Zapok, die Mutter der kriminellen Brüder Nikolaj und Sergej.

Die beiden haben unterschiedliche Talente: Während Nikolaj Zapok die Herrschaft der Bande mit brachialer Gewalt etabliert, hat sein ein Jahr jüngerer Bruder Sergej auch einen Sinn für die Bedeutung guter Beziehungen. Sergej Zepowjas, der Sohn des Chefs der Verkehrspolizei, wird sein enger Freund. Die Mitglieder der Brigade können sich auf den Straßen alles erlauben. Umgekehrt kann die Polizei auf die Banditen zählen: Wenn ein Autofahrer eine Verkehrskontrolle ignoriert, kann es sein, dass bei ihm bald ein paar Schläger vor der Tür stehen und die doppelte Strafe eintreiben.

Dank der guten Verbindungen von Sergej Zapok wächst das Business rasch. Aus einer Firma wird ein Firmengeflecht. Auch andere Mitglieder der Bande gründen Agrarbetriebe. Sie schlucken einen bäuerlichen Betrieb nach dem anderen. Die Übernahmen laufen nach einem immer gleichen Muster ab: Im ersten Schritt wird der Eigentümer genötigt, einen Kredit aufzunehmen. Weigert er sich, bekommt er Besuch von ein paar «Torpedos». Der Kredit ist so angelegt, dass der Bauer ihn nicht zurückzahlen kann. Als Bürge tritt eine Firma aus dem Zapok-Imperium auf. Im nächsten Schritt geht es vor Gericht: Nachdem der Kredit wie vorgesehen ausgefallen ist, erwirkt die bürgende Firma, dass ihr der Hof überschrieben wird. Bank und Gericht machen gemeinsame Sache mit den Kriminellen. Auf dem Papier ist die Eigentumsübertragung legal. Ein Raub mit offiziellem Siegel.

Der Clan ist auf dem Marsch durch die Institutionen, er hat Verbindungen in Polizei, Justiz und Verwaltung. Er ist so mächtig, dass nicht einmal der Mord an seinem Anführer ihn aufhalten kann. Im Oktober 2002 wird der Bandenboss Nikolaj junior erschossen. Die Tat wird nie aufgeklärt. Die einen sagen, Nikolaj Zapok habe sich mit anderen Größen der Unterwelt in Krasnodar angelegt. Unter den Jungen am Ort macht das Gerücht die Runde, der Vater eines Mädchens, an dem Kolja der Wahnsinnige sich vergangen hatte, habe Rache genommen. Die Bande selbst vermutet Serwer Ametow hinter dem Mord, den sie acht Jahre später mitsamt seiner Familie grausam hinmetzeln wird.

Beerdigungen können ein Schlaglicht werfen auf die Ordnung der Dinge im Reich der Lebenden. So ist es auch am 4. November 2002, als die Staniza Kuschtschowskaja den Boss des Mafia-Clans zu Grabe trägt, der den Ort seit Jahren terrorisiert: An der Spitze des Trauerzugs geht Irina Prosorowa, in den Händen ein Porträt des Getöteten. Prosorowa ist leitende Richterin am Amtsgericht in Kuschtschowskaja. Nikolaj Zapok war über Jahre ihr Liebhaber. Eine Richterin trauert öffentlich um einen Mafiaboss – kann man sich ein passenderes Bild dafür vorstellen, dass die Verhältnisse auf dem Kopf stehen? Können Opfer von Straftaten noch schlimmer entmutigt werden?

Der Tod von Nikolaj junior bedeutet eine Zäsur. Sie führt zur endgültigen Entmachtung des ursprünglichen Clan-Gründers Nikolaj dem Älteren. An seiner Stelle führt nun die Mutter der Brüder offiziell die Geschäfte von Artex Agro. Sergej Zapok wird Anführer des kriminellen Arms. Er prägt einen neuen Stil: Er pflegt Beziehungen in Behörden und investiert in strategische Freundschaften. Es gelingt ihm, den Chef der Abteilung zur Bekämpfung der Organisierten Kriminalität bei der Polizei als Freund zu gewinnen. Der Chef des Polizeireviers nennt Mutter Nadeschda Zapok zärtlich «Mama».

Die Wende mag in den unterschiedlichen Charakteren und Talenten des älteren und des jüngeren Bruders begründet gewesen sein. Sie fällt aber auch in eine Zeit, in der sich im ganzen Land etwas verändert: Nach den freien, aber chaotischen 90er Jahren unter einem zunehmend schwachen und beeinflussbaren Präsidenten Boris Jelzin, macht sich Wladimir Putin daran, den Staat wieder stark zu machen. Vielen gefällt das, weil sie das Jahrzehnt seit dem Ende der Sowjetunion als anarchisch erlebt haben. Auch in den Bewertungen westlicher Regierungen sieht man eher eine Bedrohung in einem zerfallenden, unberechenbaren Russland. In dem neuen, rational agierenden Präsidenten meint man einen zwar schwierigen, aber verlässlichen Verhandlungspartner zu haben.

Stimmen, die daran erinnern, dass Putin schon seine Position in der Stadtverwaltung von Petersburg nutzte, um Freunde mit lukrativen Deals zu versorgen und sich selbst zu bereichern, werden nicht gehört. In seinem Verständnis bedeutet ein starker Staat nicht nur, die Kontrolle über Politik, Wirtschaft und Gesellschaft zurückzugewinnen. Er nutzt diese Kontrolle auch, um diejenigen zu belohnen, die ihm auf diesem Weg helfen: Freunde aus Leningrader Tagen. Oligarchen, die sein Primat akzeptieren. Den Geheimdienst. In allen Wandlungen, die Russland unter Wladimir Putin durchmacht – von einem autoritären System mit liberaler Wirtschaft und einigen Inseln der Freiheit zu einer auf Militär, Polizei und Geheimdienst gestützten Diktatur – ein Prinzip ändert sich nie: Wer mithilft, die Macht des Präsidenten zu stärken, kann auf Belohnung und Fürsorge des Staates hoffen. Pensionäre, die als zuverlässiges Stimmvolk antreten. Lehrer, die gehorsam Wahlen fälschen. Richter, die Recht beugen. Wer dabei stört, dem ergeht es schlecht. Michail Chodorkowskij und Anna Politkowskaja sind prominente Beispiele aus der frühen Zeit. Viele folgen.

Nach dem gleichen Prinzip weitet die Mafia in der Staniza Kuschtschowskaja ihre Macht aus: In Polizeiwachen, bei der Staatsanwaltschaft, in den Gerichten und in der Verwaltung – überall finden sich Leute, die für den eigenen Vorteil und für die eigene Sicherheit das Wohl der Allgemeinheit vergessen. Für ihre willfährige Gefügigkeit werden sie belohnt und vom Terror verschont. Auf diese Weise zu Komplizen geworden, haben sie bald ein eigenes Interesse daran, dass die Verhältnisse bleiben, wie sie sind. Schließlich müsste eine funktionierende Justiz auch sie hinter Gitter bringen.

Bis heute hält sich der Mythos, Wladimir Putin habe mit den kriminellen Strukturen aufgeräumt und die Oligarchen entmachtet. Aber das ist nur die halbe Wahrheit. Die kriminellen Strukturen verschwinden nicht, der Staat wird nur selbst zu einem dominanten Akteur in diesen Strukturen. Mit Brutalität allein kommt man jetzt nicht mehr weit, man braucht jetzt die Deckung aus Geheimdienst, Polizei und Gerichten. Dann ist noch viel mehr möglich als Konkurrenten auszurauben, zu erpressen oder zu beseitigen. Dann sind gute Verbindungen in Politik und Verwaltung eine Garantie dafür, dass man den geraubten und erpressten Besitz auch behalten kann. Zumindest so lange, bis man nicht in Ungnade fällt.

Im Gebiet Krasnodar fließt bald auch Geld aus der Staatskasse direkt in die Kassen des Zapok-Clans: Im Rahmen eines nationalen Projekts zur Förderung der Landwirtschaft erhält der zusammengeraubte Agrarkonzern Artex Agro über die Jahre insgesamt mehr als acht Milliarden Rubel. Nach damaligem Kurs entspricht das fast 200 Millionen Euro. Ein krimineller Kreislauf schließt sich: Die Kassen üppig gefüllt mit Geld vom Staat, können die Zapoks großzügig in Beziehungen zu Polizisten, Richtern und Staatsanwälten investieren. Vielversprechenden Nachwuchstalenten bei der Polizei sponsern sie ein Jura-Studium. Für junge Menschen, die in der Staniza aufwachsen, wird eine kriminelle Karriere noch attraktiver. Wenn man sich den mafiösen Strukturen entziehen will, genügt es nicht mehr, die Straßenseite zu wechseln, wenn der skrupellose Wowa sich nähert. Der Clan hat nahezu alle Lebensbereiche in der Staniza durchdrungen.

Sergej Zapok kümmert sich nun auch um die Benachteiligten der Gesellschaft: Dem Wohnheim der Berufsschule Nummer 55 an der Leninstraße spendiert er einen Kraftraum. Unter den

Schülern sind viele Waisenkinder. Zapoks Leute trainieren mit ihnen, laden sie in die Bar auf einen Saft oder einen Tee ein. Die Schüler verehren die älteren, durchtrainierten und spendablen Mitglieder der Brigade als Vorbilder. Diese geben sich wie fürsorgliche Eltern: Treffen sie einen ihrer Zöglinge betrunken an, setzt es Ohrfeigen. Wird einer bestohlen, knöpfen sie sich den Dieb vor. Für Zucht und Ordnung sorgt jetzt die Mafia.

Dafür übernehmen die Jugendlichen kleine Aufgaben, etwa die Überwachung einer Schule oder eines Ladens. Es soll keinen Quadratmeter geben in der Stadt, der nicht von der Brigade kontrolliert wird. Zu ihr zu gehören, bedeutet für die Jugendlichen Autorität und Geld. Eine bessere Aufstiegsperspektive gibt es für sie nicht. Diejenigen, die sich der Brigade nicht anschließen wollen, werden anderweitig eingesetzt: Sie müssen nachts die Felder der Firma Artex Agro bewachen oder werden als Packer eingesetzt. Geld bekommen sie dafür nicht. Wenn es sein muss, holen Zapoks Leute die Jugendlichen dafür direkt aus dem Unterricht.

Seine Angestellten wählt Sergej Zapok mit Bedacht: Die Leitung der Rechtsabteilung bei Artex Agro überträgt er der Frau eines leitenden Staatsanwalts. Derweil wird in Kuschtschowskaja weiter gemordet. Am 16. September 2003 werden der Bauer Walerij Bogatschow und sein Sohn Roman erschossen. Zu ihrem Betrieb Agrotechmarket gehören nicht nur 6500 Hektar Ackerland, sondern auch eine Schweinefarm mit Namen Kuban Bacon, eine Mühle, eine Ziegelei, eine Werkstatt und fünf Hubschrauber, mit denen die Piloten Dünger, Saatgut und Pflanzenschutzmittel ausbringen. Dazu kommt noch die Autowerkstatt «Interservice» mit angeschlossenem Café und Laden. Nach dem Mord an den Eigentümern wird Agrotechmarket kurz vor der Ernte für Bankrott erklärt, obwohl das Vermögen des Unternehmens die eingeforderte Summe aus einem Kredit um das Vierfache übersteigt. Nach gewohntem Schema wird das Land unter den Firmen des Zapok-Clans aufgeteilt. Die Mühle geht an Sewer Kubani. Die Hubschrauber gehen an Slawa Kubani. Beide Unternehmen gehören Sergej Zepowjaz, der rechten Hand von Sergej Zapok. Er hatte für einen Kredit zur Anschaffung der Helikopter gebürgt, wird aber keinen einzigen Rubel davon begleichen. Die verbliebenen kleineren Firmen teilen Politiker und Beamte unter sich auf: Ein Bezirksabgeordneter bekommt die Schweine von Kuban Bacon, die Schwiegertochter des Staatsanwalts wird neue Inhaberin der Werkstatt Interservice.

Im November 2008 stechen Zapoks Leute den Agrarunternehmer Anatolij Smolnikow auf der Schwelle seines Hauses nieder. Smolnikow habe sich geweigert, Schutzgeld zu zahlen, berichtet seine Schwester. Außer dem Landwirtschaftsbetrieb hatte er noch ein eigenes Taxiunternehmen mit Namen Fortuna im Nebenerwerb. Mehrmals hatte der skrupellose Wowa Fahrer von Fortuna zusammengeschlagen, aber das hatte offenbar nicht gereicht, um Smolnikow zu überzeugen. Viel interessanter als das Taxiunternehmen aber sind die 800 Hektar Ackerland, die Smolnikow gehören und die direkt an das Land von Artex Agro grenzen. Smolnikow will nicht verkaufen. Mehr noch: Er will ein weiteres Grundstück kaufen, an dem auch Firmen des Zapok-Clans interessiert sind. Nach seiner Ermordung wird es zwischen den Firmen Artex Agro, Slawa Kubani und Sewer Kubani aufgeteilt. Alle gehören zum Zapok-Clan.

Die Leute im Ort deuten den Mord als Rache und als Warnung an alle, die sich nicht den Spielregeln der Mafia unterwerfen. Smolnikow hatte selbst eine Vergangenheit im kriminellen Milieu, er galt deshalb als Gegenspieler der Zapok-Familie. Wer ihr in die Quere kommt, findet nicht einmal im Tod Ruhe: Mehrfach wird das Grab des Ermordeten verwüstet, der Grabschmuck

Sergej Zapok, Chef des Zapok-Klans, Agrarunternehmer und Abgeordneter, vor Gericht.

wird angezündet. Dann graben Unbekannte den Sarg aus und werfen ihn mitsamt dem Leichnam auf eine nahegelegene Fernstraße.

Auf den wirtschaftlichen Aufstieg folgt bald auch der gesellschaftliche: 2004 wird Sergej Zapok Abgeordneter im Landkreis Kuschtschowskaja. Schutzgelderpressungen durch Schlägerbanden passen jetzt nicht mehr zu einem Großunternehmer und Abgeordneten mit Zugang zu den besseren Kreisen. Das Geschäft bekommt eine legale Fassade: 2009 gründet Sergej Zapok die Sicherheitsfirma Zenturion Plus. Wer ihre Dienste in Anspruch nimmt und eine Plakette mit ihren Insignien ans Hoftor hängt, kann ruhig schlafen.

Einem Gangster, der es zu Macht und Reichtum gebracht hat, fehlt jetzt nur noch ein Element, um sich ganz als Teil der ehrenwerten Gesellschaft fühlen zu dürfen: Bildung. Im selben Jahr erwirbt Sergej Zapok einen Doktortitel in Soziologie an der Universität in Rostow am Don. Der Titel seiner Dissertation lautet: «Soziokulturelle Besonderheiten des Lebensstils und der Werte des modernen Dorfbewohners». Es wirkt beinahe so, als untersuche die gekaufte Arbeit des Gangsters das Milieu, das ihn selbst hervorgebracht hat. Vom Straßenschläger zum Millionär und Abgeordneten mit Doktortitel. Aus dem dunklen, schweißgesättigten Trainingsraum eines Provinznests zur Inaugurationsfeier des Russischen Präsidenten im Moskauer Kreml. Als Dmitrij Medwedew am 7. Mai 2008 im Großen Kremlpalast seinen Amtseid ablegt, schreitet er durch ein Spalier der Ehrengäste. Auf einem Video von der Veranstaltung ist ein Mann mit rundem Gesicht und kurzem Haar zu sehen, der versucht, einen Blick auf den Präsidenten zu erhaschen. Der Gouverneur von Krasnodar lässt später einen Bericht der *Nowaja Gaseta* dementieren: Sergej Zapok sei nicht Teil der Delegation gewesen, die aus der Provinz zur Amtseinführung des Präsidenten reiste. «Wie kam Sergej Zapok dann in den Kreml», fragen sich die Journalisten. Und in der Staniza Kuschtschowskaja erinnern sich einige, Zapoks Leute hätten sich noch Wochen später vor Genugtuung die Hände gerieben.

Widerstand

Es ist nicht so, dass sich die Menschen nicht gewehrt hätten gegen die allmähliche Übernahme ihrer Stadt durch eine Bande brutaler Gangster. Widerstand gab es auf allen Ebenen: von Geschäftsleuten, die sich nicht erpressen lassen wollten, von mutigen Politikern, von engagierten Bürgern. Und jedes Mal sehen die Bewohner, was mit denen passiert, die sich widersetzen.

Dass sie ihren Mut mit dem Leben bezahlen, oder zumindest mit ihrer wirtschaftlichen Existenz oder ihrer Gesundheit. Oder dass sie sich am Ende doch einschüchtern oder kaufen lassen. Und sie erleben, dass die Täter nicht belangt werden. So lernt man als Bewohner der Staniza Kuschtschowskaja schnell, dass es besser ist, sich rauszuhalten und die Verhältnisse zu akzeptieren wie ein Schicksal. Das Leben unter einer Bande gesetzloser Schwerverbrecher mag ein Leben ohne Würde, ohne Rechte und ohne Perspektive sein. Aber wer sich ihnen widersetzt, riskiert, auch dieses Leben zu verlieren. Also versuchen die meisten, den Banditen aus dem Weg zu gehen, sie am besten zu verdrängen, um möglichst unbeschadet durchs Leben zu kommen.

Serwer Ametow ist einer derjenigen, die sich am hartnäckigsten weigern, sich den Zapoks unterzuordnen und nach ihren Regeln zu spielen. Als Onkel Kolja und seine Neffen Mitte der 1990er-Jahre ihre Schlägertruppe in Stellung bringen, ist Ametow bereits ein angesehener Großbauer mit Dutzenden Angestellten. Von ein paar dahergelaufenen Rowdys lässt er sich nicht so leicht einschüchtern. Sein Sohn Djalil ist mit demselben Selbstbewusstsein großgeworden. Als zwei von Zapoks Schlägertrupp bei ihm aufkreuzen und einen Tribut verlangen, wenn er sich weiter mit seiner Freundin treffen will, da schlägt Djalil Ametow die beiden kurzerhand zusammen.

Damit ist die Fehde zwischen den Zapoks und den Ametows offen ausgebrochen. Ametow ist tatarischer Abstammung, für die Brigade sind die Ametows, ihre Freunde und Nachbarn fortan die «Tataren». Zu ihnen zählt die Bande alle, die ihnen Widerstand leisten. Das spricht sich herum und bald suchen immer mehr bedrängte Landwirte und andere Bewohner, die sich den Zapoks nicht unterordnen wollen, den Schutz der «Tataren». Es rumort unter den Bewohnern der Staniza. Alle leiden unter dem Terror der Bande. Gemeinsam könnten sie stärker sein als ihre Peiniger.

An einem heißen Sommertag im Jahr 1998 kocht die Stimmung über. Mehrere Hundert Bauern und «Tataren» versammeln sich im Stadion im Ortszentrum. Von dort aus zieht die wütende Menge durch die ganze Stadt vor die Tür von Nikolaj Zapok dem Älteren. «Komm mit deinen Leuten ins Stadion und wir klären ein für alle Mal, wie die Dinge hier bei uns geregelt werden», fordern sie ihn heraus. Aber Onkel Kolja versteht, dass seine Leute es mit dieser Übermacht wütender Gegner nicht aufnehmen können. Er kommt allein, sagt, er sei bereit zu verhandeln und erbittet sich etwas Zeit: Der Showdown wird verschoben. Onkel Kolja kommandiert eine disziplinierte und hierarchisch organisierte Bande. Seine Gegner hatte die spontane Wut zusammengebracht; ohne Anführer, ohne Struktur, ohne Disziplin. Als die Menge sich auflöst, ist das Momentum verflogen. In den folgenden Wochen besuchen Zapoks Leute einen nach dem anderen aus dem Lager ihrer Gegner. Bei einigen genügen Drohungen, andere werden verprügelt. Ihre Stärke lag in der Solidarität. Stück für Stück wird sie nun von den Schlägern zersetzt. Der Marsch vom Stadion bleibt der letzte Versuch der Bewohner der Staniza, die Macht der Zapok-Bande zu brechen.

Die Parallelen zum Umgang des Regimes mit seinen Gegnern sind verblüffend: Ein direkter Wettbewerb mit der Opposition wird um jeden Preis vermieden. Stattdessen werden einzelne Akteure korrumpiert, sie wechseln die Seiten oder verstummen. Andere werden eingeschüchtert, und an einigen werden Exempel statuiert – drastische Haftstrafen, selten ein Mord. Angst macht sich breit, die Solidarität bröckelt, der Widerstand zerfällt.

Zwei Jahre nach dem Aufruhr im Stadion macht ein Politiker einen Versuch, die Kontrolle über den Ort zurückzugewinnen.

Boris Moskwitsch ist ein Vertreter der alten Nomenklatura. In der Sowjetunion hat er eine große Sowchose geleitet. Inzwischen ist der Verteilungskampf um die Erbmasse staatlicher Landwirtschaftsbetriebe in vollem Gange. Im Herbst 2000 tritt der 60-Jährige zur Wahl des Ortsvorstehers an. «Kein Zoll unserer Erde den Banditen!», lautet seine Losung. Er bekommt mehr als 80 Prozent der Stimmen.

Als Moskwitsch sein Amt antritt, ist der größte Agrarbetrieb der Gemeinde, die ehemalige Sowchose «Stjepjanskij», in wirtschaftliche Schieflage geraten. Den Arbeitern werden keine Löhne mehr gezahlt. Für einen Kredit haben wieder einmal drei Unternehmen des Zapok-Clans die Bürgschaft übernommen. Moskwitsch ordnet eine Überprüfung der Vorgänge an. Am frühen Morgen des 31. Januar 2002 wird Boris Moskwitsch vor der Bezirksverwaltung der Staniza Kuschtschowskaja aus nächster Nähe erschossen. Ein Feuer zerstört das Verwaltungsgebäude der ehemaligen Sowchose «Stjepjanskij». Alle Unterlagen verbrennen, eine Überprüfung der Vorgänge ist nicht mehr möglich. Das Land wird unter den Zapok-Betrieben «Artex Agro», «Slawa Kubani» und «DWW» aufgeteilt.

Aus eigener Kraft scheinen die Bewohner die Tyrannei nicht abschütteln zu können. Zermürbt von den täglichen Drangsalierungen durch die Brigade, wenden die Studentinnen und Studenten des Instituts für Technik und Geisteswissenschaften sich im Oktober 2005 an die übergeordneten Behörden. Sie haben verstanden, dass ihnen in der Stadt niemand hilft. Nicht die Polizei, nicht die Staatsanwaltschaft, nicht die Verwaltung. Weil sie selbst machtlos sind, weil sie sich mit den Machtverhältnissen abgefunden haben, oder weil sie längst mit den Gangstern gemeinsame Sache machen. Aber wenn erst eine höhere Instanz erfährt, was in der Staniza vor sich geht, dann muss sie doch eingreifen und die Gerechtigkeit wieder herstellen, so lautet die Hoffnung der Verfasserinnen. Immerhin: Die Direktorin der Hochschule, Galina Kroschka, unterstützt sie und macht ihnen Mut.

170 Unterschriften stehen schließlich unter dem «flehentlichen Hilferuf» an den Gouverneur der Region Krasnodar. Kopien des Briefes gehen an die regionale Staatsanwaltschaft und die Polizeibehörde der Region. «Wir sind alle aus unterschiedlichen Gegenden der Region Krasnodar und des Gebiets Rostow an diese Hochschule gekommen, um hier zu studieren», schreiben die Studentinnen und Studenten. «Aber kaum sind wir angekommen, sind wir mit ganz anderen Problemen konfrontiert als mit Lernen und Prüfungen.» In allen Einzelheiten werden in dem Brief Zustände geschildert, die die Ermittlungsbehörden erst Jahre später «aufdecken» werden, nachdem der bestialische Mord an der Familie von Bauer Ametow und ihren Gästen das Land aufschreckt: Wie die Mafia den Ort in den Griff nahm und dass sie seit dem Mord an ihrem Anführer nur noch brutaler und willkürlicher agiert. Und wie die jungen Nachwuchs-Gangster der Brigade in der Gewissheit absoluter Straflosigkeit andere schikanieren: «Sie stehlen unser Geld und unsere Mobiltelefone und verprügeln uns auf offener Straße vor den Augen der Passanten. Sie brechen in die Wohnungen ein, in denen wir leben, schlagen uns brutal zusammen und nehmen dann unser Geld und unsere Wertsachen mit.» Keiner verlasse nach Einbruch der Dunkelheit mehr das Haus: «Wenn man im Park oder auf den Straßen spazieren geht, kann es passieren, dass einem diese Schläger nachstellen und einen verprügeln, einfach unter dem Vorwand, man sei ‹falsch› gegangen. An die Strafverfolgungsbehörden wenden wir uns nicht, weil wir Angst haben; diejenigen, die eine Anzeige bei der Polizei gestellt haben, wurden halbtot geprügelt, aber gegen die Verbrecher wurden keinerlei Maß-

Sergej Zapok, Wladimir Alexejew («Der Skrupellose Wowa») und Nikolaj Zapok («Onkel Kolja») vor Gericht.

nahmen eingeleitet.» Jeder im Ort kenne das Problem, auch die Polizei, nur unternehme sie nichts, um diese Gesetzlosigkeit zu bekämpfen. «Allein können wir dem Verbrechen nicht entgegentreten, wenn uns unsere Gesundheit lieb ist. Am Ende bleibt uns nichts anderes übrig, als das Studium aufzugeben und nach Hause zurückzukehren.»[4]

Zwei Dinge kommen in dem Brief nicht zur Sprache, wohl aus Angst und aus Scham: Die Namen der Täter und ihrer Beschützer werden nicht genannt. Und die Vergewaltigungen werden nur als «Belästigungen» angedeutet.

Per Fax erreicht der Hilferuf der Studierenden auch die Redaktion der staatlichen *Rossijskaja Gaseta*, der offiziellen Zeitung der russischen Regierung. Eine Redakteurin reist nach Kuschtschowskaja. Tatjana Pawlowskaja spricht mit Studentinnen, mit der Hochschulleitung, mit dem Bürgermeister. Sie trifft auch einen Vertreter der Staatsanwaltschaft. Er ist verärgert über den offenen Brief. Die ganze Aufregung sei unnötig. Man hätte das Ganze doch an Ort und Stelle klären können, statt so einen Wirbel zu machen. Schließlich seien ja inzwischen fünf Strafverfahren eingeleitet worden.

Auf ihren Hilferuf bekommen die Studentinnen und Studenten zunächst keine Antwort. Der Gouverneur, der Polizeichef und die Staatsanwaltschaft der Region Krasnodar schweigen. Erst nachdem die *Rossijskaja Gaseta* berichtet hat, ordnet der russische Generalstaatsanwalt eine Überprüfung an. Eine Kommission aus Krasnodar wird entsandt. Gegen den Polizeichef von Kuschtschowskaja wird ein Verfahren wegen Fahrlässigkeit eingeleitet. Einige Monate später veröffentlicht die Lokalzeitung der Staniza eine Stellungnahme, in der die Polizeidirektion des Gebiets erklärt, Artikel wie der in der *Rossijskaja Gaseta* beschmutzten nicht nur das Ansehen der Sicherheitsorgane, sondern zerstörten auch das Vertrauen der Bevölkerung in den Staat.

Die Mafia bleibt derweil unangetastet. «Uns liegen keine Informationen darüber vor, dass Sergej Zapok an Verbrechen beteiligt war», heißt es in einer Antwort der obersten Polizeibehörde der Region Krasnodar an die *Rossijskaja Gaseta*. Dennoch lassen sich die Ermittler von der Reporterin noch einmal ausführlich schildern, was sie recherchiert hat. Ihre Aussagen belegt Tatjana Pawlowskaja mit Abschriften ihrer Recherche-Interviews, in denen Studentinnen und Studenten von ihren Martyrien berichten und die Täter bei ihren Namen nennen, die im Artikel nicht genannt wurden.

Ein Student mit Namen Witalij berichtet:

> «Letztes Jahr ist einer aus der Bande in meine Wohnung eingedrungen und hat von mir verlangt, dass ich ihm mein Telefon gebe. Als

> ich mich weigerte, stach er mit einem Messer auf mich ein und verletzte meine Lunge. Einen ganzen Monat lag ich im Krankenhaus. Dann bin ich zur Polizei gegangen, aber die haben noch nicht einmal ein Verfahren eingeleitet. So läuft das hier immer. Eine Bekannte von mir haben sie auf dem Heimweg von der Uni abgefangen. Sie war mit drei anderen unterwegs, denen haben sie mit Messern gedroht. Dann haben sie sie mitgenommen und vergewaltigt. Danach haben sie sie nach Hause gebracht. Als sie Anzeige erstatten wollte, wurde ihr erklärt: ‹Du warst allein, aber sie waren zu dritt, und sie streiten alles ab.› Jetzt stellen sie ihr die ganze Zeit Fragen: ‹Studierst du immer noch hier? Bist du noch nicht weg? Los, es ist Zeit, heimzufahren!›».[5]

Die jungen Frauen und Männer sind der Gewalt völlig ausgeliefert und niemand ist bereit, ihnen zu helfen. Ein Kommilitone Namens Andrej sei auf einer Party so verprügelt worden, dass die Blutgefäße in seinen Augen platzten und die Nieren versagten, erinnert sich die Studentin Julia:

> «Sein Bruder kam dann aus seinem Heimatort mit dem Auto und hat ihn mit nach Hause genommen. Natürlich wurde niemand bestraft. Ich habe gesehen, wie sie einem 10-jährigen Jungen das Mobiltelefon weggenommen haben. Als der Polizist erfuhr, dass das die Tat von einem aus der Zapok-Bande war, bat er um Verständnis: Er habe selbst Familie und werde sich mit niemandem aus dem Ort anlegen.»[6]

Auch mit Dozentinnen hat die Journalistin gesprochen. Sie bestätigen die Schilderungen und unterstützen den Versuch ihrer Studierenden, mit dem Hilferuf an die übergeordneten Behörden und an die Presse einen Befreiungsschlag zu schaffen. Julia Igorewna, die stellvertretende Direktorin der Medizinischen

Hochschule, hatte zuvor selbst erfolglos versucht, ihren Studentinnen beizustehen:

> «Letztes Jahr sind drei dieser Männer in die Wohnung einer Erstsemester-Studentin eingedrungen. Sie haben das Mädchen gepackt, mitgenommen und sie missbraucht. Sie ist noch nicht einmal volljährig und sie war noch Jungfrau. Als sie wieder zu sich kam, ist sie sofort abgereist, nach Hause zu ihrer Mutter. Danach kommt die Mutter zu mir und fragt mich: ‹Was ist denn hier los?› Wir fragen das Mädchen, wer die Täter waren. Sie nennt uns einen Namen, sagt, er sei von der Zapok-Brigade. Ich gehe zum Bezirksabgeordneten Sergei Zapok und erzähle ihm die Geschichte. Er versichert mir, dass es eine solche ‹Brigade› gar nicht gibt, die Täter würden seinen Namen nur als Deckung benutzen. Wir haben Polizisten zu einer Elternversammlung eingeladen. Wir haben ihnen erklärt, dass die Schüler Angst haben, Anzeige zu erstatten, weil ihnen gedroht wurde, sie mit Salzsäure zu übergießen. ‹Ohne Anzeige können wir nichts machen›, haben sie geantwortet. Letztes Jahr haben zehn Studentinnen die Schule verlassen. Der Grund ist immer derselbe: Sie wurden geschlagen und vergewaltigt. Die Täter picken sich die Auffälligsten heraus. Wir hatten ein sehr gut aussehendes Mädchen. In diesem Sommer wurde sie auf dem Heimweg vom Unterricht in ein Auto gezerrt. Sie ist dann bei hoher Geschwindigkeit aus dem Wagen gesprungen und hat sich die Hände und das Gesicht aufgeschürft. Sie haben sie in die Notaufnahme gebracht. Während der ganzen Behandlung standen sie neben ihr, damit sie nichts sagen kann. Dann haben sie sie wieder mitgenommen. Erst am nächsten Morgen haben sie sie freigelassen. Das Mädchen ist sofort abgereist. Einen ganzen Monat lag sie im Krankenhaus. Dann kam ihr Vater, hat stumm ihre Dokumente abgeholt und gesagt, dass sie nicht wieder an die Uni zurückkommt.»[7]

Das College startet eine Umfrage unter seinen Studierenden. Von 300 Befragten erklären 100, schon einmal Opfer von Schlägen, Erpressung oder einer Vergewaltigung geworden zu sein.

Mit ihrem Brief an den Gouverneur und den Staatsanwalt des Gebiets Krasnodar hatten die Studentinnen die Hoffnung verbunden, dass eine höhere Macht ihnen zu Hilfe kommt, ihre Peiniger bestraft und die Gerechtigkeit wieder herstellt, wenn sie erst einmal ihre Angst und ihre Scham überwinden und das Land erfährt, was in Kuschtschowskaja vor sich geht. «Wir hatten lange genug Angst vor ihnen, jetzt reicht es», sagt eine Studentin ins Aufnahmegerät der Reporterin. «Sollen sie doch vor uns Angst haben. Deshalb haben wir uns entschlossen, alles zu erzählen.»

Tatjana Pawlowskaja, die Reporterin der *Rossijskaja Gaseta*, hat alles, was sie weiß, mit den Behörden geteilt. Offenbar in bester Absicht. Sie arbeitet für die Regierungszeitung, sie glaubt an diesen Staat und seine Organe. Aber sie ist auch eine engagierte Frau, sie will die Öffentlichkeit auf Missstände aufmerksam machen, damit ihr Staat sie beseitigt.

Jetzt kennen Polizisten die Quellen der Journalistin. Sie wissen, wer ihnen diesen Ärger beschert hat. Nachdem sie dem Sonderermittler des Gebiets Krasnodar ihre Recherchen unterbreitet hatte, habe dieser sich entsetzt gezeigt, erinnert sich Pawlowskaja Jahre später: «Wie konnte man vor solchen Dingen die Augen verschließen?!», habe der Mann ausgerufen.[8] Einige Polizisten werden auf andere Dienststellen versetzt, aber eine organisierte Verbrecherbande, von der in der Staniza Kuschtschowskaja alle reden, können auch die Abgesandten aus der Gebietshauptstadt nicht finden. Als sie einige Wochen später wieder abreisen, ist der Fall für die Polizei in Kuschtschowskaja aber keineswegs abgeschlossen. Jetzt nimmt sich Alexander

Chodytsch des Falls an; der Chef der Abteilung zur Bekämpfung der Organisierten Kriminalität findet doch noch eine organisierte Bande. Wenn auch nicht unter der Führung seines Freundes Sergej Zapok.

Galina Kroschka muss eine engagierte und lebensfrohe Frau gewesen sein, bevor die Justiz ihr Leben zerstörte. So beschreiben sie ihre Kolleginnen und ihre Tochter Jewgenia. Ein Foto aus dieser Zeit zeigt die Rektorin der Hochschule für Technik und Geisteswissenschaften mit strahlendem Lächeln in einer rosafarbenen Bluse an ihrem Arbeitsplatz. Sie war es, die ihre Studierenden ermutigte, nicht länger zu schweigen. «Ich bin stolz auf meine Studenten, die den Mut hatten, diesen Brief zu schreiben», hat sie der *Rossijskaja Gaseta* gesagt.

Vier Monate nachdem er erschienen ist, wird eine Mitarbeiterin ihrer Universität verhaftet. Natalja Siwzewa soll mit falschen Diplomen gehandelt haben: Ihre Kunden, so die Version der Polizei, hätten Studiengebühren bezahlt und dafür Diplome erhalten, ohne je eine Vorlesung besucht zu haben. Aber Siwzewa interessiert die Ermittler eigentlich nicht: Anfang März 2006 nehmen sie auch die Rektorin Galina Kroschka mit. Kroschka ist das eigentliche Ziel der Ermittlungen. Um von einer organisierten kriminellen Bande sprechen zu können, braucht es mindestens zwei Täterinnen, die sich zusammengetan haben. Die Rektorin, die ihre Studentinnen ermutigt hat, sich gegen die brutale Bande prügelnder und vergewaltigender Gangster zu wehren, soll nach Darstellung des obersten Mafia-Jägers und Zapok-Spezis Chodytsch das wahre Oberhaupt einer kriminellen Vereinigung sein. Die Institution, die eigentlich die Bürger und ihre Rechte schützen sollte, tut genau das Gegenteil: Sie schützt die Verbrecher, beschuldigt die Gerechten und nimmt damit Opfern und künftigen Opfern die letzte Hoffnung.

Mit 44 Jahren erleidet Galina Kroschka in der Untersuchungshaft einen Schlaganfall. Sie kommt zur Behandlung frei. Als sie sich erholt hat, gehen die Vernehmungen weiter. Das Gericht stellt einen neuen Haftbefehl aus mit der Begründung, sie habe Zeugen bedroht – gemeint sind ihre Studenten. Nach einem zweiten Schlaganfall ist Kroschka halbseitig gelähmt. Ein psychiatrisches Gutachten stellt fest, dass die neurologischen Schäden so schwer sind, dass die Patientin nicht mehr in der Lage ist, die Folgen ihrer Handlungen einzuschätzen.

Trotzdem geht der Prozess weiter. Der Richter Sergej Schapowalow ist mit den Zapok-Brüdern seit Kindheitstagen eng befreundet. In der Fußballmannschaft «Artex DWW» spielt Schapowalow um den Pokal des Gouverneurs. Die Mannschaft gehört zu einem Agrar-Betrieb des Zapok-Clans. Im Mai 2009 verurteilt das Gericht Natalja Siwzewa zu sieben Jahren Lagerhaft. Galina Kroschka soll als «Kopf einer kriminellen Vereinigung» zehn Jahre bekommen. Ihrem Ex-Mann werden die Konten gesperrt und sein Vermögen beschlagnahmt. Sergej Zapok verklagt ihren Schwiegersohn wegen Verleumdung, weil er in einem Fernseh-Interview den Zeitungsartikel über die Herrschaft einer Kriminellen Bande in Kuschtschowskaja erwähnt hat. Den Namen Zapok hat er dabei nicht einmal genannt. Der Richter Schapowalow leitet auch dieses Verfahren und spricht seinem Jugendfreund Zapok eine Entschädigung von einer Million Rubel zu, damals knapp 30 000 Euro.

Die Diplome, die die Polizisten im Zuge ihrer Ermittlungen als angebliche Beweismittel beschlagnahmt haben, fehlen in den Gerichtsakten. Im Ort erzählt man sich, Chodytsch und seine Leute hätten sie ihren Eigentümern zurückgegeben – gegen angemessene Bezahlung. Vier Jahre lang hält der Richter Schapowalow die kranke Angeklagte in Untersuchungshaft. Im August 2010 wechselt er an ein anderes Gericht. Sein Nachfolger ordnet

Galina Kroschka, Rektorin des Instituts für Technik und Geisteswissenschaften, unterstützte ihre Studierenden dabei, sich gegen die Zapok-Bande zu wehren – und wurde selbst angeklagt.

Galina Kroschkas Einweisung in eine psychiatrische Heilanstalt an. Sie wollte Opfer schützen, wurde als Verbrecherin angeklagt – und verlor den Verstand.

Leben und Tod

Welchen Wert hat das Leben in dieser Gesellschaft? Als Wladimir Putin im Herbst 2022 eine Mobilmachung ankündigt, verlassen fast eine Million Männer im wehrfähigen Alter das Land. Einige Tausend protestieren. Aber die große Mehrheit fügt sich, folgt den Vorladungen der Wehrämter und steigt in die Busse und Flugzeuge, die sie erst in Ausbildungslager bringen und dann an die Front. Unter den Bedingungen eines zunehmend totalitär agierenden Staates darf man auf Umfragen nicht zu viel geben. Aber erfahrene Demoskopen und politische Beobachterinnen sind sich weitgehend einig in der Einschätzung, dass wohl etwa zehn Prozent der Einwohner Russlands zu den sogenannten «Z-Patrioten» oder «Turbo-Patrioten» gezählt werden müssen, die den Krieg aus voller Überzeugung unterstützen. Etwa ebenso groß wird das Lager der Kriegsgegner geschätzt. Die überwältigende Mehrheit – etwa 80 Prozent – ist weder begeistert noch empört, sie verhält sich schlicht passiv. Selbst seit tagtäglich in großer Zahl Gefallene bestattet werden und die Friedhöfe überall im Land sich mit frischen Gräbern füllen, ist die Stimmung nicht gekippt.

Warum folgen so viele junge Russen bereitwillig und schicksalsergeben den Einberufungsbefehlen und ziehen in einen Krieg, den sie nicht verstehen, statt zu protestieren? Statt alte Stereotype von der Leidensfähigkeit und Schicksalsergebenheit hervorzukramen, die wahlweise einer romantisierten «russischen Seele», einem Nationalcharakter oder einer letzten Endes rassistisch hergeleiteten «Sklavenmentalität» zugeschrieben werden, sollte man sich ansehen, welche Erfahrungen die Menschen in ihrem Alltag machen, welches Bild von sich und ihrer Rolle in der Welt sie von klein auf lernen und welche Handlungsmuster sie vielleicht schon von früheren Generationen übernehmen. Die Vorgänge in der Staniza Kuschtschowskaja bieten dafür ein anschauliches Beispiel. Wer sich über die Passivität der schweigenden Mehrheit in Russland wundert, kann sich gedanklich einmal an die Stelle einer Studentin oder eines Studenten der Hochschule für Technik und Geisteswissenschaften versetzen: Einer skrupellosen Bande ausgeliefert, ohne Schutz durch Lehrer, Gesellschaft oder Polizei. Als sie schließlich ihren Mut zusammennehmen, um die Zustände in einem gemeinsamen Brief zu schildern und um Hilfe zu bitten, müssen sie erleben, wie die einzige Person, die sie unterstützte, vernichtet wird. Sie und die anderen Bewohner der Staniza Kuschtschowskaja haben die Erfahrung gemacht, dass Gewalt zum

Alltag gehört, dass das Recht des Stärkeren gilt und die Mächtigen sich alles nehmen können, auch meinen Körper. Dass jeder Widerstand zermalmt wird und Verbrechen belohnt. Dass die Staatsorgane Täter schützen und Opfer verfolgen.

Diese Erfahrungen der Schutzlosigkeit und des Ausgeliefertseins seien ein Grund dafür, dass die meisten Menschen in Russland sich nicht wehrten, ist die Moskauer Psychologin Ljudmila Petranowskaja überzeugt. Die 56-Jährige arbeitet seit mehr als 20 Jahren in Kinderheimen, sie unterstützt Eltern und Einrichtungen dabei, ein gutes Umfeld für Kinder zu schaffen, und wird beim Publikum unabhängiger Medien für ihre Kommentare zu gesellschaftlichen Themen geschätzt.

Ein großer Teil der Menschen in Russland lebe in Armut und mit dem Gefühl absoluter Rechtlosigkeit, sagt Petranowskaja. «Sie werden groß mit dem Gefühl, dass man mit ihnen jederzeit alles machen kann und ihnen niemand hilft.» Deshalb seien Menschenrechtsorganisationen so wichtig: Ihre Vertreter haben eine Vorstellung davon, dass jeder Mensch eine angeborene Würde hat und unveräußerliche Rechte, die nicht verletzt werden dürfen. Dabei gehe es nicht um die Einhaltung abstrakter internationaler Abkommen zu Menschenrechten, sondern um deren unmittelbare Erfahrung, betont Petranowskaja. «Eine stabile Basis kann nur das Gefühl sein, dass ich Rechte habe und dass man nicht alles mit mir machen darf. Und wenn man diese Rechte verletzt, dann hilft mir jemand.»

Dieser Albtraum – gemeint sind der Krieg und die Mobilmachung – geschehe vor dem Hintergrund, dass sich die Menschen einem Leviathan ausgeliefert fühlten: «Ich stehe winzig und allein vor diesem gewaltigen Staat, der mich in jedem Moment zerquetschen kann, und niemand wird mir helfen.» Ein Gefühl totaler Hilflosigkeit, Wehrlosigkeit und Einsamkeit. Daran könnte sich erst etwas ändern, wenn die Menschen die Erfahrung machten, dass sich jemand an ihre Seite stellt und sagt: «Das ist nicht rechtens. So darf man nicht mit dir umgehen!» «Diese Erfahrung verändert die Menschen», ist die Psychologin überzeugt. «Sie geben diese Erfahrung weiter. Vielleicht unterstützen sie in einer ähnlichen Situation jemand anderen. Auf diese Weise wächst die Fähigkeit, sich dem Leviathan entgegenzustellen.» Von Menschen, die nie erlebt hätten, dass sie selbst Rechte haben, die geschützt und verteidigt werden, könne man leider weder erwarten, dass sie sich ihrer Einberufung widersetzen, noch dass sie Mitgefühl für die Opfer des Krieges in der Ukraine entwickeln.

Ljudmila Petranowskaja nimmt in diesem Punkt auch die Opposition in die Verantwortung und stellt selbstkritisch fest: «Wir müssen uns fragen: Was ist passiert, dass diese Menschen noch nicht einmal auf die Idee kommen, sich zu wehren? Was hätte passieren müssen, damit sie nicht glauben, sie werden allein gelassen?» Die Korruption und die Übeltaten der Herrschenden anzuprangern und von einem «wunderbaren Russland der Zukunft» zu schwärmen, wie es Alexej Nawalny tat, sei nicht genug. Den Menschen das Gefühl und die Sicherheit zu geben, dass ihre Rechte verteidigt und geschützt werden, sei schwerer, und es braucht einen langen Atem. «Wir kommen nicht damit nach, diese Sicherheit in den Menschen zu pflanzen. Das Regime zerstört sie schneller, als sie wachsen kann. Diese Sicherheit aufzubauen braucht Zeit. Zerstören lässt sie sich schnell.»

Nach dem Zerfall der Sowjetunion war der Staat zuerst zu schwach, um diese Sicherheit zu gewähren. In den Jelzin-Jahren fehlte das Geld an allen Enden: für eine funktionierende Gesundheitsversorgung, eine funktionierende Polizei, eine funktionierende Armee. Der Ölboom erlaubte es Jelzins Nachfolger dann, sich nicht nur selbst zu bereichern, sondern immerhin einen gewissen Wohlstand zu verteilen – und einen schlagkräftigen Repressionsapparat aufzubauen.

Erst ging die Angst um vor Anarchie, Chaos und Kriminalität. Dann wurde sie abgelöst durch die Angst vor dem Staat. Nie konnte das Volk die Erfahrung machen, selbst Akteur zu sein. Anders als in der Ukraine: Dort grassierten nach 1991 zwar auch Korruption und Kriminalität und Oligarchen hatten großen Einfluss. Aber nach und nach konnten die Bürger die Erfahrung machen, dass sie selbst Einfluss auf ihre Geschicke haben. Nach zwei erfolgreichen Maidan-Aufständen 2004 und 2014 erstarkte eine Zivilgesellschaft, mit der seitdem jede Regierung rechnen muss, nicht nur in Kyjiw, auch in den Provinzen.

Wladimir Putin dagegen hat die Gefahr früh erkannt, die zivilgesellschaftliche Organisationen für seine kleptokratische Autokratie darstellen – selbst wenn sie sich nur für die von der russischen Verfassung garantierten Rechte des Einzelnen einsetzen –, und sie ins Visier genommen. Bürger, die ihre Rechte kennen und verteidigen, müssen früher oder später zu einer Bedrohung werden für ein Regime, das passive Untertanen braucht. Und wenn Stiftungen oder andere Staaten NGOs nur dabei unterstützen, die in Russland eigentlich ohnehin verbürgten Rechte einzufordern, kommt das für den Kreml schon einem Angriff aus dem Ausland gleich. Die Zersetzung aller zivilgesellschaftlichen Ansätze hat aber neben der Stärkung der vertikalen Macht auch eine Nebenwirkung: Ohne Zivilgesellschaft gibt es auch keine Zivilcourage, und wo die fehlt, haben Gewalt und Verbrechen leichtes Spiel.

Unsere Schwierigkeit, das Verhalten der Menschen in Russland zu verstehen, hängt damit zusammen, dass wir schwer nachempfinden können, was es bedeutet, unter diesen Bedingungen aufzuwachsen. Wir sind gewöhnt, unser Handeln auf einen Zuwachs an Sicherheit, Gesundheit und Wohlstand auszurichten. Wer von Kind auf lernt, dass Wohlstand durch eigene Leistung kaum erlangt werden kann und stattdessen Beziehungen, Loyalität und Anpassungsbereitschaft zählen, entwickelt wenig Vertrauen in die eigenen Kräfte und die Fähigkeit, sein Schicksal selbst zu bestimmen. Der Homo Sovieticus war das Gegenteil des amerikanischen Selfmademan; während der amerikanische Mythos verspricht, alles hänge vom Einzelnen ab, verinnerlichten die Menschen in der Sowjetunion, dass nichts von ihnen abhängt. Wenn die einzige Möglichkeit zum sozialen Aufstieg das Militär ist, ein Job in den Sicherheitsorganen oder als Beamter, richten die Menschen ihre Strategien entsprechend aus. In armen Regionen Russlands, besonders im Nordkaukasus, haben noch vor nicht langer Zeit Familien Bestechungsgeld bezahlt, um ihre Kinder beim Militär unterzubringen. Der Einstieg in eine Karriere als Polizist oder Beamter wird in Regionen, in denen es sonst kaum Arbeit gibt, noch immer über Beziehungen und mit Schmiergeld geebnet.

Wenn die Polizei in gleichem Maße als Bedrohung wahrgenommen wird wie kriminelle Strukturen, werden Bürger sich von mehr Polizei keinen Zuwachs an Sicherheit versprechen. Das Sicherheitsgefühl wächst auch in Gesellschaften Westeuropas nicht allein durch mehr Polizei, sondern zu großen Teilen durch einen gesunden Zusammenhalt der Gesellschaft, durch die Gewissheit der Bürger, dass sie ihren Nachbarn grundsätzlich vertrauen können oder der Kollegin auf der Arbeit. Wer die Erfahrung von Solidarität macht, fühlt sich weniger verletzlich. Er fühlt sich in der Gesellschaft aufgehoben. In einer Gesellschaft, in der jeder als Einzelkämpfer unterwegs ist, können die Menschen diese Erfahrung nicht machen. Die einzige rationale Strategie, die eigene Sicherheit zu erhöhen, ist, sich Stärkeren anzuschließen. Meistens ist das der Staat und oft sind es korrupte Seilschaften in seinen Strukturen. Selbst wenn also die Sicherheitsorgane als Bedrohung wahrgenommen werden, kann es immer noch eine rationale Strategie sein, Verbindungen zu ihnen zu suchen. Sie mögen ungesetzlich reagieren, aber die Chancen erhöhen sich, dass es nicht mich trifft und ich vielleicht sogar davon profitiere.

Wenn der Einzelne – wie die Psychologin Ljudmila Petranowskaja es beschreibt – nie die Erfahrung macht, dass seine Würde geschützt und seine Grenzen geachtet werden, wenn er in dem Gefühl aufwächst, dass der anonyme Leviathan ihn jederzeit zermalmen kann, dann wirkt sich das nicht nur auf seine Wertschätzung für das eigene Leben und das Leben anderer aus. Der Unterschied zwischen Leben und Tod selbst verliert an Wert. Laut der Weltgesundheitsorganisation WHO gehört Russland zu den zehn Staaten weltweit mit der höchsten Selbstmordrate – 25,1 Suizide auf 100 000 Einwohner waren es laut den jüngsten Daten aus dem Jahr 2019. Dass Männer sich häufiger das Leben nehmen als Frauen, ist ein weltweites Phänomen, aber in Russland ist der Abstand besonders groß: Je 100 000 Einwohner begehen 44 Männer Suizid und nur 9 Frauen.[9] Die Lebenserwartung russischer Männer bei der Geburt ist von 68,8 Jahren im Jahr 2019 auf 64,2 Jahre im Jahr 2021 gefallen. Bereits vor dem vollumfänglichen Krieg gegen die Ukraine lag sie damit sechs Jahre unter der von Männern in Bangladesch.[10] Noch größer ist der Abstand aber zu russischen Frauen, die im Schnitt zehn Jahre älter werden als ihre Männer – der größte Abstand weltweit. In Deutschland beträgt er knapp fünf Jahre. Den Grund sehen Forscher außer in den hohen Suizidraten und der Neigung zu Alkohol und Zigaretten auch in der Neigung junger russischer Männer zu riskantem Verhalten. Verkürzt gesagt: Sie trinken nicht nur viel Alkohol, sie steigen dann auch betrunken in einen Fluss oder veranstalten improvisiertes Bungee-Jumping von Hausdächern. Unter Suchbegriffen wie «Only in Russia» oder «Meanwhile in Russia» kann man auf YouTube viele Stunden von solchen halsbrecherischen Aktionen ansehen. Was uns als Videos im Internet unterhaltsam erscheinen mag, ist letztlich aber auch Ausdruck einer Geringschätzung der eigenen Gesundheit und des eigenen Lebens. Das eigene Leben wird buchstäblich aufs Spiel gesetzt; kein besonders hoher Einsatz, wenn man es ohnehin nicht besonders schätzt.

Wo der Wert des Lebens gegen Null geht, ist es nur noch ein Schritt, den Tod aufzuwerten und das Verhältnis ins Gegenteil zu verkehren. Journalisten des russischsprachigen Portals *Repost* mit Sitz in Tallinn haben sich im August 2023 einmal die Mühe gemacht und Reden zusammengeschnitten, in denen Wladimir Putin den Wert des Todes preist und die Bereitschaft der Russen, ihr Leben für die richtige Sache zu opfern. Das Ergebnis sind drei Minuten, in denen ununterbrochen von Selbstaufopferung die Rede ist, vom Sterben für das Vaterland als Beweis patriotischer Gesinnung und vom Tod für die gerechte Sache, der einem Leben erst seinen Sinn gibt.[11]

Im Oktober 2018 antwortete Wladimir Putin scherzhaft auf die Frage nach einem drohenden Atomkrieg: «Wir werden als Märtyrer ins Paradies kommen, während sie [die Angreifer] einfach verrecken.» Bei einem im Staatsfernsehen übertragenen Treffen mit Müttern gefallener Soldaten fand Putin im November 2022 irritierende Worte für eine Frau, deren Sohn bei Kämpfen in Luhansk getötet worden war. «Wir alle müssen irgendwann diese Welt verlassen», sagte Putin. Ihr Sohn habe sein «Ziel erfüllt», immerhin sei er «nicht am Wodka oder an irgendwas» gestorben. Eine bemerkenswerte Alternative, die der Präsident da für die Menschen in seinem Land aufmacht: Sie haben die Wahl zwischen einem nutzlosen Tod als Alkoholiker oder einem sinnvollen Tod auf dem Schlachtfeld. Die Variante eines langen, erfüllten und produktiven Lebens im Kreise einer glücklichen Familie kommt in diesem Szenario gar nicht vor.

Die Historikerin und Soziologin Dina Khapaeva beobachtet bereits seit einigen Jahren eine Zunahme ähnlicher Äußerungen sowohl von Putin selbst als auch in den Kreml-treuen Medien. So schwärmte etwa der Schauspieler, Sänger und Abgeordnete Dmitrij Pewzow im Dezember 2022, die Russen verstünden sich wie kein zweites Volk darauf, «zu lieben, Freundschaften zu schließen und zu sterben», darin liege die Kraft der Nation. Tigran Keossajan, der TV-Entertainer und Ehemann der RT-Chefin Margarita Simonjan, sagte im Juni 2023 in der Sonntagssendung des Moderators Wladimir Solowjow: «Krieg ist etwas schreckliches. Aber er verjüngt den Organismus. Genauso wie eine Geburt den Organismus der Frau verjüngt.» Krieg erneuert, Tod und Zerstörung werden als Akt der Säuberung und Wiedergeburt verbrämt.

Solche Aussagen sind nur leicht abgeschwächte Variationen von Ideen, die Rechtsextreme und radikale Orthodoxe verbreiten. Etwa der Geistliche Johann Snytschow, der Iwan den Schrecklichen preist und offen die These vertritt, Terror sei das beste Mittel, um Russland zu regieren. Der Ideologe Alexander Dugin, den die Staatssender zur Rechtfertigung der Krim-Annexion und des Krieges im Donbass auf das Publikum losgelassen hatten, schwärmt von einer «reinigenden Apokalypse». Wenn das Ende der Welt nicht von selbst eintrete, dann sei es die Aufgabe des russischen Volkes, sie mit allen Mitteln herbeizuführen, lautet eine regelmäßig von Dugin wiederholte These. Khapaeva hat Todes-Kulte in modernen Gesellschaften verglichen. Begeisterung für Morbides gebe es auch in Gesellschaften des politischen Westens, erklärt sie. Allerdings blieben sie dort in der Regel auf das Feld der Kultur beschränkt. «Einzigartig an der Situation in Russland ist, dass eine Mischung aus orthodoxem Extremismus, imperialer Ideologie und apokalyptischen Einstellungen zu einem Teil des offiziellen Diskurses werden konnte.»

«Der Krieg gegen die Ukraine ist eine Folge des öffentlichen Todes-Kults», glaubt Dina Khapaeva. Einem sinnlosen Leben in Armut und ohne Perspektive werde ein Tod für das Vaterland gegenübergestellt. Sich selbst und sein engeres Umfeld nehme Putin allerdings von dieser «Begeisterung für den Tod» aus. Sollen andere mit ihrem Tod beweisen, dass sie wahre Patrioten sind, während die Elite darauf hofft, die «reinigende Apokalypse» zu überleben. «Diese simple und barbarische Idee stammt aus dem Mittelalter», erklärt Khapaeva im Interview mit dem russischsprachigen Portal *Verstka.* «Aus jener Zeit, als ein menschliches Leben nicht als wertvoll betrachtet wurde, sondern der Tod für den Herrscher als höchstes Glück seiner Untergebenen galt. Putin leuchtet diese Idee ein, er hat sich mit ihr bewaffnet und nutzt sie für seine Ziele».[12]

Man könnte das alles damit abtun, dass die russische Führung ideologisch übergeschnappt ist, und kein vernünftiger Mensch der Verheißung des eigenen Todes folgen würde. Allerdings materialisieren sich diese Ideen längst ganz konkret: Der Ökonom Wladislaw Inosemzew hat einmal alle Zahlungen zusammengerechnet, die der Staat Soldaten und ihren Angehörigen für einen Einsatz im Krieg gegen die Ukraine verspricht. Seit dem Februar 2022 wurden sie deutlich angehoben. Demnach stünden einem einfachen Soldaten, der fünf Monate im Krieg ist und dann getötet wird, alles in allem knapp 149 000 Euro zu, die dann seinen Hinterbliebenen ausgezahlt würden. Umgelegt auf den Durchschnittslohn müsste ein Mann in Russland für eine solche Summe mehr als 30 Jahre arbeiten. Das Fazit des Ökonomen Inosemzew: «Zieht ein Mann in den Krieg und kommt mit 30–35 Jahren ums Leben, ist sein Tod wirtschaftlich vorteilhafter als sein weiteres Leben. Mit anderen Worten, Putins Regime heroisiert und glorifiziert den Tod nicht nur, es lässt ihn auch rational als eine gute Wahl erscheinen.»[13]

Kapitulation

Man würde gern verstehen, wo es angefangen hat. Wer ist als erster den Pakt mit dem Teufel eingegangen? Geschäftsleute, die Schutzgeld zahlten und die Zapoks so als Autorität in der Stadt akzeptierten? Beamte, die sich bestechen ließen? Polizisten, die nicht ermittelten? Zeugen, die nichts gesehen haben wollten? Richter, die Recht beugten? Bis zu welchem Moment hätte die Ausdehnung der Tyrannei noch gestoppt werden können? Und was hätte dafür passieren müssen? Bemerkenswert ist, dass sich im Nachhinein alle als Opfer fühlen. Nicht alle allerdings als Opfer der Zapoks, viele auch als Opfer ungerechtfertigter Anschuldigungen.

Die Polizisten jedenfalls empfinden keine Schuld. «Wir waren doch in der gleichen Lage wie alle anderen», sagen sie Reportern, die nach dem Massenmord im Hause Ametow angereist sind. Gern erinnern sie an die Zeit, in der Pawel Kornienko Polizeichef der Staniza Kuschtschowskaja war. Das war von 1991 bis 2001. Bereits in der in Auflösung begriffenen Sowjetunion hatte der Staat sein Gewaltmonopol verloren. Aber mit Kornienko an der Spitze der Polizei waren die Kräfteverhältnisse in der Staniza immerhin ausgewogen. Die Polizisten führten Razzien durch bei den Zapoks; berüchtigte Schläger nahmen sie übers Wochenende in Gewahrsam, um Zusammenstöße zwischen rivalisierenden Banden vorzubeugen. Einige Mitglieder der Bande wurden ermordet, die Morde wurden nie aufgeklärt. Im Ort erzählt man sich, die Polizei stecke dahinter.

Dass die Polizei unter Kornienko die Zapok-Bande bekämpft hat, darüber sind sich die Leute weitgehend einig. Ob der Einsatz des Polizeichefs wirklich der Aufrechterhaltung von Recht und Ordnung galt, daran zweifeln einige. Sie sehen die Motivation eher in der Konkurrenz um Einnahmen. Zahlen müssen diejenigen, die im frisch entfesselten Kapitalismus ein privates Business aufbauen wollen, die Handel treiben oder Angestellten die Anteilsscheine abkaufen wollen, die ihnen mit der Auflösung der Kolchosen zugeteilt wurden.

Wenn Banditen von diesen «Buisnesmeny» Abgaben einfordern, nennt man das Schutzgeld. Wenn Polizisten ihren Teil verlangen, nennt man es Bestechung. Für den, der zahlt, ist der Unterschied nicht so groß. Im einen Fall bewahrt ihn die Abgabe vor Gewalt und Schäden an seinem Eigentum. Im anderen vor Strafverfolgung und Gefängnis. In den Augen der Allgemeinheit hat ohnehin keine der drei Seiten eine weiße Weste. Schließlich waren Handel, Privateigentum und das Wirtschaften in die eigene Tasche doch noch bis gestern verboten und «Spekulanten» verschrien, sie seien schuld an leeren Geschäften und steigenden Preisen. Wenn Polizei und Behörden ihnen auf den Leib rücken, sehen das viele im Volk auch mit Sympathien. Wenn Kriminelle sie bedrängen, wird das als Auseinandersetzung zwischen rivalisierenden Gruppen wahrgenommen. Eine neue Ordnung mit einem klaren Verständnis von Recht und Unrecht kann sich so nur schwer herausbilden. Kriminelle Welt, kapitalistische Wirtschaft und der Staat sind oft schwer zu unterscheiden. Die Grenzen sind fließend, Akteure wechseln die Seiten. Wenn der Druck zu hoch wird, weil Beamte und Banditen zu viel verlangen, stirbt die Wirtschaft ab und alle verlieren. So pendelt sich eine Vorstellung ein, was in Ordnung ist und was nicht. Es wäre ein interessantes Forschungsfeld für die Spieltheorie.

Dass strafrechtliche Verfolgung und Erpressung durch den

Staat nicht mehr klar voneinander zu unterscheiden sind, wird zu einem charakteristischen Phänomen für Russland unter Wladimir Putin. 2016 wird sogar ein Minister wegen des Vorwurfs festgenommen, er habe seine Position genutzt, um einen Unternehmer zu erpressen. Ermittler des FSB sollen den Wirtschaftsminister Alexej Uljukajew überführt haben, wie er zwei Millionen Dollar von Rosneft-Chef Igor Setschin forderte. Andernfalls werde er dem größten Ölkonzern des Landes die Genehmigung für die Übernahme des Konkurrenten Bashneft untersagen. Eine absurde Vorstellung angesichts der Tatsache, dass das Wirtschaftsministerium solche Entscheidungen ohne das Okay des Kremls gar nicht treffen kann und Setschin als langjähriger Vertrauter von Wladimir Putin um vieles mächtiger ist als Uljikajew. Es wirkt, als würde einem Fünftklässler vorgeworfen, er habe versucht, dem Kapitän der Football-Schulmannschaft das Pausenbrot abzunehmen. Recht und Unrecht sind nicht mehr zu unterscheiden. Aber am Ende siegt derjenige mit der größten Nähe zum Präsidenten. Ein Moskauer Gericht verurteilt Alexej Uljukajew 2017 zu acht Jahren Lagerhaft.

Gegen Ende der 1990er-Jahre schwindet die Macht der Polizei in der Staniza Kuschtschowskaja und die Kräfteverhältnisse verschieben sich. Die Kriminellen haben jetzt gute Verbindungen in die Staatsanwaltschaft und ins Gericht. Beispielgebend dafür ist das Verhältnis von Nikolaj Zapok dem Jüngeren zu Irina Prosorowa. Ob es dem Bandenboss gelungen ist, die Richterin auf seine Seite zu ziehen, oder ob seine Autorität bereits so groß war, dass er Einfluss auf die Besetzung der Posten bei Gericht nehmen konnte und er eine ihm hörige Kandidatin installierte, lässt sich heute nicht mehr eindeutig klären.

«Wir konnten sie wirklich nicht hinter Gitter bringen», erinnert sich ein Polizist im Gespräch mit der *Nowaja Gaseta* an jene

Zeit.[14] Regelmäßig werden die von der Polizei eingeleiteten Verfahren von der Staatsanwaltschaft wieder eingestellt. Haben die Polizisten jemanden von der Zapok-Bande festgenommen, müssen sie ihn bald wieder laufen lassen, weil das Gericht keinen Haftbefehl ausstellt. Wie eine Furie sei die Richterin Prosorowa in die Wache gestürmt und habe den leitenden Ermittler angeschrien: «Wenn du die Jungs nicht bis heute Mittag rauslässt, drehe ich dir den Hals um!», erinnert sich Pawel Kornienko 2010 in einem Interview mit dem *Moskowskij Komsomolez*.[15]

Einen ganzen Monat lang habe die Bande im September 2001 seine Entlassung gefeiert, behauptet Kornienko. Sein Nachfolger als Polizeichef wird Wladimir Finko. Die Bewohner geben ihm den Spitznamen «Mercedes», denn er fährt stolz in seinem weißen Mercedes durch die Straßen. Ein Geschenk der Zapoks zum Amtsantritt. «Unter Oberstleutnant Wladimir Finko blühten die Zapoks auf», erinnert sich dessen Vorgänger Kornienko. «Sie hatten freien Zugang zum Büro von Finko. Der diensthabende Offizier staunte – vor nicht allzu langer Zeit wurden sie noch in Zellen eingesperrt, jetzt gingen sie beim Chef ein und aus. Wenn sie ein dringendes Anliegen hatten, platzten sie einfach in Besprechungen herein.»[16]

Die Mafia tritt jetzt offen als Sponsor der Polizei auf. Die Wache wird mit neuen Möbeln ausgestattet, die Ermittler freuen sich über neue Computer und über eine Klimaanlage. Die Zapoks sorgen sogar dafür, dass die Beamten mit warmen Mahlzeiten versorgt werden. Die Polizei frisst den Gangstern buchstäblich aus der Hand. Oberstleutnant Finko salutiert, wenn er Nadeschda Zapok auf der Straße begegnet. Im privaten Gespräch nennt er die Mutter der kriminellen Brüder zärtlich «Mama».

Nachdem der Brief der Studierenden 2005 die Kollegen der übergeordneten Behörden aus Krasnodar auf den Plan gerufen hat, muss Wladimir «Mercedes» Finko seinen Posten räumen. Er wird an eine andere Polizeidienststelle im Süden Russlands versetzt. Die letzte Nachricht zu Finkos weiterem Schicksal ist eine kurze Notiz im November 2019: Finko wurde in seinem Haus in Krasnodar mit einer Schusswunde im Kopf tot aufgefunden. Die *Rossijskaja Gaseta* schreibt, der 60-Jährige habe sich nach schwerer Krankheit vermutlich das Leben genommen.[17]

So vertraut wie unter Finko wird die Beziehung zwischen dem Polizeirevier und der Familie Zapok zwar nie wieder, aber auch unter seinen Nachfolgern nimmt die Polizei den Kampf gegen die Zapok-Bande nicht wieder auf. Selbst als nach dem grausamen Mord im November 2010 das ganze Land über die Verhältnisse in der Staniza Kuschtschowskaja spricht und Ermittler aus Moskau angerückt sind, bestreitet der damalige Polizeichef Wiktor Burnosow, dass es in seinem Zuständigkeitsbereich organisierte Kriminalität gebe oder je gegeben habe. Berichte der Medien über Hunderte Vergewaltigungen sowie Dutzende Morde und Erpressungen gäben «kein Objektives Bild der Verhältnisse» ab, beteuert er.[18] Vielmehr arbeiteten seine Kollegen «unermüdlich daran, Recht und Ordnung zu gewährleisten und die Kriminalität zu bekämpfen». Seinen Posten kann er damit nicht retten.

Vielleicht muss man den Polizisten auch ein Stück recht geben, wenn sie sagen, dass die Bekämpfung einer organisierten Bande die Möglichkeiten einfacher Streifen- und Kriminalbeamter überstieg. Schließlich gibt es für solche Aufgaben Spezialisten und ganze Sondereinheiten, gerade in Russland.

Für den Kreis Kuschtschowskaja ist die Regionale Abteilung zur Bekämpfung der Organisierten Kriminalität zuständig. Ihr Leiter ist Alexander Chodytsch, Major der Miliz, jener Mann, der die mutige Hochschuldirektorin Galina Kroschka in den

Wahnsinn getrieben hat. Im Ort erzählt man sich, Chodytsch und Sergej Zapok hätten schon in den 1990er Jahre das erste Ding zusammen gedreht. Damals wurde eine Pipeline der Gesellschaft Transneft angebohrt, die Erdöl durch den russischen Süden in die Ukraine transportiert. Es heißt, die Banditen und die Polizisten hätten sich bei der Bewachung der angezapften Pipeline abgewechselt, bis der Geheimdienst FSB ihnen auf die Schliche kam. Chodytsch wurde zur Fahndung ausgeschrieben und tauchte für einige Wochen unter. Dann wurde der Haftbefehl aufgehoben und Chodytsch kehrte mit einem Stern mehr auf den Schulterklappen zurück in die Dienststelle.[19]

Unter Unternehmern im Kreis Kuschtschowskaja hat der oberste Mafia-Jäger den Spitznamen «Mister Million». Angeblich ist das der Preis, den er verlangt, wenn er ein Problem lösen soll. Wer Schwierigkeiten mit den Zapoks hat, kann sich an Chodytsch wenden. Je nach Schwere des Problems verlangt der Polizist einen Preis, der Bürger bezahlt, und die Probleme hören auf. Chodytsch und seine Leute hätten auch die regelmäßigen Abgaben zum Schutz vor der Zapok-Bande eingesammelt, berichten Bauern und Unternehmer. Die Einnahmen aus dem Geschäft hätten sich die Mafia und der oberste Mafia-Jäger dann brüderlich geteilt.

Über den Polizeimajor Chodytsch haben die Banditen Zugang zu internen Informationen aus Ermittlungen. 2008 wird die Abteilung zur Bekämpfung der Organisierten Kriminalität aufgelöst. Chodytsch bekommt einen neuen Posten als Chef des «Zentrums E», des Zentrums zur Extremismus-Bekämpfung. Faktisch ändert sich nichts. Im Gegenzug versorgt Sergej Zapok seinen Freund aufs Beste. Nicht nur teilen sich der Banden-Boss und der Mafia-Ermittler die Einkünfte. Zu besonderen Anlässen gibt es besondere Geschenke, etwa ein Mobiltelefon der Luxusmarke Vertu für mehr als 10 000 Euro. Chodytsch möchte seinerseits nicht undankbar erscheinen und bemüht sich nach Kräften, mitzuhalten. Eigentlich sind die Abgaben monatlich fällig, aber es gibt auch Sonderabgaben. Im Frühjahr, wenn die Geburtstage der Brüder Zapok anstehen – Sergejs im April, Nikolajs im Mai – dann ächzen die Unternehmer im Kreis besonders, weil Chodytsch Spenden sammelt, um seinen Freunden ein würdiges Geschenk machen zu können.

Rollentausch

Die Strafverfolgungsbehörden verschließen nicht nur die Augen vor den Verbrechen der Zapok-Bande. Sie arbeiten nicht nur Hand in Hand mit den Gangstern, teilen mit ihnen die Beute und verfolgen ihre Gegner. Wenn es sein muss, greifen sie auch auf die Dienste der kriminellen Gewalttäter zurück, stiften die Schläger zu Straftaten an und setzen den Terror für eigene Ziele ein. So wie im Fall von Tatjana Gutrowa.

Ein halbes Jahr vor dem Massenmord an der Familie Ametow, am 13. Juli 2010, dringen maskierte Männer in das Haus von Gutrowa in der Staniza Kanelowskaja ein. Der Ort liegt etwa eine halbe Stunde Autofahrt westlich der Kreisstadt Kuschtschowskaja. Die Gruppe ist bewaffnet, die Männer teilen sich auf: Während die einen Gutrowas Mann zusammenschlagen, durchwühlen die anderen Schränke und Schubladen. Der Rest wartet in der Einfahrt in Autos ohne Nummernschilder. Es sind nicht die Zapok-Leute. Es sind der oberste Fahnder der Polizei in Kuschtschowskaja, Jurij Fitisow, der Chef der Abteilung für Wirtschaftskriminalität, Alexej Molotschny und mindestens acht weitere Polizisten in Zivilkleidung. «Jetzt werde ich euch mal zeigen, wie wir gegen organisierte Kriminalität vorgehen», schreit Molotschny, als er auf das Grundstück stürmt. Er feuert einen Warnschuss ab, das Projektil schlägt knapp neben der anderthalbjährigen Tochter Gutrowas in den Boden ein. Gutrowa bekommt einen Hieb mit dem Griff einer Pistole und erleidet eine Lungenverletzung. Dann nehmen sie die Frau mit auf die Wache.[20]

Erst dort wird Gutrowa klar, dass sie nicht von Kriminellen überfallen und entführt wurde, sondern von Polizisten. Oder wahrscheinlich wäre es korrekter zu sagen: von Kriminellen im Polizeidienst. Molotschny und vier weitere Beamte schlagen sie, reißen sie an den Haaren, drohen ihr mit Vergewaltigung. Sie prügeln so lange auf sie ein, bis sie das Bewusstsein verliert. Als sie wieder zu sich kommt, jagen sie sie davon. Später werden die Beamten den Überfall als «operative Ermittlungsmaßnahme» beschreiben. Anlass dafür ist eine Serie von Diebstählen, bei denen die Täter über einen Zeitraum von anderthalb Jahren große Mengen an Wurst, Käse, Zigaretten, Spirituosen, Schokoladenriegel und Eis aus unterschiedlichen Lebensmittelgeschäften im Kuban-Gebiet gestohlen haben. Ein Auto, das dem von Gutrowa ähnlich sah, wurde in der Nähe eines der Tatorte beobachtet. Gutrowa und ihr Mann haben ein Alibi; bei ihrer Visite wollen die Ermittler dieses Alibi angeblich «überprüfen», geben sie später zu Protokoll.

Womit die Schläger aus dem Polizeirevier offenbar nicht gerechnet haben, ist, dass die Familie aus dem 40 Kilometer entfernten Ort nicht weiß, wie die Dinge bei der Polizei in Kuschtschowskaja laufen. Tatjana Gutrowa weigert sich, auf der Wache irgendetwas zu unterschreiben. Kaum ist sie frei, beschließt sie, den Vorfall anzuzeigen. Ein Bekannter beim Gericht hat der Familie geraten, mit der Sache gleich zur übergeordneten Behörde in der benachbarten Gebietshauptstadt zu gehen. Dort leitet die Staatsanwaltschaft ein Ermittlungsverfahren ein. Mit allen Tricks versuchen die Polizisten jetzt, Gutrowa davon zu überzeugen, ihre Anzeige zurückzuziehen. Erst kommen sie selbst vorbei, dann schicken sie einen Unbeteiligten als Unterhändler, der ihr Geld bietet. Die Polizeibeamten werden dabei richtig kreativ: Sie stoppen einen Lastwagenfahrer und verlangen von ihm, Gutrowa zu überreden. Im Gegenzug würden sie auf eine Verkehrsstrafe verzichten. Doch auch der LKW-Fahrer, der unerwartet zum Unterhändler zwischen der Polizei und einer Bürgerin geworden ist, hat keinen Erfolg. Jedes Mal jagt Gutrowa die Besucher davon. Schließlich klingelt Wjatscheslaw Semenichin bei ihr, der Chef der Kriminalpolizei persönlich. Aber den Schrecken und die Erniedrigung will Tatjana Gutrowa sich nicht abkaufen lassen. Sie will Gerechtigkeit.

Ein Opfer, das sich nicht einschüchtern lässt und eine übergeordnete Behörde, die ihr Spiel nicht mitspielt – das sind die Polizisten in Kuschtschowskaja nicht gewohnt. In ihrer Panik wenden sie sich an die Institution, die nach ihrem eigenen Verständnis offenbar die letzte Instanz am Ort ist: die Zapoks. Erst spricht Alexej Molotschny, der Leiter der Abteilung für Wirtschaftskriminalität, mit dem skrupellosen Wowa: Da sei eine Frau, mit der man sich «nicht einigen könne», obwohl man sie «besucht» habe, «um sich zu unterhalten». Die Sache erfordere eine «radikale Lösung». So steht es später in den Akten zum Prozess gegen die Zapok-Bande.[21]

Die beiden kommen zu dem Schluss, dass sie diese Angelegenheit nicht allein entscheiden können, so etwas ist Chefsache. Am 7. August 2010 treffen sich der Chef der Kriminalpolizei, Semenichin, und der Bandenboss Sergej Zapok zu einem Gespräch. Im Schatten des Stadions im Zentrum der Staniza bittet der Polizist den Gangsterboss, «auf Gutrowa einzuwirken», um sie und ihren Mann «von der Notwendigkeit zu überzeugen, ihre Anzeige zurückzunehmen und die früher gemachten Aussagen dahingehend zu ändern, dass ein rechtswidriger Charakter in den

Handlungen der Polizeibeamten ausgeschlossen wird». Mit welchen Methoden die Banditen auf die Zielperson «einwirken» sollten, überlässt er dem Bandenchef.

Nachdem sie sich einig geworden sind, übergeben die Chefs wieder an ihre Untergebenen. Alexej Molotschny zeigt den Banditen Gutrowas Haus und beschreibt ihnen die Zielpersonen. Eine Woche lang bereiten sich die Banditen vor: Sie spähen das Gelände aus und besorgen schwarze Overalls, Sturmhauben und Schuhe, die ihnen einige Größen zu groß sind – das gleiche Muster wie ein halbes Jahr später beim Überfall auf das Haus der Ametows. Was dann in der Nacht vom 15. auf den 16. August passiert, ist in den Gerichtsakten dokumentiert: Um 23.20 Uhr stürmen Sergej Zapok und der skrupellose Wowa zusammen mit zwei weiteren Schlägern das Haus. Tatjana Gutrowa und ihr Mann sind nicht da, Gutrowas Mutter, Ewdokia Nowizkaja, ist allein mit der anderthalb Jahre alten Enkelin. Die Angreifer treten die Türe ein, fesseln die Großmutter mit Klebeband an einen Stuhl und knebeln sie. Als die Enkeltochter aufwacht, nimmt der skrupellose Wowa das Kleinkind auf den Arm und wiegt es wieder in den Schlaf. Die maskierten Männer sprechen kein Wort. Sergej Zapok schreibt seine Fragen und Forderungen auf ein Stück Zeitung: Wo ist Tatjana? Sie soll ihre Anzeige bei der Staatsanwaltschaft zurücknehmen! Dann schlägt er zu. Erst ein Fausthieb, dann ein Schlag mit dem Griff der Pistole ins Gesicht. Ewdokia Nowizkaja verspricht, dass sie am nächsten Tag die Anzeige zurückziehen, aber das genügt den Banditen nicht. Sie wollen klar machen, dass sie es wirklich ernst meinen. Einer der Männer findet vor dem Haus einen Schaschlikspieß und rammt ihn der Rentnerin in die linke Hand. Sie verliert das Bewusstsein. Die Banditen gießen ihr aus dem Teekessel Wasser über den Kopf. Als sie wieder zu sich kommt, ziehen sie den Spieß aus ihrer Hand und wischen das Blut an der Hose ihrer schlafenden

Enkelin ab. Wieder schlagen sie auf die Frau ein, dann richtet Sergej Zapok den Lauf seiner Pistole auf das schlafende Baby und wiederholt noch einmal seine Forderung. Ewdokia Nowizkaja beteuert, sie habe verstanden. Bevor die Männer abrücken, stecken sie noch Bargeld und Schmuck ein. Und Fotos der kleinen Tochter. Zwei Tage später treffen sich Sergej Zapok und Wjatscheslaw Semenichin erneut am Stadion. Der Bandenboss übergibt dem Chef der Kriminalpolizei die Fotos des kleinen Mädchens als Beleg dafür, dass sie im Haus von Tatjana Gutrowa waren und den Auftrag ausgeführt haben.

Lange glaubt die Familie, dass es wieder maskierte Polizisten waren, die sie erneut überfallen haben. Ihre Anzeige zieht Gutrowa trotzdem nicht zurück. Im September 2010 wird Haftbefehl gegen Jurij Fitisow und Alexej Molotschny erlassen, die den ersten Überfall angeführt haben. Fitisow kommt in Untersuchungshaft, Molotschny taucht unter.

Nachspiel

Die Berichte über das grausame Gemetzel an der Familie Ametow und ihren Gästen rütteln im November 2010 die Nation auf. Gleich drei Kommissionen sollen jetzt untersuchen, wovor alle jahrelang die Augen verschlossen haben: Eine vom Föderationskreis Südrussland, eine vom föderalen Ermittlungskomitee und eine Kommission der Generalstaatsanwaltschaft. Während sie untereinander um Zuständigkeiten und um die Bewertung der Vorgänge streiten, bricht in der Staniza ein Krieg aller gegen alle aus. Jeder sucht die Schuld beim anderen. Mal heißt es, alles habe mit Wladimir Finko angefangen, dem Polizeichef, der so stolz war auf seinen weißen Mercedes. Das ist besonders entlastend, da Finko ja bereits vor fünf Jahren versetzt wurde und nicht mehr in der Staniza lebt. Mal sollen es Richter und Staatsanwälte gewesen sein, die als erste mit den Zapoks gemeinsame Sache machten, so dass jede Anzeige ins Leere lief und der Polizei nichts anderes übrig blieb, als sich ebenfalls zu fügen. Es ist, als habe jemand in ein Wespennest gestoßen: Lehrer beschuldigen die Polizei, Polizisten beschuldigen Staatsanwälte, Staatsanwälte beschuldigen Richter, Richter schieben die Schuld auf die Ermittler, Vorgesetzte machen ihre Untergebenen verantwortlich und umgekehrt.

Am Ende muss man wohl feststellen, dass jeder in der Staniza Kuschtschowskaja auf seine Weise verwickelt war. Als Täter oder Komplize, als Profiteur, der Geschäfte nur machen konnte, wenn er sich mit den richtigen Leuten arrangierte. Aus Gier oder aus Angst. Lehrer, die duldeten, dass die Männer Schulen betraten auf der Jagd nach Opfern. Vermieterinnen, die ihnen die Türen öffneten. Der Filz ist zu dicht, um einen Faden zu finden, entlang dem sich alles der Reihe nach abwickeln ließe.

Am 6. Dezember 2010 wendet sich eine Polizistin in einer Videobotschaft an Präsident Dmitrij Medwedew:[22] Die Ermittler aus Moskau würden mit großem Eifer Kollegen niederer Ränge verfolgen, aber ihre Vorgesetzten und die Staatsanwälte nicht anrühren, klagt die Beamtin Jekaterina Rogosa. Es sei zu befürchten, dass «nicht die hochrangigen Beamten überführt werden, die tatsächlich über lange Zeit die Verbrecher gedeckt haben, sondern dass nur deren Mitarbeiter bestraft werden, die keine andere Wahl hatten als den Willen ihrer Vorgesetzten und des Staatsanwalts auszuführen». Weil «diese korrupten Beamten» jetzt um ihre Posten fürchteten, täten sie alles, um die Verantwortung auf ihre Untergebenen abzuwälzen.

Rogosa wendet sich an den Präsidenten, weil sie fürchtet, selbst als Sündenbock bestraft zu werden: Im Juni 2009 hatte sie eine Anzeige eines Unternehmers in Bearbeitung, der vom skrupellosen Wowa bedroht und erpresst wurde. Sie hat diesen Fall eingestellt – auf Anweisung von oben, wie sie beteuert. Im Video schildert sie die Situation wie folgt:

> «In dieser Sache rief der Staatsanwalt von Kuschtschowskaja mich und meinen Vorgesetzten in sein Büro. Seine Sekretärin bat uns, im Vorzimmer zu warten, da der Staatsanwalt noch Besuch habe. Nach einer Weile kamen die Besucher aus dem Büro des Staatsanwalts. Einer von ihnen war der inzwischen allen bekannte Zapok. Als wir eingetreten waren, gab mir der Staatsanwalt dann im Beisein meines Vorgesetzten mündlich die Anweisung, kein Strafverfahren einzuleiten, da keine Straftat vorliege. Er werde sich ab jetzt persönlich um den Fall kümmern.»

Genau so habe sie den Vorgang jetzt im Zuge der Überprüfungen in einer schriftlichen Stellungnahme dargelegt, berichtet Rogosa empört. Aber dann hätten die Ermittler sie aufgefordert, die Episode mit dem Staatsanwalt zu streichen. Die Schuld soll an ihr hängen bleiben.

Alle haben mit drin gesteckt und jeder ahnt, was die anderen über einen wissen. In einem Staat, in dem alle am Gesetz vorbei leben, ist sogenanntes «Kompromat» so etwas wie eine Versicherung: Wer selbst gegen Gesetze verstößt, sammelt fleißig kompromittierendes Material über die Verstöße seiner Rivalen. Wenn jeder etwas gegen den anderen in der Hand hat, gibt das eine Form von Stabilität, denn jeder weiß: wenn ich auspacke, packt der andere auch aus. Das Prinzip «Kompromat» schweißt das Land zusammen und ist gleichzeitig Quelle für Misstrauen und Zwietracht. In der Staniza Kuschtschowskaja platzen jetzt diese Versicherungen eine nach der anderen und der ganze Schmutz kommt auf einmal zutage, wie wenn der schmelzende

Schnee im Frühling alle Hundehaufen auf einmal freigibt, die er über einen langen Winter konserviert hat.

Man kann sich vorstellen, was los sein wird, wenn eines Tages das Regime von Wladimir Putin den Halt verliert. Hat Putin Russland allein mit der Macht der Repression zu einer Diktatur gemacht, oder hat die russische Gesellschaft diesen aggressiven Führer hervorgebracht? Haben Lehrer und Beamte nur unter Druck und aus Angst vor disziplinarischen Folgen als fügsame Wahlfälscher gedient, oder waren da zuerst ihre eigenen Interessen, ihr Wunsch nach Sicherheit, ihre Bereitschaft, für ein paar Privilegien ganze Generationen von Kindern zu belügen und zu verraten? Haben diejenigen, die mitgemacht haben, nur mitgemacht, «um Schlimmeres zu verhindern» – ein Argument, mit dem schon NS-Täter versuchten, sich im Nachhinein als heimliche Widerständler zu präsentieren? Die Diskussion ist seit dem Beginn des vollumfänglichen Angriffskrieges gegen die Ukraine bereits im Gange. Sobald es aber nicht nur um Plätze auf internationalen Sanktionslisten gehen wird, sondern um Karrieren und strafrechtliche Konsequenzen, wird sie noch einmal an Schärfe und Bitterkeit gewinnen.

In dieser Atmosphäre des Misstrauens reist der Gouverneur in die Staniza Kuschtschowskaja. Alexander Tkatschow ist seit Januar 2001 Oberhaupt des Gebiets Krasnodar. Fast zehn Jahre, in denen der Agrar-Konzern der Zapok-Mafia zu einem der größten der Region wurde. In einer Bürgerversammlung versucht Tkatschow die Bewohner zu beruhigen. Es ist nicht allein der grausame Mord an Erwachsenen und Kindern, der die Menschen aufwühlt. Morde hat es in Kuschtschowskaja schon früher gegeben, Gewalt ist Teil des Alltags unter der Herrschaft der Zapok-Bande. Aber jetzt schaut das ganze Land auf ihre Kleinstadt: Reporter drehen jeden Stein um, die Provinz ist Dauerthema in allen Nachrichten. Und hinter allem Entsetzen steht eine große Frage: Wie konnte das passieren? Wie konnte eine kriminelle Bande über zwei Jahrzehnte eine ganze Stadt in ihrer Gewalt halten? Aber auch: Wie konnten die Bürger das so lange dulden? Und wieso haben so viele mitgemacht? Polizisten, Richterinnen, Beamte. Warum haben Bauern und Unternehmer die Herrschaft der Zapoks akzeptiert und Schutzgeld an sie bezahlt? Warum haben Lehrer und Dozenten weggeschaut, wenn ihre Schülerinnen und Studentinnen missbraucht wurden?

Nach dem Schrecken kommt die Scham, eines der unangenehmsten Gefühle, die der Mensch kennt. Scham, Opfer zu sein, zugelassen zu haben, dass andere einen nicht wie einen Menschen behandeln. Und Scham, sich gefügt und mitgemacht zu haben. Ein Satz, den Jelena Kostjutschenko, die Reporterin der *Nowaja Gaseta*, immer wieder hört, wenn sie mit Opfern spricht oder mit Menschen, die sich selbst in Schuld verwickelt haben, als Lehrer, als einfache Polizisten, als Bauern, die Schutzgeld zahlen, lautet: «Wir müssen hier doch weiter leben!» Er klingt wie eine flehentliche Bitte um Verständnis für die Zwänge in einer totalitär beherrschten Gesellschaft: Uns blieb keine andere Wahl, als mitzumachen. Wir sehen uns einer Macht gegenüber, die uns jederzeit vernichten kann. Deshalb wehren wir uns nicht. Deshalb halten wir den Mund. Nur: Diese Macht konnte erst so übermächtig werden, weil zu viele den Mund gehalten haben.

Um die Scham von sich fern zu halten, reagieren viele mit Trotz. Das Fernsehen schaltet live zum Treffen mit dem Gouverneur. Die Anwesenden halten Plakate in die Kameras: «Das Leben geht weiter!» steht darauf. Und an die Medien gerichtet: «Hört auf, die Stimmung anzuheizen! Bei uns ist alles in Ordnung!» In einem Versuch, den Ruf seiner Region zu verteidigen, spricht der Gouverneur aus, was viele in Russland denken: «Dieses Verbrechen hätte sich überall ereignen können», sagt

Alexander Tkatschow. Leider seien solche Banden «überall mehr oder weniger stark vertreten. Strafverfolgungsbehörden und Beamte aller Couleur unterstützen sie.» Ein unfreiwillig offenes Bekenntnis eines systemtreuen Politikers.

Die Tochter von Galina Kroschka schafft es, eine Frage an Tkatschow zu stellen: Ob er denn damals den Brief der Studierenden erhalten habe, in dem sie bereits vor fünf Jahren die Zustände in Kuschtschowskaja geschildert hatten, und für den Sergej Zapok mit Hilfe des Ermittlers Alexander Chodytsch und des Richters Sergej Schapowalow ihre Mutter erst ins Gefängnis gebracht und dann in den Wahnsinn getrieben hat? Der Gouverneur muss einräumen, dass er den Brief kannte. Nur glauben wollte er wohl nicht. «Wir sind alle schockiert», sagt er auf einer Sitzung des regionalen Sicherheitsrats am 18.11.2010. «Schließlich ist der Hauptverdächtige als Mäzen bekannt. Wer hätte sich ausdenken können, dass er zu so etwas in der Lage ist!»

Während die Beamten in der Provinz um ihre Posten bangen, bringt die Dienstreise in die Staniza Kutschtschowskaja manchem Funktionär der föderalen Ebene einen Karriere-Schub. Alexander Bastrykin, Stellvertreter des Generalstaatsanwalts und Chef des Ermittlungskomitees, übernimmt die Rolle des großen Aufräumers. Dass ein mächtiger Mann aus der Hauptstadt die Dinge zurechtrückt, die in der Provinz aus dem Ruder gelaufen sind, entspricht den Vorstellung vieler von einer starken Zentralgewalt. Der Präsident hat zwar große Macht, aber er kann seine Augen eben nicht überall haben. Jetzt, wo das ganze Land von der Verbrecherbande aus dem Kubangebiet erfahren hat, muss Dmritrij Medwedew diese Erwartungen erfüllen und Bastrykin ist der richtige Mann dafür. Er kennt Wladimir Putin seit den 1970er Jahren. Die beiden haben zusammen in Leningrad Jura studiert. 2006 machte Wladimir Putin ihn zum stellvertretenden Generalstaatsanwalt, ein Jahr später zum Leiter des Ermittlungskomitees. Aber das Ermittlungskomitee ist der Generalstaatsanwaltschaft unterstellt. Nachdem Bastrykin aus Kuschtschowskaja zurückgekehrt ist, wird das Ermittlungskomitee aus den Strukturen der Staatsanwaltschaft ausgegliedert. Putins Studienfreund ist jetzt Chef einer eigenen Ermittlungsbehörde. Während die Generalstaatsanwaltschaft formal unabhängig ist, ist das Ermittlungskomitee dem Präsidenten direkt unterstellt. Bei der Verfolgung Oppositioneller wird Bastrykins Behörde – neben dem FSB – in den kommenden Jahren eine wachsende Rolle spielen. In Krasnodar verteilt Bastrykin Rügen an einige hochrangige Ermittler, weil sie der Ausbreitung des Verbrechens tatenlos zugesehen haben. Zwei stellvertretende Leiter des regionalen Ermittlungskomitees müssen ihre Posten räumen, sie seien «nicht für den Dienst geeignet», urteilt der Chef aus Moskau. Später überlegt er es sich offenbar anders: Einer jener «untauglichen» Beamten hat heute wieder eine Führungsfunktion in der Behörde. Seit 2017 leitet Aslan Chuade die Ermittlungsabteilung des Ermittlungskomitees in Rostow am Don.

Immer mehr Hinweise tauchen auf, dass das kriminelle Netzwerk keineswegs auf die Staniza Kuschtschowskaja beschränkt war. Offenbar waren nicht nur die lokalen Behörden und Gerichte mit den Zapoks im Bunde. Selbst der oberste Staatsanwalt der Region Krasnodar hielt seine schützende Hand über die Bande. Das legt zumindest ein Erlass nahe, in dem Leonid Korschinek einen Untergebenen anweist, ein Strafverfahren gegen Sergej Zapok einzustellen. Die vier Seiten lange Begründung des Staatsanwalts, die an die Presse durchgereicht wird, gibt einen Eindruck davon, wie herablassend die Banditen mit der Polizei umgegangen sind und wie sicher sie waren, unantastbar zu sein:

Am 2. Juni 2009 durchsuchen Ermittler des Dezernats für Wirtschaftskriminalität in der Region Krasnodar die Büros von Slawa Kubani. Die Firma gehört Zapoks engstem Vertrauten Wjatscheslaw Zepowjaz. Sergej Zapok ist selbst auch anwesend. Erst putzt er den leitenden Ermittler vor aller Augen herunter und überzieht ihn mit einer Tirade unflätiger Flüche. Dann versetzt er dem Polizisten einen Fausthieb, er trifft ihn an der Schulter.[23]

Ein Urteil wegen Gewalt gegen Polizeibeamte hätte Sergej Zapok für fünf Jahre hinter Gitter bringen können. Der Mord an zwölf Menschen im November 2010 wäre verhindert worden. Hätte nicht Leonid Korschinek seine schützende Hand über Sergej Zapok gehalten. Der Oberstaatsanwalt muss sich beeilt haben: Nur vier Tage nach Eröffnung des Verfahrens wird es wieder eingestellt. Er begründet seine Anweisung mit Verfahrensfehlern. So hätten einige der Polizisten, die bei dem Vorfall anwesend waren, zu Protokoll gegeben, Zapok habe über die ganze Dauer der Durchsuchung die Beamten beschimpft. Andere wollen das nicht gehört haben. Die Staatsanwaltschaft habe nicht genug unternommen, um diesen Widerspruch aufzuklären, bemängelt der Oberstaatsanwalt.

Präsident Dmitrij Medwedew weist die Generalstaatsanwaltschaft an, den Vorgang zu überprüfen. Die kommt zu dem Ergebnis, Korschinek habe keine Vorschriften verletzt. Das verwundert nicht, schließlich verbindet Leonid Korschinek und den russischen Generalstaatsanwalt Jurij Tschaika ein freundschaftliches Verhältnis. 2016 holt Tschaika Korschinek aus dem Kuban nach Moskau und macht ihn zu seinem Stellvertreter.

Es ist nicht die einzige Verbindung zwischen dem verrufenen Nest im Süden Russlands und der obersten Strafverfolgungsbehörde des Landes: Als Alexej Nawalny 2016 dem Reichtum der Familie von Jurij Tschaika nachspürt, da stößt er im

Handelsregister auch auf eine Firma, an der die Ex-Frau eines anderen Stellvertreters des Generalstaatsanwalts beteiligt ist: Sachar Kubani, ein Produzent von Rübenzucker. Als Eigentümerinnen stehen die Frauen von Sergej Zapok und seines ebenfalls wegen Mordes verurteilten Verbündeten Wjatscheslaw Zepowjas im Register: Angela-Maria Zapok und Natalia Zepowjas. Ein weiterer Teil an Sachar Kubani gehört demnach einer Firma namens Arlain. Deren Eigentümer wiederum ist die Ex-Frau des stellvertretenden Generalstaatsanwalts Gennadij Lopatin und die Frau eines weiteren Abteilungsleiters in der Generalstaatsanwaltschaft, Alexej Starowerow. In einem Satz: Die Familien der obersten Strafverfolger machen gemeinsam Geschäfte mit einem der brutalsten und blutrünstigsten Mafia-Clans des Landes.

Drei Jahre dauert es, bis das Gericht in Krasnodar am 19. November 2013 ein Urteil fällt. Sergej Zapok, Wladimir Alexejew («der skrupellose Wowa») und Igor Tschornych werden zu lebenslanger Haft verurteilt. Wjatscheslaw Zepowjas muss für 20 Jahre ins Lager, ebenso Nikolaj Zapok, genannt «Onkel Kolja», in dessen Trainingsraum einst alles angefangen hatte. Ein sechster Angeklagter, Wladimir Saporoschez, bekommt 19 Jahre. Zwei weitere Mitglieder der Bande waren bereits zuvor in einem eigenen Prozess jeweils zu 20 Jahren Haft verurteilt worden. Zwei hatten sich schon im Sommer 2011 kurz nacheinander in der Untersuchungshaft erhängt.

Vor Gericht und in den Kreml-treuen Medien erscheinen Sergej Zapok und seine Leute wie eine Bande wildgewordener Schurken, die unter dem Radar der Zentralmacht ihr Unwesen treiben konnten, bis Moskau endlich davon erfuhr und einschritt. Außer dem Gemetzel an der Familie Ametow und ihren Gästen werden sieben weitere Morde verhandelt. Als Motiv nennen die Ermittler Rache für den Mord an Nikolaj Zapok junior im Jahr 2002. Als habe Sergej Zapok über die Jahre mal den einen, mal den anderen Mitbürger für den Mörder seines Bruders gehalten. Als sei der grausame Mord im Hause der Familie Ametow nur eine schlimme Eskalation nach einem Streit zwischen Kriminellen. Als habe es die Raubzüge gegen die Bauern nicht gegeben, bei denen die Mafia und die Behörden koordiniert vorgingen. Und auch nicht die systematischen Vergewaltigungen und den jahrelangen Terror gegen die Bewohner.

Das Wirtschaftsimperium des Zapok-Clans ist nicht Gegenstand des Verfahrens. Über zwanzig Jahre lang hat die Bande mit den Aktiva, die sie zuvor Bauern und Unternehmern weggenommen hatte, rege Geschäfte getrieben. Im Prozess wird nicht gefragt, wer in den Behörden das Spiel mitgespielt hat. Es fehlen die Namen von Beamten und Angehörigen von Polizei und Justiz, die den Zapoks geholfen haben. Der einzige Fall, der verhandelt wird, betrifft Wjatscheslaw Zepowjas. Er wird verurteilt, weil er als Direktor der Firma Slawa Kubani Fördergelder vom Staat in Höhe von 3,5 Millionen Rubel eingestrichen hat, während sein Unternehmen noch Steuerschulden von 780 000 Rubel hatte. Ob er dabei Komplizen in den Behörden hatte, wird nicht untersucht. Dabei hatte der Leiter des zuständigen Finanzamts persönlich dem Banditen bescheinigt, es gebe keine Ausstände. Vor Gericht ist lediglich die Rede von «nicht näher identifizierten Personen», die gutgläubige Sachbearbeiter in die Irre geführt hätten. Der Grund liegt auf der Hand: Das Gericht hätte nicht umhin gekonnt, die enge Verflechtung von Staat und Mafia zur Sprache zu bringen.

Ein halbes Jahr nach der Urteilsverkündung sind zwei weitere Täter tot: Am 4. Juli 2014 meldet die Staatsanwaltschaft von Krasnodar, Igor Tschornych habe sich in seiner Zelle erhängt. Nach Überzeugung des Gerichts war er es gewesen, der in der Mordnacht die Kinder tötete. Drei Tage später, am 7. Juli, wird

Sergej Zapok in einer Zelle des Haftkrankenhauses tot aufgefunden. Er war zuvor mit Verdacht auf einen Schlaganfall in eine Klinik eingeliefert, aber wieder entlassen worden. Weil das Misstrauen in die Sicherheitsorgane so groß ist und viele in der Staniza Kuschtschowskaja die Todesmeldung für einen Trick halten, um Sergej Zapok in die Freiheit zu entlassen, wird Djalil Ametow gebeten, den Leichnam des Mörders seines Vaters zu identifizieren.

Von ursprünglich zehn Angeklagten sind damit vier tot und sechs in Haft. Was wurde aus den Komplizen der Bande und ihren Opfern? Galina Kroschka ist heute ein Pflegefall. Sergej Schapowalow, der Richter und Fußballfreund von Sergej Zapok, der jahrelang ein Verfahren gegen die Hochschulrektorin führte, wechselte an ein Gericht im Moskauer Umland. Alexander Chodytsch, der ehemalige Chef der Abteilung zur Bekämpfung der organisierten Kriminalität und Kumpel von Sergej Zapok, wurde in einem eigenen Verfahren zu acht Jahren Haft verurteilt. Er war es, der sich mit seinen Leuten die Geschichte vom Handel mit falschen Diplomen ausgedacht hatte, um Kroschka gemeinsam mit ihrer Kollegin Natalia Siwzewa als «organisierte Bande» zu verfolgen. In deren Folge verlor Kroschka in der Untersuchungshaft ihre Gesundheit und den Verstand. Siwzewa wurde für sieben Jahre ins Lager geschickt. Im April 2011 wird sie vorzeitig entlassen, aus gesundheitlichen Gründen, wie es heißt. Sie ist im Lager erblindet.

Verurteilt wird Chodytsch allerdings nicht dafür, dass er sich die Vorwürfe gegen Kroschka und Siwzewa ausgedacht hat, um die Rektorin dafür zu bestrafen, dass sie den Terror der Zapoks öffentlich gemacht hat. Der Fall kommt im Verfahren gar nicht zur Sprache. Die acht Jahre bekommt Chodytsch dafür, dass er einem Geschäftsmann mehrere Millionen Rubel und ein Auto abgepresst hat als Gegenleistung dafür, dass ein Strafverfahren gegen den Mann eingestellt wurde. Das Gericht verhandelt den Fall so, als habe ein einzelner Polizist Regeln verletzt und sein Amt ausgenutzt, um sich selbst zu bereichern. Die systematische Zusammenarbeit zwischen Polizei und Mafia im Schutzgeldgewerbe wird nicht aufgearbeitet.

Chodytsch verbüßt seine Strafe in einem Speziallager für Angehörige der Sicherheitskräfte. Im März 2016 wird er wegen guter Führung vorzeitig entlassen, da hat er nicht einmal die Hälfte abgesessen. Der Mann, der offiziell der oberste Kämpfer gegen die Organisierte Kriminalität war, aber faktisch der Arm der Mafia in den Strafverfolgungsbehörden, der nicht die kriminelle Bande verfolgte, sondern ihre Gegner, betreibt heute eine Kanzlei in Rostow am Don. Auf deren Website chodych.ru präsentiert er selbstbewusst die Auszeichnungen, mit denen das Innenministerium ihn über die Jahre für seine herausragenden Leistungen gewürdigt hat. Die jüngste stammt von 2010 – aus dem Jahr, in dem der Mafia-Filz in Kuschtschowskaja aufflog. Das Angebot der Kanzlei ist breit: Als Privatdetektiv und Inkasso-Dienstleister dürften ihm die Erfahrungen als Ermittler und Schutzgeld-Eintreiber der Mafia zugute kommen. Seltsam wirk dagegen das Angebot, Mandanten bei Klagen vor dem Europäischen Gerichtshof für Menschenrechte zu vertreten. Wahrscheinlich ist die Information auf Chodytschs Website veraltet. Denn nach seinem Ausschluss aus dem Europarat im März 2022 unterliegt Russland seit September 2022 nicht mehr der Europäischen Menschenrechtskonvention und damit der Rechtsprechung des EGMR.

Tatjana Gutrowa die von den Zapok-Schlägern überzeugt werden sollte, ihre Anzeige gegen die Polizei zurückzunehmen, erfährt nach der Mordnacht im Haus der Ametows, dass vier der

Täter drei Monate zuvor auch bei ihr eingebrochen und ihre Mutter gequält haben: Der Bandenboss, Sergej Zapok, Wladimir Alexejew («der skrupellose Wowa»), Sergej Karpenko und Alexander Tschornych.

Jurij Fitisow, der Chef der Fahndung, der am ersten Überfall auf Gutrowa beteiligt war, kommt auf Antrag der Polizeidirektion von Kuschtschowskaja bald wieder aus der Untersuchungshaft frei. Seine Kollegen hatten ihm eine «tadellose Einstellung zum Dienst» bescheinigt. Der brutale Angriff auf die Tatverdächtige Gutrowa und ihre Familie wurde zu einer «Fahrlässigkeit» herabgestuft, was es möglich machte, das Verfahren im nächsten Schritt wegen «aktiver Reue» einzustellen. Sein Chef Wjatscheslaw Semenichin, der Sergej Zapok bei einem Treffen hinter dem Stadion gebeten hatte, auf Gutrowa «einzuwirken», lässt sich einige Wochen nach der Mordnacht in den Ruhestand versetzen. Sein Name taucht noch einmal auf, als im Oktober 2013 vor dem Landgericht von Krasnodar die Plädoyers gehalten werden: «W. Semenichin verband mit S. Zapok ein freundschaftliches Verhältnis», referiert der Staatsanwalt. «Jeden Monat übergab Wjatscheslaw Zepowjas auf Anweisung von S. Zapok 30 000 Rubel an W. Semenichin.»[24] Die monatliche Zuwendung der Mafia an den Chef der Kriminalpolizei betrug nach Erkenntnissen der Ermittler also umgerechnet etwa 680 Euro.

Der Fall von Tatjana Gutrowa ist die einzige Episode im Prozess gegen die Zapok-Bande, in der die Verbindung von Behörden und Kriminellen zur Sprache kommt. Die Geschädigten können dazu allerdings nicht aussagen: Ewdokia Nowizkaja, Gutrowas Mutter, ist vor der Verhandlung an den Folgen einer Gasexplosion in der Sommerküche ihres Hauses gestorben. Die Brandermittler sagen, der Gasschlauch war alt und porös. Tatjana Gutrowa sagt, sie habe den Schlauch erst vier Wochen vorher gekauft. Sie selbst kann ebenfalls nicht aussagen; am gleichen Tag, an dem die Beweisaufnahme zum Überfall auf ihre Familie angesetzt ist, wird vor einem anderen Gericht das Urteil im Verfahren gegen sie selbst verkündet. Tatjana Gutrowa wird zu achteinhalb Jahren Lagerhaft verurteilt, weil sie Wurst und Käse gestohlen haben soll, ihr Mann bekommt neun Jahre – mehr als der Bandit in Uniform Chodytsch. Da Gutrowa drei Kinder zu versorgen hat und ein viertes erwartet, zeigt sich das Gericht milde: Sie muss ihre Strafe erst antreten, wenn ihr jüngstes Kind 14 Jahre alt ist. Das wird 2027 sein.

Ende 2013 stellt sich der untergetauchte Alexej Molotschny der Polizei. Vor Gericht erklärt der Polizist, er sei zwei Jahre lang untergetaucht gewesen, weil er vermeiden wollte, dass sein Prozess «politisch Wellen schlägt». Er habe bewusst abgewartet, bis sein Opfer Tatjana Gutrowa und ihr Mann wegen der Diebstahlserie schuldig gesprochen wurden, derer er und seine Kollegen sie seinerzeit mit dem nächtlichen Überfall und den anschließenden Misshandlungen auf der Wache überführen wollten. Und auch das Ende des Zapok-Prozesses wollte er abwarten. Das Gericht verurteilt den ehemaligen Leiter des Dezernats für Wirtschaftsdelikte zu vier Jahren Freiheitsstrafe – halb so viel wie sein Opfer für einen Wurstdiebstahl bekommen hat. Nach Absitzen der Haft kann er in den Polizeidienst zurückkehren. Im Urteil wird der Fall so dargestellt, als habe ein einzelner Polizeibeamter über die Stränge geschlagen. Eine Verschwörung zwischen Polizei und Organisierter Kriminalität wird weder in der Anklageschrift noch im Urteil thematisiert. Molotschnys Vorgesetzter Wjatscheslaw Semenichin, der die Absprache mit dem Bandenchef Zapok getroffen hatte, wird noch nicht einmal als Zeuge geladen. Im Gespräch mit der *Nowaja Gaseta* kündigt Tatjana Gutrowa an, das Urteil anzufechten und fordert neue Ermittlungen, damit die beteiligten Polizisten als das identifiziert werden, was sie sind: eine kriminelle Vereinigung. «Molotschnyj ist nicht allein in mein Haus eingedrungen. Er hat meinen Mann nicht allein verprügelt. Und er hat sich auch nicht allein mit der Zapok-Bande abgesprochen. Ich bestehe darauf, dass es das System war, dass das Leben meiner Familie zerstört hat.»[25]

Die Opfer und ihre Angehörigen hätten auch gern mehr über die Rolle von Alexander Tkatschow erfahren. Immerhin war er von 2001 an fast 15 Jahre lang Gouverneur des Gebiets Krasnodar. Was wusste er über die Verhältnisse im Kreis Kuschtschowskaja? Warum hat er nichts unternommen, nachdem er den Hilferuf der Studentinnen erhalten hat? Konnte der Agrar-Konzern der Zapoks zu einem der größten der Branche aufsteigen, gefüttert mit Milliardensubventionen, ohne dass der Gouverneur wusste, auf welche Weise dieses fantastische Wachstum zustande kam? Aber diese Fragen stellen die Familien der Opfer nicht laut. Ermittler und Staatsanwälte haben ihnen klargemacht, dass es den Prozess gefährden kann, wenn der Fall noch weiter ausgeweitet wird. Das will niemand von den Angehörigen. Wenigstens für den Massenmord an der Familie Ametow und ihren Gästen sollen sie eine gerechte Strafe bekommen.

Fünf Jahre später, 2015, holt Wladimir Putin Alexander Tkatschow als Landwirtschaftsminister in die Regierung nach Moskau. Das Amt übt er drei Jahre aus, dann widmet sich Tkatschow wieder seiner eigenen Firma. Dem ehemaligen Gouverneur von Krasnodar und ehemaligen Landwirtschaftsminister gehört der größte Agrarkonzern des Landes, Agrokomplex. Im Dezember 2022 enthüllt das *Wall Street Journal*, dass Agrokomplex in der Ukraine 160 000 Hektar Land in seinen Besitz genommen hat, das zuvor von der russischen Armee erobert worden war. Die ukrainischen Farmer erleben nun, was Bauern im Gebiet Krasnodar seit den 1990er Jahre erlebt haben: Ihnen wird ihr Land mit Gewalt genommen. Nur diesmal in einer ganz anderen Dimension: Die Rolle der Brigade, die mordet und vergewaltigt, übernimmt die russische Armee. Die Rolle der Behörden, die den Raub mit Brief und Siegel versehen, übernehmen Wladimir Putin und die Abgeordneten, als sie die Annexion der Gebiete beschließen.

Bis heute kämpfen Angehörige der Opfer um Entschädigung. Bauern, denen die Bande ihre Felder und Höfe weggenommen hat, streiten vor Gericht um ihren Besitz. Manchmal haben sie Erfolg, oft nicht. Die Banditen haben ihre Beute vorausschauend Kindern und Ehefrauen überschrieben und sich dann scheiden lassen; das erschwert den Zugriff der Justiz auf das Vermögen. Eine derjenigen, die nicht vergessen wollen, ist Olga Bogatschowa, die Witwe des Großbauern Walerij Bogatschow, deren Mann und Sohn im September 2003 ermordet wurden, um dann die angeblich bankrotten Firmen der Familie zwischen Firmen der Zapoks aufzuteilen und den Rest Politikern und Staatsanwälten zu überlassen. Bogatschowa will, dass die Banditen, Politiker, Staatsanwälte eine Entschädigung zahlen für das Ackerland, die Hubschrauber, die Firmen, die sie nach dem Mord an ihrem Mann und ihrem Sohn 2003 unter sich aufgeteilt haben. Eine Entschädigung bekommt sie nicht. Stattdessen wird sie in Kuschtschowskaja zu einer Ausgestoßenen. Lange findet sie keine Arbeit.

Für Bogatschowa sind die Bilder besonders kränkend, die russische Medien im November 2018 veröffentlichen. Auf ihnen ist zu sehen, wie Wjatscheslaw Zepowjas es sich im Gefängnis gut gehen lässt: Der zu 19 Jahren Haft verurteilte Mörder posiert am Schaschlik-Grill und beim Festmahl mit Kaviar und Krabben. Offenbar funktioniert Korruption im Straflager nicht schlechter als draußen. Auch die Familie kann den Wohlstand genießen, den Sergej Zapoks engster Komplize über die Jahre zusammengeraubt hat: Oksana Wjatscheslawowna Zepowjas bekommt zu ihrem 18. Geburtstag einen neuen Audi TT geschenkt. Auf einem Foto, das im Internet kursiert, posiert sie stolz vor dem Wagen, der mit einer riesigen roten Schleife umwickelt in der Einfahrt steht. Der Tochter von Wjatscheslaw Zepowjas gehört jetzt gemeinsam mit ihrem Bruder und ihrer Mutter die Agrarholding Slawa Kubani, die ihr Vater Stück für Stück mit den Feldern und Höfen aufgebaut hat, die er anderen Bauern abgepresst hat. Die Familien der Täter sehen keinen Anlass dazu, sich zu schämen oder zu verstecken. In der Staniza sind sie bekannt und geachtet. Immerhin geben sie vielen Menschen Arbeit; Slawa Kubani allein hat 300 Angestellte.

Nur von der Beute ihres kriminellen Vaters zu leben, scheint Oksana Zepowjas aber offenbar auch nicht zu erfüllen. Kaum volljährig, eröffnet sie ein Fitnessstudio. Der Instagram-Account von @Oxi.Gym wirkt wie der eines beliebigen Fitnessstudios: junge, durchtrainierte Männer und Frauen posieren an Geräten. Und doch hat man das Gefühl, dass sich ein Kreis schließt – drei Jahrzehnte, nachdem Onkel Kolja auf seinem Betriebshof einen Kraftraum eröffnete.

Wut

Hör' mal ganz schnell auf zu lächeln
Nimm die Fröhlichkeit aus dem Gesicht
Ich sehe schon, du bist gut drauf
Aber so läuft das bei uns nicht

Denke das Richtige
Fühle das Richtige
Dein Herz im Grab
Deine Seele im Knast
Hier ist Russland, Russland für Traurige
Hier hast du keine Wahl
Hier gibt es keine Veränderung

Du verletzt meine Gefühle
Warum grinst du wie ein Depp?
Russland ist der Tempel des Schmerzes und der Trauer
Wir sehen uns im Gericht

Pornofilmy: Russland für Traurige
Aus dem Album Zwischen Hoffnung und Verzweiflung 2017[26]

Die Partisanen von der Küste

Die jungen Männer, die dem russischen Staat den Krieg erklären, wirken nicht besonders gut vorbereitet. In zusammengewürfelter Kampfmontur hocken sie in ihrem Unterschlupf auf dem Boden, an eine unverputzte Wand gelehnt. Ihre Wortführer sind nur halb bekleidet: Alexander Kowtun, 20 Jahre alt, sportliche Figur, erster Bartwuchs, tritt mit bloßem Oberkörper vor die Kamera. Zu seiner Linken sitzt der 22-jährige Andrej Suchorada; lässig gestikuliert er mit einer Pistole, wenn er das Wort ergreift. Als die Kamera für einen Moment nach unten schwenkt, sieht man, dass er unter seiner Funktionsjacke nur eine Unterhose trägt.

Seit Tagen sind den Männern Hunderte Polizisten auf den Fersen, und gerade sind sie wieder einmal entwischt. In dem zwölfminütigen Video überschütten sie ihre Verfolger mit Hohn und Spott. «Wir werden den Kampf gegen Euch bis zu Ende kämpfen. Entweder bis ihr uns tötet oder bis wir siegen», sagt der halbnackte Alexander Kowtun. «Aber wahrscheinlich tötet ihr uns.» Heiterkeit. Als das Video an die Öffentlichkeit kommt, sind zwei der Männer nicht mehr am Leben, einer davon ist Suchorada.

Es ist Frühjahr 2010 und die Polizei im Gebiet Primorje im äußersten Osten Russlands ist in Aufruhr. Seit Wochen werden Polizeistationen und Streifenwagen angegriffen, ohne dass ein klares Motiv der Angreifer erkennbar wäre: In der Nacht auf den 25. Mai brennt die Dienststelle im Bahnhof des Örtchens Warfolomeewka an der Bahnlinie nach Wladiwostok. Als das Feuer gelöscht ist, stellen die Beamten fest, dass Einbrecher ein Funkgerät mitgenommen haben, außerdem einen Fotoapparat, eine Uniform der Verkehrspolizei und eine Karte, auf der die Polizeiposten in der Umgebung verzeichnet sind. Zwei Tage später wird 300 Kilometer nördlich der Polizeiposten im Dorf Rakitnoje überfallen. Die Angreifer erstechen den diensthabenden Beamten und entwenden seine Pistole. Nach weiteren zwei Tagen beschießen Unbekannte an einer Fernstraße in der Nähe eine Verkehrsstreife, ein Beamter wird verletzt. Nach dem gleichen Muster findet am 8. Juni nur wenige Kilometer entfernt ein weiterer Angriff auf eine Verkehrsstreife statt, bei dem zwei Polizisten angeschossen werden.

Bei den Sicherheitsorganen wächst die Nervosität. Im Gebiet Primorje werden die Straßenkontrollen verstärkt. Eine Ermittlungsgruppe wird gegründet. Die Spuren führen die Fahnder nach Kirowski, ein 8000-Einwohner-Nest, das 300 Kilometer nördlich von Wladiwostok liegt, fast an der chinesischen Grenze. Die Tatorte befinden sich im Umkreis des Ortes. Zwei junge Männer werden festgenommen, die Hauptverdächtigen aber können fliehen und verstecken sich in der Taiga. Über Wochen führen sie ihre Verfolger an der Nase herum. Ein Räuber-und-Gendarm-Spiel, bei dem die Öffentlichkeit beginnt, mit den Räubern mitzufiebern.

Die Polizei hat in dieser Region keinen besseren Ruf als in der 9000 Kilometer westlich gelegenen Staniza Kuschtschowskaja. Sie nimmt einfache Bürger aus und deckt die Mafia, die in der umliegenden Taiga illegal den Wald rodet, das Holz nach China verkauft und Cannabis-Plantagen betreibt. Dass jemand Widerstand gegen die als Unterdrücker empfundenen Ordnungshüter leistet, imponiert vielen. Weil die Gesuchten sich im Wald verstecken und gegen eine verhasste Staatsmacht kämpfen, spricht das Volk bald anerkennend von den «Partisanen von Primorje».

«Sechs Jungs um die Zwanzig haben euch den Krieg erklärt», lästert Andrej Suchorada im Video an die Adresse der Polizei und schwenkt dabei seine Pistole. Das Innenministerium lässt zu diesem Zeitpunkt 300 Beamte, unterstützt von zwei Helikoptern, nach den Flüchtigen suchen. «Ihr schickt Sondereinsatzkommandos mit Hubschraubern und nicht einmal das hilft!» Die Überfälle auf die Polizeiposten und die Morde hätten sie aus Rache verübt, erklären die Freunde. Weil die Staatsmacht die Bürger unterdrücke, statt sie zu beschützen:

> «Ihr seid selbst Banditen, anders kann man das nicht nennen: Ihr deckt Drogengeschäfte und Prostitution, ihr betreibt Holzdiebstahl. Jeder weiß das und alle haben Angst, weil sie wissen, dass ihr unantastbar seid. Das Volk hat Angst vor euch. Aber es gibt noch Leute wie uns, die keine Angst haben. Alles was ihr könnt, ist unser Volk zu terrorisieren, das euch wehrlos ausgeliefert ist und gewohnt ist, erniedrigt zu werden.»[27]

Dann wird Suchorada grundsätzlich:

> «Euer mächtiges sogenanntes Imperium, die Russische Föderation, beruht ausschließlich auf Alkoholismus und Feigheit. Eines Tages wird es zusammenbrechen und ihr stürzt mit ihm in den Abgrund… Ihr verteidigt eine Regierung, die gegen das Volk ist. Ihr verteidigt eure Verwandten und Komplizen, die sich bereichern. Aber für das einfache Volk tut ihr nichts. Ihr stehlt, tötet und vergewaltigt. Einfache Jungs, die aus Verzweiflung stehlen, steckt ihr ins Gefängnis. Im Land herrschen Arbeitslosigkeit, Alkoholismus und Hurerei. Wer kommt da nicht auf die Idee, zu klauen? Und ihr sperrt alle ein, von den Jungen hat jeder zweite schon gesessen. Aber niemand fragt, warum sie klauen? Aus dem einfachen Grund, dass es in diesem Land keine normale Arbeit gibt! Ihr Bullen seid

> die wahren Banditen. Die Beamten, die Milliarden stehlen, bringt ihr nicht ins Gefängnis, weil ihr Angst habt. Nur vor den einfachen Menschen habt ihr keine Angst. Ihr glaubt, das Gesetz gibt euch Macht. Aber wir erkennen dieses Gesetz nicht an.»

Zum Abschluss grüßt der Redner noch «alle, die im Widerstand sind. Die im Nordkaukasus und alle anderen ehrlichen und ehrenwerten Leute».

Die Gruppe bezieht sich weder auf die Opposition noch auf irgendeine Partei noch offenbart sie irgendeine politische Überzeugung. Nichts davon, worum die Menschen in Russland instinktiv einen weiten Bogen machen. Seit Boris Jelzin den 46-jährigen Wladimir Putin 1999 zum Ministerpräsidenten gemacht hat, haben Spin-Doctoren des Kreml daran gearbeitet, Putin als einen Mann zu präsentieren, der keine Politik macht, sondern notwendige Entscheidungen trifft. Politik ist eine schmutzige Sache, aus der man sich lieber raushält. Sich politisch zu engagieren soll schon an sich verdächtig wirken. Der Anteil derjenigen, die in Umfragen erklären, sich für Politik nicht zu interessieren, liegt schon seit vielen Jahren um die 80 Prozent. So sorgt das Regime dafür, dass das Volk die Geschicke des Landes der herrschenden Clique überlässt.

Aber die Botschaft dieser naiven Rebellen trifft einen Nerv. Spontan und aus dem Bauch heraus sprechen sie Dinge aus, die viele genauso empfinden. Als wäre dieser irrwitzige Feldzug gegen die Staatsmacht etwas, von dem viele schon lange mit geballter Faust in der Tasche geträumt haben. Pure, sinnlose Gewalt als Reaktion auf Gewalt und Willkür des Staates.

Gegen die Übermacht der Sicherheitskräfte hätten sie wahrscheinlich keine Chance, räumt Suchorada im Video ein. «Aber wir haben schon gesiegt. Wir haben die Angst und die Feigheit in uns besiegt, die ihr in euch niemals besiegen werdet.» Das imponiert vielen.

Vergeblich versuchen Polizei und staatliche Medien, der spontanen Glorifizierung der Täter etwas entgegenzusetzen. Auf einer Pressekonferenz beteuert der Chef der Abteilung für innere Angelegenheiten im Gebiet Primorje, die Erzählung, Polizeiwillkür habe die Jungen in den bewaffneten Kampf getrieben, entspreche nicht den Tatsachen. Sie diene nur dazu, die Strafverfolgungsbehörden zu diskreditieren und ein falsches Bild von einem Kampf für die gerechte Sache zu erzeugen. In Wahrheit hätten die Täter die Polizisten nur angegriffen, um an ihre Waffen zu kommen und dann damit einfache Bürger zu überfallen: «Eine Romantisierung als Partisanen kann sehr gefährlich sein!», warnt der Funktionär.

Partisanen sind seit dem Zweiten Weltkrieg der Inbegriff von Heldenmut und Widerstand in der sowjetischen Gedenkkultur. Bereits während des Krieges hatte die Propaganda die gerissenen Kämpfer gegen die faschistischen Besatzer im Hinterland glorifiziert. Lieder und Filme preisen ihre Taten, echte und erfundene. Aber jetzt erhebt das Volk auf einmal spontan ein paar Kerle zu Partisanen, die den russischen Staat herausfordern. Es wird gestreut, in einem Versteck der Flüchtigen seien «Gegenstände mit faschistischer Symbolik» und extremistische Literatur gefunden worden. Staatliche Medien sprechen nur von den «Banditen von Primorje». Aber es hilft nichts. Der Name «Partisanen» hat sich längst festgesetzt.

Unterdessen befindet sich die halbe Region Primorje im Belagerungszustand: An den Bundesstraßen stehen Kontrollposten mit gepanzerten Fahrzeugen. Bei der Einfahrt in die Gebietshauptstadt Wladiwostok müssen Autofahrer ihre Papiere zeigen und den Kofferraum öffnen. Die Sonderpolizei Omon durchkämmt Kirowski, den Heimatort der Gesuchten. Truppen des

Die «Partisanen von Primorje» in ihrem Unterschlupf. In der Mitte Alexander Kowtun (20) und Andrej Suchorada (22)

Innenministeriums unterstützen die Polizei bei der Suche in der Taiga, im Himmel über ihnen kreisen Helikopter. Insgesamt sind mehr als 1000 Einsatzkräfte auf den Beinen, darunter auch Spezialkräfte des Geheimdienstes FSB.

Am 11. Juni stellen die Fahnder die Flüchtigen schließlich in Ussurijsk. In der Kleinstadt nördlich von Wladiwostok hatten sie am Vortag eine Wohnung angemietet. Als gegen Mittag die Straßen rund um ihr Versteck im Stadtzentrum evakuiert werden, ist den jungen Männern klar, dass sie in der Falle sitzen. Ein Mitglied der Bande ergibt sich gleich. Zwei erschießen sich angesichts der aussichtslosen Lage selbst, so stellt es jedenfalls ein Sprecher der Polizei dar: «aus Verzweiflung und um sich nicht dem Gericht stellen zu müssen». Verwandte und Freunde sind überzeugt, dass sie von Scharfschützen getötet wurden. Zwei Männer liefern sich vom Balkon der Wohnung aus ein Feuergefecht mit der Polizei und verletzen zwei Beamte. Als letzter ergibt sich der 20-jährige Alexander Kowtun. Seine Mutter und ein Anwalt konnten ihn nach mehreren Stunden dazu bewegen, aufzugeben.

Hass auf den Staat

«Man wird das Gefühl nicht los, dass trotz der Festnahmen nicht die Polizei gesiegt hat, sondern die Partisanen», konstatiert selbst das regierungstreue Boulevardblatt *Komsomolskaja Prawda.*[28] Vor dem Haus, in dem sich die «Partisanen» verschanzt hatten, legen Bewohner Blumen nieder zum Gedenken an die Toten. In deren Heimatort Kirowski versammeln sich einige Hundert Menschen zu einer spontanen Demonstration «gegen Korruption und Polizeiwillkür». Im Gespräch mit Reportern drücken sie ihre Solidarität mit den Festgenommenen aus: Ihre Taten seien eine Reaktion auf die Schläge, Beschimpfungen und Drohungen gewesen, denen die Jugendlichen durch die Polizei ausgesetzt waren, sagen sie. Am Tag der Beerdigung des getöteten Andrej Suchorada lässt die Stadtverwaltung das Zentrum von Kirowski absperren. Sie will verhindern, dass der Sarg am Polizeipräsidium und am Rathaus vorbeigetragen wird und der Trauerzug sich in einen Protestmarsch verwandelt.

Längst hat sich die Geschichte von den sechs jungen Männern, die Tausende Polizisten vorgeführt haben, über die Grenzen des Primorje-Gebiets herumgesprochen. Im ganzen Land, von Wladiwostok bis Moskau, tauchen an Häuserwänden Graffiti auf: «Ruhm den Partisanen» und «Partisanen, eure Heldentaten sind unvergessen». Ende Juni 2010 befragt das angesehene nichtstaatliche Meinungsforschungsinstitut Lewada-Zentrum die Bevölkerung nach ihrer Haltung zu den Ereignissen. Mehr als jeder zweite Befragte kennt die Geschichte. Davon stimmen 37 Prozent der Aussage zu, die Täter seien «Verbrecher und Banditen». Aber noch mehr äußern in der einen oder anderen Form Verständnis: 34 Prozent stimmen der Aussage zu, die Täter seien «Menschen, die durch Willkür und Polizeigewalt an ihre Grenzen getrieben wurden». 13 Prozent nennen die Gruppe gar «Rächer des Volkes». Mehr als jeder zweite (55 Prozent) deutet die Ereignisse als «Merkmal des äußerst negativen Verhältnisses zur Polizei im Land». Bei der Frage, wer für den einfachen Bürger eine größere Bedrohung darstelle – vergleichbare Banden oder die Polizei? – teilen sich die Antwortenden in drei fast gleich große Gruppen: 37 Prozent sehen in Banden die größere Bedrohung, 34 Prozent sehen die größere Bedrohung in der Polizei. 29 Prozent tun sich schwer mit der Antwort.[29]

Das schlechte Verhältnis zur Polizei schlägt sich auch in den Ergebnissen einer Umfrage nieder, mit der das Lewada-Zentrum regelmäßig das Vertrauen in die staatlichen Institutionen misst: Im Oktober 2010 äußern gerade einmal 14 Prozent der Befragten, sie würden der Polizei vertrauen. Mehr als die Hälfte der Befragten gibt sogar an, sie habe Angst vor den Sicherheitsorganen. Angemerkt sei, dass sich die Stimmung seitdem gewandelt hat: Mit wachsender staatlicher Repression stieg paradoxerweise auch das Vertrauen in die Sicherheitsorgane. Im September 2023, als das Land sich seit anderthalb Jahren im Krieg befindet, äußern 46 Prozent der Befragten, sie vertrauten der Polizei. Dem Geheimdienst vertrauen jetzt laut Umfrage sogar 60 Prozent.[30]

2010 reichten die Sympathien für die Polizistenmörder bis ins Parlament. Nachdem sich das Gerücht verbreitet hatte, der Vater eines Bandenmitglieds sei vor Jahren im Polizeigewahrsam gestorben, polterte der Rechtspopulist Wladimir Schirinowski, damals Fraktionsvorsitzender der Blockpartei LDPR, in gewohnter Manier: «Hier ist ein Typ in Primorje …! Sein Vater wurde von der Polizei getötet, sein Bruder wurde getötet und ihm wurden die Rippen gebrochen! Und für dich ist er ein Bandit? Es war richtig, dass er in die Wälder ging, um seinen Vater, seinen Bruder und sich selbst zu rächen. Und du nennst ihn einen Banditen! Das ist unser Volk! Sie wollen nicht wie Vieh behandelt werden!»[31]

Der Kulturwissenschaftler Nikolai Epplée beschreibt die eigenartige Ambivalenz zwischen dem Bedürfnis, sich mit dem Staat zu identifizieren und gleichzeitig Hass auf den Staat zu empfinden, an einem anschaulichen Beispiel:

> «Der russische Durchschnittsbürger hat angesichts eines Polizisten weder das Gefühl, sich gegen dessen Übergriffe wehren zu können, noch das Bewusstsein, dass dieser seine Interessen schützt. Was ihm bleibt, ist die Möglichkeit, sich seinerseits mit dem Polizisten zu identifizieren, wenn er einen Migranten, ‹Spion› oder ‹Oppositionellen› misshandelt. So kann er sich im Vergleich zu dem Opfer als Bürger erster Klasse fühlen und sich einreden, der Polizist, der noch schlechter geschützte Menschen schikaniert, verteidige seine Belange und nicht die des Staates. Es gibt zwar keine Garantie dafür, dass er sich beim nächsten Mal nicht selbst in der Rolle des ‹Spions› oder ‹Verletzers der Gefühle von Gläubigen› wiederfindet, aber für diesmal kann er sich eins mit dem ‹großen Bruder› fühlen.»[32]

Die Prozesse gegen die überlebenden Mitglieder der Bande ziehen sich über sechs Jahre. Immer begleitet von der Debatte, ob die Angeklagten edle Kämpfer gegen das System sind oder nur gewöhnliche Mörder und Banditen. Die Ermittler werfen ihnen zusätzlich zu den Angriffen auf Polizisten Dutzende weitere Taten vor, darunter Diebstahl, Raub und die Bildung einer kriminellen Vereinigung. In einem Fall sollen sie eine Taxifahrerin überfallen und in den Kofferraum ihres Wagens gesperrt haben.

Erst nach quälenden Stunden in Todesangst ließen sie die Frau wieder frei.

Derweil wird mehr über die Vergangenheit der Angeklagten bekannt. Die Gruppe hatte Berührung mit unterschiedlichen extremistischen Ideologien, allerdings ohne sich eine davon ganz zu eigen zu machen. In ihren Köpfen herrschte ein Potpourri aus verschiedenen Weltanschauungen, die geeignet waren, ihren Feldzug gegen die Obrigkeit zu rechtfertigen.

Andrej Suchorada, der 22-Jährige, der nur mit Unterhose bekleidet mit seiner Pistole vor der Kamera herumfuchtelte und sich beim Zugriff der Polizei wahrscheinlich selbst das Leben nahm, war als Teenager nach Moskau gereist, um sich den Nationalbolschewisten anzuschließen.[33] Die Gruppe um den Schriftsteller Eduard Limonow und den Ideologen Alexander Dugin verband Ideen und Symbolik der zwei grausamsten Diktaturen des 20. Jahrhunderts zu einem kruden Gewaltkult. Ihre Anhänger grüßten sich mit der Formel: «Ja zum Tod!» Die Partei wurde 2007 verboten. Sieben Jahre später nutzte der Kreml Dugins Ideen, um die Gesellschaft auf den Krieg um «Neurussland» – die Gebiete im Donbass und im Süden der Ukraine – einzustimmen.

Nachdem der Junge aus dem fernen Primorje bei den Moskauer Boheme-Faschisten nicht richtig angekommen war, versuchte sich Suchorada kurze Zeit als Skinhead. Dann begeisterte sich die Gruppe für den Islamismus, obwohl keiner von ihnen irgendeinen religiösen oder ethnischen Bezug zur islamischen Religion hatte. Die mehrheitlich muslimischen Republiken Russlands liegen viele Tausend Kilometer südwestlich von Primorje im Kaukasus. Auf zahlreichen Fotos posieren die Freunde mit Waffen in der Hand, den Zeigefinger der anderen gen Himmel gerichtet als Verweis auf Allah. Auf einem Bild steht Suchorada in dieser Pose vor einem Graffiti mit Hakenkreuz und der

Aufschrift «Arischer Dschihad». Offensichtlich war der junge Mann auf der Suche nach einer weltanschaulichen Rechtfertigung für seine Wut gegen den Staat und die Verhältnisse im Allgemeinen.

Während des ersten Prozesses verschwinden im Juli 2012 drei Ordner aus den Prozessakten. Einer enthält die handschriftliche Aussage von Alexej Nikitin, in denen der Angeklagte detailliert die Zusammenarbeit von Polizei und Drogenmafia darlegt, Namen von Polizisten nennt, die mit der Mafia unter einer Decke stecken und den Gebietsstaatsanwalt sowie Mitarbeiter der Abteilung für Rauschgiftkriminalität beschuldigt, von dieser Zusammenarbeit gewusst und sie gedeckt zu haben.[34] In der Region gibt es kaum Arbeit. Kriminelle Banden roden illegal in der Taiga und verkaufen das Holz nach China. Auf den gerodeten Flächen wird Marihuana angebaut. Drogenanbau und Holzdiebstahl sind die einzigen Möglichkeiten, Geld zu verdienen. Polizei und Justiz wissen davon und verdienen mit.

In seiner Aussage schildert Nikitin auch die Genese der «Partisanen» aus einer Gruppe von Freunden, die zusammen im Kampfsportklub «Patriot» trainierten. Demnach beschlossen die Kampfsportler mit rechtsextremer Vorgeschichte wohl irgendwann, die Verhältnisse in ihrer Kleinstadt mit ihren eigenen Mitteln zu bekämpfen. Vorbilder für erfolgreiches Bürgerengagement sind in Russland rar; der Staat betrachtet jede zivilgesellschaftliche Regung mit Argwohn und zertritt sie, bevor sie gesellschaftlichen Einfluss gewinnen kann. Stattdessen zündeten die Jugendlichen Marihuana-Plantagen an und verprügelten die Drogenhändler. Dabei mussten sie allerdings feststellen, dass die Polizei bei den illegalen Geschäften nicht nur wegsah, sondern die Kriminellen aktiv beschützte. Als die Sportler eine gegnerische Bande zu einem Kampf herausforderten, erschienen anstelle der Kriminellen Polizisten in Uniformen und schlugen die Jugendlichen brutal zusammen, so schildert es Nikitin.

Die «Patrioten», die ihrer Überzeugung nach den Schutz der Gesellschaft in die eigenen Hände genommen hatten, weil die staatlichen Sicherheitsorgane ihn vernachlässigten, sahen sich mit einem Mal selbst von der Ordnungsmacht verfolgt. Von diesem Tag an festigte sich bei ihnen die Überzeugung, dass der Staat und seine Organe Feinde des Volkes seien und bekämpft werden müssen.

Der Schritt zu gezielten Angriffen auf Polizisten war dann offenbar das Ergebnis eines Zufalls: Im Februar 2010 gerieten einige Mitglieder der Gruppe in Wladiwostok in eine Verkehrskontrolle und eröffneten das Feuer. Ein Streifenpolizist wurde getötet, sein Kollege überlebte schwer verletzt. Laut Ermittlungsakten nahmen die künftigen «Partisanen» eine Dienstpistole, Munition und ein Funkgerät an sich.

Mit dem Mord war eine Schwelle überschritten. Die Täter blieben unentdeckt, ihre Tat ungesühnt und so wuchs wohl das Gefühl der Überlegenheit, das sie später in ihrem Video zum Ausdruck bringen. Und es keimte die Idee, es wieder zu tun.

In drei Gerichtsverfahren tun Ermittler und Staatsanwaltschaft alles dafür, die jungen Männer als Diebe, Räuber und Mörder darzustellen, die sich nur bereichern wollten. Dem Prozess soll so die politische Bedeutung genommen und die Sympathien für die «Rächer des Volkes» sollen zerstreut werden. Gleichzeitig wird aber das Video, das vier der Männer auf ihrer Flucht aufgenommen haben, als extremistisch eingestuft und verboten. Ebenso Gedichte und ein Album mit Liedern, die den «Partisanen» gewidmet sind.

Als die Human Rights Foundation 2016 den Aktionskünstler Pjotr Pawlenski mit dem Václav-Havel-Preis für kreativen Dissens auszeichnet, kündigt der Künstler an, das Preisgeld für die

Verteidigung der Partisanen zu spenden. Die Stiftung hatte Pawlenski für eine Kunstaktion ausgezeichnet, mit der er ebenfalls seinen Zorn auf den staatlichen Unterdrückungsapparat ausgedrückt hatte: Im November 2015 setzte er das Portal zur FSB-Zentrale an der Lubjanka in Moskau in Brand. Die Jury des Václav-Havel-Preises sprach ihm die Auszeichnung zu, während er wegen dieser Aktion vor Gericht stand. Nach seiner Ankündigung, das Preisgeld den «Partisanen» zu spenden, zog die Stiftung ihre Entscheidung zurück. Die Unterstützung militanter Aktionen sei nicht mit dem Geist des Schriftstellers, Dissidenten und späteren Präsidenten Tschechiens Václav Havel vereinbar, hieß es zur Begründung.[35]

Das endgültige Urteil gegen die überlebenden Partisanen fällt erst nach sechs Jahren im Oktober 2018. Der Anklage ist es gelungen, die Geschworenen davon zu überzeugen, dass die Angeklagten neben den Morden an zwei Polizisten vier weitere Menschen getötet haben: Im September 2009 sollen sie vier Männer erschossen haben, die eine illegale Marihuana-Plantage im Umland von Kirowski bewachten. Alexander Kowtun und Wladimir Iljutikow werden zu 25 Jahren Haft in einem Lager für Schwerverbrecher verurteilt. Zwei Kammeraden müssen für 23 und 21 Jahre ins Lager. Kowtuns Bruder Wadim bekommt acht Jahre. Er soll geholfen haben, die Leichen der Marihuana-Bewacher zu verscharren.

In ihrem Buch «Kampftrupps gegen Putin» schreiben die Journalisten Ilja Falkowskij und Alexander Litoj, die «Partisanen von der Küste» seien nur die Spitze des Eisbergs. Längst hätten sich Jugendliche überall im Land auf den Kriegspfad gegen die herrschenden Verhältnisse begeben. Der Auslöser ist nach Meinung der Autoren überall derselbe: die Erfahrung staatlicher Willkür und Gewalt verbunden mit dem Gefühl eigener Rechtlosigkeit und Perspektivlosigkeit. Ob die Jugendlichen sich dann als Neonazis radikalisieren und ihre Gewalt mit nationalistischen Ideen rechtfertigen, oder ob sie im Namen des radikalen Islam zu den Waffen greifen, sei fast eine Frage des Zufalls und des Umfelds, in dem die Radikalisierung stattfindet. Am Ende ist es nur ein oberflächlicher Unterschied. Diese Deutung brachte in den Augen der Staatsschützer offenbar zu viel Verständnis für den gewaltbereiten Untergrund auf. Das 2013 erschienene Buch wurde 2015 als «extremistisch» verboten.[36]

Der Verehrung der «Partisanen von Primorje» als «Rächer des Volkes» tun solche Verbote keinen Abbruch. Davon kann man sich schnell überzeugen, wenn man zum Beispiel die Kommentare unter dem Videomanifest der «Partisanen» liest, das die pro-ukrainische Organisation *InformNapalm* 2022 erneut bei YouTube hochlud. Seit der Annexion der Krim kommt es selten vor, dass Ukrainer und Russen sich auf einen Standpunkt einigen können. Selbst russische Oppositionelle, die sich klar gegen den Krieg positionieren, ernten auf ihre Beiträge in sozialen Netzwerken harsche Kritik und Spot von Ukrainern. Diese werfen ihnen vor, zu wenig zu tun, sich nicht oder nicht deutlich genug gegen die Krim-Annexion ausgesprochen zu haben und nach wie vor einen imperialistischen Dünkel und ein Überlegenheitsgefühl gegenüber anderen Nationen in der eigenen Peripherie zu pflegen.

Aber in den Kommentaren zum Video werden die «Partisanen» einhellig als Helden gefeiert – auf Russisch wie auf Ukrainisch. «Verdammt, die könnten wir in unserer Stadt auch gebrauchen. Das sind Helden Russlands», schreibt einer auf Russisch. «Echte Helden!», pflichtet ein anderer bei, offenbar ebenfalls aus Russland, denn er fährt fort: «Sie sind für ihre Heimat gefallen. Im

Kampf gegen den Faschismus, der sich im Kreml breitgemacht hat und unser Volk auslöscht.» Zerknirscht merkt ein anderer an: «Diese Jungs haben ihr Leben gegeben für uns Feiglinge und Schwätzer. Ich muss jedes Mal bitter weinen, wenn ich ihnen zuhöre und ihren Schmerz spüre. Diese Jungs sind so alt wie meine eigenen Kinder, denen ich ein solches Schicksal nicht wünschen würde. Aber ohne Helden werden wir es nicht schaffen.» Es scheint, als könnte die Geschichte der «Partisanen», die allein einen mörderischen Feldzug gegen Vertreter des russischen Staats führten, selbst einigen Ukrainern den Glauben in das russische Volk zurückgeben. «Danke für dieses Video», schreibt ein Nutzer auf Ukrainisch. «Ich wusste nicht, dass in den vom Kreml okkupierten Gebieten vor gar nicht so langer Zeit solche Kämpfer gelebt haben. Sie haben Respekt verdient für ihre Heldentaten. Und denen, die im Kampf gegen die Terroristen im Kreml gefallen sind, gebührt ein Platz im Himmelreich.»[37]

Nachspiel

Damit ist die Geschichte der Partisanen von der Küste noch nicht zu Ende. Im Februar 2023 wird bekannt, dass Alexander Kowtun bei den Kämpfen um Bachmut in der Ukraine umgekommen ist. Er soll sich der Söldnertruppe Wagner angeschlossen haben. Ob er durch Beschuss der russischen Stellungen durch die ukrainische Armee zu Tode kam, oder ob er möglicherweise versucht hatte, überzulaufen und dafür von Wagner-Leuten hingerichtet wurde, ist nicht geklärt. Personen, die bis zuletzt Kontakt mit Kowtun hatten, sind überzeugt, dass er in dem Konflikt auf der Seite der Ukraine stand. Auf seinem Totenschein steht der 29. Januar als Sterbedatum. Als Todesursache sind Verletzungen im Brustraum eingetragen. Verwandte, die

die Leiche beerdigten, berichten von einer Schusswunde im Rücken.[38]

Ebenfalls nicht geklärt ist, unter welchen Umständen Kowtun ins Kampfgebiet gekommen ist. Hat er sich der Wagner-Truppe angeschlossen, weil er auf die Amnestie hoffte, die Jewgenij Prigoschin allen Häftlingen in Aussicht stellte, wenn sie ein halbes Jahr an der Front durchhalten? Dafür spricht die Aussage einer engen Freundin Kowtuns, mit der das Portal *Mediazona* gesprochen hat: «Er ging nicht, weil er für Putin kämpfen wollte, für das Vaterland, oder für irgendwelche Werte, die uns aufgezwungen werden», sagte sie dem oppositionellen Medium. «Er ging, weil er es im Lager nicht länger ausgehalten hat.»[39] Um rauszukommen sei ihm jedes Mittel recht gewesen.

Hatte Kowtun vielleicht von Anfang an den Plan überzulaufen, sobald er sich auf ukrainischem Boden befindet? Was der Aktivist und Autor Iwan Astaschin berichtet, legt das zumindest nahe. Astaschin saß selbst fast zehn Jahre in einem Straflager. Er wurde als Terrorist verurteilt, nachdem er 2009 im Alter von 17 Jahren ein Video von einem Brandanschlag auf ein Gebäude des Geheimdienstes in Moskau mit der Parole «Alles Gute zum Tag des Tschekisten, ihr Arschlöcher» veröffentlicht hatte. Seit Astaschin 2020 entlassen wurde, setzt er sich für andere politische Häftlinge ein. Kowtun habe im Messenger Telegram ukrainische Kanäle verfolgt und gehofft, ein Sieg der Ukraine könne den Zusammenbruch des russischen Regimes herbeiführen, sagte Astaschin *Mediazona*. Ursprünglich habe sich der Häftling an ihn gewandt, weil er seine Verlegung in ein anderes Lager beantragen wollte, um näher bei seiner Frau zu sein, die er während der Gefangenschaft geheiratet hatte. Zuletzt habe er Ende Oktober 2022 Kontakt zu Kowtun gehabt, sagt Astaschin. Kowtun habe sich erkundigt, was dran sei an den Gerüchten, dass die Wagner-Leute Häftlinge, die wegen Terrorismus oder

Extremismus im Lager sitzen, mitnehmen und im Kampfgebiet hinrichten.

Journalisten fanden sein Grab auf einem muslimischen Friedhof in Primorje. Bald nach seiner Inhaftierung war Kowtun zum Islam übergetreten und hatte einen neuen Namen angenommen. Auf dem einfachen Grabstein aus grauem Granit steht: Saifullah – Schwert Gottes.

Während ich an diesem Kapitel schreibe, setzt der Wagner-Chef Jewgenij Prigoschin seine Privatarmee in Richtung Moskau in Marsch, und vieles erscheint mir seltsam vertraut: Das Video, in dem Prigoschin mit der Armeeführung abrechnet. Vor einer kahlen Wand, an der provisorisch eine Wagner-Fahne befestigt ist, sitzt Prigoschin im Unterhemd und beschimpft den Verteidigungsminister. Schojgu habe den Krieg begonnen, um sich einen weiteren Stern an seine Uniform heften zu können. Prigoschins derber Lagerjargon wirkt ursprünglich und volksnah im Kontrast zu den gestanzten Formeln, die steife Uniformträger Tag für Tag im Generalstab von Teleprompter ablesen. Er schimpft sie «Drecksäcke», die große Territorien in der Ukraine «verschissen» hätten, statt sie zu halten. Die Generäle dächten an nichts anderes, als sich zu bereichern. Wie die «Partisanen» der Polizei vorwarfen, sie unterdrückten das Volk und bekämpften die Falschen, wirft Prigoschin der Militärführung vor, Wagner-Einheiten mit Raketen beschossen zu haben. Die Macht, die uns verteidigen soll, kämpft in Wahrheit gegen uns!

Im Vergleich wirkt der Aufstand der «Partisanen von der Küste» wie ein Kammerspiel. Prigoschins «Marsch der Gerechtigkeit» ist die Hollywood-Version.

Als seine Leute erst Rostow am Don besetzen und später Woronesch, da werden sie von den Einwohnern mit Jubel und mit Hupkonzerten empfangen. «Wir beten für euch!», ruft eine Frau

Prigoschin nach, als er in seinem Wagen Rostow verlässt. Es sind keine Oppositionellen oder Regimegegner, die auf die Straße laufen, um den Putschisten Beifall zu klatschen. Es sind die Apolitischen, die spontane Begeisterung für einen Kriegsverbrecher zeigen, Putins Kernelektorat. Leute, die den Talkmastern im Fernseher glauben, wenn sie Memorial, die Aidshilfe oder eine Umweltschutzorganisation als Gefahr für die nationale Sicherheit diffamieren, setzten ihre ganze Hoffnung in einen Schwerkriminellen, der Panzer in Richtung der Hauptstadt in Marsch setzt. Anders als die Opposition, anders als Boris Nemzow oder Alexej Nawalny, aber genauso wie die «Partisanen von Primorje» hat Prigoschin ein Argument, das alle verstehen und das viele überzeugt: Gewalt. In einer Gesellschaft, in der das Recht des Stärkeren gilt, wird der gestern noch verehrte Führer heute fallen gelassen, wenn einer kommt, der stärker und skrupelloser erscheint.

Verzweiflung

«Die Familie ist nicht die Keimzelle des Staates. Die Familie ist der Staat. Kämpfe um Macht, wirtschaftliche, kreative und kulturelle Probleme. Ausbeutung, Träume von Freiheit, revolutionäre Stimmungen. Und so weiter. All das ist Familie.»

Sergej Dowlatow, Solo auf Underwood. Solo auf der IBM, 1980

Tyrannenmord

Wenn Menschen einem übermächtigen Peiniger ausgeliefert sind. Wenn sie Tag und Nacht gedemütigt und gequält werden. Wenn keine Polizei und keine Behörde hilft. Dürfen sie dann zum letzten Mittel greifen, um sich zu wehren?

Am Abend des 27. Juli 2018 warten die Schwestern Krestina, 19, Angelina, 18, und Maria, 17, bis ihr Vater in seinem Sessel eingeschlafen ist. Dann fallen sie über ihn her. Maria sticht mit einem Jagdmesser auf ihn ein. Angelina schlägt mit einem Hammer zu. Als der Angegriffene erwacht und aufspringt, sprüht ihm Krestina Reizgas ins Gesicht. Orientierungslos stolpert Michail Chatschaturjan in den Flur der Zweizimmerwohnung, vorbei an der Ikone mit den Schutzengeln, hinaus ins Treppenhaus. Seine Töchter setzen ihm nach. Der 57-Jährige tut noch wenige Schritte, dann bricht er unter ihren Hieben und Stichen zusammen und bleibt regungslos liegen. Als die Polizei an der Wohnung im dritten Stock eines Betonsilos im Norden Moskaus eintrifft, liegt der Tote vor dem Eingang in einer Lache aus Blut. Die Gerichtsmediziner zählen mehr als dreißig Stichwunden in Hals und Oberkörper. Gleich bei ihrer ersten Vernehmung räumen die jungen Frauen die Tat ein.

Die Staatsanwaltschaft eröffnet ein Verfahren nach Paragraf 105 Absatz 2 des russischen Strafgesetzbuches: gemeinschaftlich verübter Mord nach vorheriger Absprache. Dafür könnten die Schwestern lebenslänglich bekommen. Ihre Verteidiger bestehen darauf, dass sie in Notwehr gehandelt haben. Kurz vor der Tat hatte der Vater wieder einmal eine seiner sadistischen

Strafaktionen abgehalten. Er war wütend, weil die Wohnung nicht so aufgeräumt war, wie er es erwartete. Nacheinander rief er seine Töchter einzeln ins Zimmer und sprühte ihnen Reizgas ins Gesicht. Es war der letzte Akt in einem Martyrium, das viele Jahre gedauert hat.

Der Fall der drei Schwestern, die ihren Vater töteten, wühlt das Land auf. Der archetypische Vatermord bringt viele Dinge zur Sprache, die lange unter der Oberfläche gärten: Die alltägliche Gewalt gegen Frauen in vielen Familien. Das Verhältnis zwischen den Generationen. Fragen von Autorität, Unterordnung und Selbstbehauptung. Und die Bedeutung sogenannter «traditioneller Werte».

Das Gebäude in der Altufjewskoe Chaussee 65 ist ein langgezogener Betonblock an einer achtspurigen Ausfallstraße nach Norden. Dreizehn Etagen hoch, sechs Treppenhäuser gibt es und Hunderte Wohnungen. Trotzdem kann man nicht sagen, die Familie Chatschaturjan habe in einem anonymen Umfeld gelebt: Unter den Nachbarn ist sie bekannt für Streit und Skandale. Michail Chatschaturjan parkt seinen Lexus SUV gern direkt vor dem Eingang. Wenn er spät in der Nacht heimkommt, hupt er, damit die Töchter in der Küche das Teewasser aufsetzen und ihn gebührend empfangen. Nachbarn beobachten, wie die Mädchen nachts um vier vor dem Hauseingang warten müssen, um den Vater zu begrüßen. Als am 27. Juli 2018 Schreie aus ihrer Wohnung dringen, wundert sich niemand. Wahrscheinlich hat Michail mal wieder einen seiner Wutanfälle. Er lässt regelmäßig seinen Zorn an seinen Töchtern aus.

Hinter der stählernen Wohnungstüre führt Michail Chatschaturjan ein Leben wie ein absolutistischer Herrscher. Die Töchter müssen ihren Vater siezen. Ohne seine Erlaubnis dürfen sie weder essen noch schlafen oder das Haus verlassen. Er trägt ein kleines Glöckchen bei sich. Wenn er läutet, müssen die Mädchen herbeieilen, um ihn zu bedienen. Ihm ein Glas Wasser bringen, etwas zu Essen zubereiten, das Fenster öffnen, wenn er frische Luft braucht. Wenn er nicht einschlafen kann, müssen sie neben ihm wachen. Manchmal läutet das Glöckchen mitten in der Nacht, dann müssen sie aufspringen und fragen, was ihr Herr begehrt. Für die geringsten Vergehen gibt es Schläge: Haare auf dem Teppich, Bonbonpapier auf dem Tisch. Michail brüllt. Er verteilt Ohrfeigen und Fausthiebe. Er schlägt seine Töchter mit dem Griff seiner Pistole. Er donnert ihre Köpfe gegen Türrahmen.

Dabei hält er sich selbst für einen Mann Gottes. Regelmäßig unternimmt er Pilgerreisen nach Israel. Dann verschickt er Fotos von sich im Büßergewand an heiligen Stätten. Wenn er unterwegs ist, wagen die Töchter es auch mal, Freundinnen mit nach Hause zu bringen. Eine erinnert sich, wie sie die Ikone im Flur berühren wollte und die Schwestern in Panik gerieten: «Wenn der Alte das erfährt, rastet er aus.» Der kontrollwütige Patriarch hat eine Überwachungskamera installiert.

Dass er psychisch nicht gesund ist, ist Michail Chatschaturjan klar. Er nimmt starke Beruhigungsmittel. Regelmäßig begibt er sich zur Behandlung in eine Nervenklinik. Dann hat die Familie ein paar Tage Ruhe. Aber meistens dauert es nicht lange, bis der Terror wieder einsetzt. Die Zwangsgedanken des Vaters bestimmen den Alltag aller. Bestimmte Wörter dürfen im Hause Chatschaturjan nicht ausgesprochen werden: Salz, Schmerz, Gelb – im Russischen haben sie einen ähnlichen Klang. Der Zwang erstreckt sich auch auf Ziffern: Die 7 ist in Michail Chatschaturjans Welt eine gute Zahl. Das Nummernschild seines Lexus besteht nur aus Siebenen. Ebenso der Code für die Eingangstüre. Die 6 und die 8 dagegen machen Michail wütend. Strichcodes auf den Verpackungen von Lebensmitteln hält er für Zeichen des Satans.

Seine Töchter beschimpft der fromme Gottesknecht als Schlampen und Ausgeburten der Hölle. An einem heißen Sommertag nimmt er sie mit in die Kirche im Stadtzentrum. Während er stundenlang betet, verendet der Labrador der Familie im Kofferraum seines Wagens. Der gottesfürchtige Mann lässt seinen Ärger an den Töchtern aus. Dann kauft er einen neuen Hund.

Wenn Michail Chatschaturjan auf Widerstand stößt, geht er zum Angriff über. Nicht nur in der Familie. Als eine Nachbarin ihn bittet, den Lexus aus der Einfahrt wegzufahren, zieht er seine Pistole. Im Haus erzählt man sich, Chatschaturjan habe Kontakte ins kriminelle Milieu. Die Pistole trägt er immer mit sich. Auch als er in die Schule seiner Töchter geht. Krestina, Angelina und Marie besuchen kaum noch den Unterricht. Den Lehrern ist zu Ohren gekommen, dass ihr Vater sie zu Hause mit Gewalt festhält und ihnen nicht nur Treffen mit Freundinnen verbietet, sondern auch den Schulbesuch. Michail Chatschaturjan stellt sich den Lehrern als Mann vom Geheimdienst vor. Die Lehrer schreiben einen Bericht ans Jugendamt, eine Reaktion bleibt aus. Später werden die Ermittler in den Unterlagen des Toten gefälschte Visitenkarten finden, die ihn als Mitarbeiter des FSB ausweisen.

Über Wochen bestimmt das Thema die Nachrichten und die Talkshows der staatlichen Fernsehkanäle ebenso wie die Medien der Opposition. Der Fall wird auf Facebook und Twitter diskutiert und in den sozialen Netzwerken VKontakte und Odnoklasniki, wo diejenigen aktiv sind, die sich normalerweise mehr für Angeln, Kochrezepte und das Leben auf der Datscha interessieren als für gesellschaftliche Fragen. Aber jetzt hat die Rentnerin aus Tambow genauso eine Meinung zur Familie Chatschaturjan wie der Programmierer aus Sankt Petersburg. Im Boulevard verhandelt das einfache Volk über Moral. Die fragmentierte Gesellschaft, deren Mehrheit politische Fragen gewöhnlich meidet, hat mit einem Mal ein gemeinsames Gesprächsthema.

Es gibt in Russland alltägliche Gewalt, die kaum hinterfragt wird. Und es gibt Gewalt, die ist tabu. Gewöhnt hat sich die Gesellschaft an Gewalt von Männern gegen Frauen in den Familien. An die Gewalt Älterer gegen Jüngere in der Armee. An die Gewalt des Staates gegen seine Bürger auf Polizeistationen, in Untersuchungsgefängnissen und Straflagern. Die Tat der drei Schwestern kehrt diese Muster um: Frauen üben Gewalt gegen einen Mann aus, die junge Generation gegen die alte, Abhängige greifen ihren Ernährer an und Unterdrückte begehren auf gegen die Autorität. Die Tat rührt an ein ganzes Bündel von Tabus gleichzeitig.

Nach zwei Monaten in Untersuchungshaft entlässt das Gericht die Schwestern unter der Auflage, dass sie getrennt voneinander untergebracht werden und keinen Kontakt miteinander aufnehmen dürfen. Ein psychiatrisches Gutachten stellt fest, dass Maria, die jüngste, zum Tatzeitpunkt nicht im vollen Besitz ihrer Urteilskraft war. Die Verteidigung beruft sich auf höchstrichterliche Rechtsprechung: 2012 hatte das Oberste Gericht der Russischen Föderation geurteilt, Notwehr könne auch dann gegeben sein, wenn eine Person über lange Zeit Qualen ausgesetzt ist und sie davon ausgehen muss, dass diese andauern. Dass Michail Chatschaturjan schlief, als seine Töchter ihn angriffen, ändere daran nichts, argumentieren die Verteidiger. Im Spruch der obersten Richter heißt es ausdrücklich, Notwehr sei auch dann gegeben, wenn «die Übergriffe mit dem Ziel unterbrochen wurden, günstigere Bedingungen für ihre Fortsetzung zu schaffen». Was anders ist der Schlaf des Tyrannen? Die obersten Richter dachten bei ihrer Grundsatzentscheidung an Geiselnahmen. Die Umstände, unter denen Krestina, Angelina und Maria gelebt haben, unterscheiden sich davon vor allem dadurch, dass sie mit ihrem Peiniger verwandt waren.

Die Töchter waren zur Hauptzielscheibe für den Zorn des Vaters geworden, nachdem er ihre Mutter aus dem Haus gejagt hatte. Bis dahin hatte er seine Wut meistens an seiner Frau Aurelia ausgelassen. Michail ist ein Klotz von einem Mann mit einem schweren Kreuz an goldener Kette auf breiter Brust. Aurelia hält sich gebeugt, Schatten um die Augen, sie wirkt wie eine Frau, die nie gelernt hat, für sich einzustehen. Michail kommt aus einer armenischen Familie, die nach der Auflösung der Sowjetunion vor dem Krieg aus Aserbaidschan nach Moskau geflohen ist. Aurelia stammt aus der Republik Moldau. Zwei Krisenherde in Russlands Orbit. Als sie sich Mitte der 1990er Jahre in Moskau kennenlernen, ist Aurelia 17, Michail ist 35. Zum ersten Mal habe er sie geschlagen, als sie mit Sergej schwanger war, ihrem ersten Sohn, erzählt Aurelia später russischen Medien. Auf Sergej folgen im Jahresabstand Krestina, Angelina und Maria. Bald leben sie zu zehnt in der Zweizimmerwohnung: Im einen Zimmer Aurelia und Michael mit vier Kindern. Im andern Chatschaturjans Mutter, seine Schwestern und deren Kinder.

Wie Michail Chatschaturjan sein Geld verdient, weiß niemand genau. Einer geregelten Arbeit geht er nicht nach. Trotzdem werden jeden Monat 300 000 Rubel auf sein Konto überwiesen, umgerechnet etwa 4500 Euro. Angeblich hat er mit einem Partner zusammen in ein Logistikunternehmen in den USA investiert und dieser überweist ihm nun regelmäßig seinen Anteil am Gewinn. 300 000 Rubel sind ein stattliches Einkommen in Russland. Für den Unterhalt der Familie dürfen allerdings nur 40 000 Rubel ausgegeben werden. Den Rest legt Michail Chatschaturjan für seine Pilgerreisen zurück.

Zu Hause ist der Patron allmächtig, und seine Frau glaubt, er muss auch sonst sehr mächtig sein und einflussreiche Freunde haben. Ein paar Mal geht Aurelia zur Polizei, um Anzeige zu erstatten, weil ihr Mann sie wieder einmal verprügelt hat. Aber am nächsten Tag kommt er mit der Anzeige in der Hand nach Hause und zerreißt sie vor ihren Augen. Die Beamten hätten sie direkt an ihn übergeben, glaubt Aurelia. Sie glaubt, wenn sie ihn verlassen und die Kinder mitnehmen würde, würde Michail sie überall finden. Reportern erzählt sie nach dem Mord, ihr Mann habe jemanden gekannt, der für den russischen Präsidenten arbeite. Dafür gibt es keine Belege und wahrscheinlich war auch das eine jener Geschichten, die Michail Chatschaturjan erzählte, um größer zu wirken, als er war.

Belegt sind allerdings seine Verbindungen zu zwei Staatsanwälten. Im Mobiltelefon des Toten finden die Ermittler die Kontakte des stellvertretenden Generalstaatsanwalts Saak Karapetjan und des Staatsanwalts für den Nordöstlichen Verwaltungsbezirk von Moskau, in dem die Familie wohnt, Anri Risaew. Die SMS, die er mit dem Bezirksstaatsanwalt Anri Risaew ausgetauscht hat, geraten an die Öffentlichkeit. Darin nennt Chatschaturjan den Strafverfolger vertraut «Bruder» und «mein Lieber». Risaew nennt ihn «Mischa». Man gratuliert sich gegenseitig zu Feiertagen und offenbar macht Chatschaturjan auch Geschenke. Am 2. April 2018 schreibt er an Risaew: «Ich will zum Osterfest nach Israel fahren, ich muss Saak Albertowitsch etwas übergeben.» Gemeint ist offenbar der stellvertretende Generalstaatsanwalt Saak Albertowitsch Karapetian. Seinem Neffen teilt der Pilger in einer SMS stolz mit, er habe eine Ikone «für Saak Albertowitsch» besorgt.

Im Gegenzug helfen ihm seine Kontakte, wenn er mit dem Gesetz in Konflikt kommt. Als ein Verkehrspolizist ihn anhält, weil er eine rote Ampel überfahren hat, beschimpft er den Polizisten aufs Übelste und bekommt eine Anzeige. Weil er fürchtet, seinen Führerschein zu verlieren, wendet er sich an seinen Kontakt in der Generalstaatsanwaltschaft. Der verweist ihn an Risaew. Per SMS beruhigt Risaew seinen Freund Mischa: «Der Auftrag ist vollständig ausgeführt.» Die Anzeige wird fallen gelassen, Chatschaturjan kann seinen Führerschein behalten.

Haben die Staatsanwälte ihn auch gedeckt, als er seine Familie misshandelte? Die Verteidiger der Schwestern sind davon überzeugt. In einer SMS vom 7. Mai 2018 schreibt der Vater dem Bezirksstaatsanwalt: «Guten Morgen, wegen der Kinder trifft sich heute die Kommission in Altufewskoje [Moskauer Bezirk, jh]. Was kann man da machen?» Nachdem wiederholt besorgniserregende Meldungen eingegangen waren, hatte das Jugendamt die Familie im Visier. Überdies hatte eine Nachbarin Michail Chatschaturjan angezeigt. Als nach 20 Minuten noch keine Antwort kommt, wird Chatschaturjan ungeduldig: «Wenn ich gewusst hätte, dass das so läuft. Jetzt muss ich wohl Karapetjan mit dieser Kleinigkeit aus dem Nordöstlichen Verwaltungsbezirk behelligen!» Aus dem SMS-Verkehr entsteht der Eindruck einer dubiosen Verbindung zwischen einem Geschäftsmann, der nicht unbedingt legale Geschäfte betreibt, und einem hochrangigen Beamten in der Generalstaatsanwaltschaft. Weil der stellvertretende Generalstaatsanwalt sich nicht um jeden Verkehrsverstoß und jede Anzeige wegen häuslicher Gewalt persönlich kümmern kann, hat er seinem Protegé einen Kontakt auf Bezirksebene vermittelt, der das für ihn besorgen soll. Die Intervention beim Jugendamt ist offenbar erfolgreich. Die Kommission lässt die Töchter bei ihrem Vater. Für ihre Strafverteidiger ist dieser Vorgang ein weiterer Beleg dafür, dass die Mädchen keine Chance hatten, ihrem gewalttätigen Peiniger zu entkommen.

Als Sergej, der älteste Sohn, 16 wird, jagt sein Vater ihn aus dem Haus. Als Krestina 16 Jahre alt wird, jagt er die Mutter der Kinder davon. Er wirft Aurelia vor, ihren ehelichen Pflichten nicht mehr nachzukommen. «Er hielt mir die Pistole vors Gesicht und sagte: ‹Entweder du gehst, oder ich erschieße dich und die Kinder gleich mit›», erzählt sie später der *Nowaja Gaseta*.[40] Die Mutter zweifelt: Vielleicht hat er ja recht und sie allein ist schuld daran, dass er oft so wütend wird? Dann wäre es doch das Beste, sie ginge, um allen Konflikte zu ersparen? Sie zieht zu einer Freundin in einen Vorort von Moskau. Michail verbietet den Töchtern den Kontakt zu ihrer Mutter.

Erst hat er sich eines Konkurrenten entledigt, als sein Sohn im Begriff war, ein Mann zu werden. Dann, als die älteste Tochter im Begriff ist, eine Frau zu werden, entledigt er sich seiner Frau. Jetzt sind die Töchter allein den Übergriffen ihres Vaters ausgeliefert. Blitzableiter für seinen Zorn und Objekte für seinen Sexualtrieb. Er ruft die älteren Schwestern einzeln zu sich zur «Massage». Die anderen sollen nichts mitbekommen, jede soll glauben, sie sei die einzige, die seine Übergriffe treffen. Die Scham hält sie davon ab, sich einander anzuvertrauen. 2016 zwingt er die Älteste während eines Urlaubs in Sotschi, ihn oral zu befriedigen. Danach nimmt sie alle Beruhigungsmittel aus dem Vorrat ihres Vaters auf einmal. Ihre Schwestern können rechtzeitig den Notarzt rufen, der Krestina rettet.

Aurelia hat sich nicht gewehrt, weil sie hoffte, so ihre Kinder zu schützen. Und die Töchter haben ihrer Mutter nichts von den Übergriffen des Vaters erzählt, weil sie glaubten, ihre Mutter schützen zu müssen. Dass ihr Mann die Töchter sexuell missbraucht hat, habe sie erst nach seinem Tod erfahren, sagt sie.

Die armenische Familie von Michail Chatschaturjan hält solchen Aussagen das Bild eines fürsorglichen Familienvaters entgegen. Die Schwestern des Getöteten (und Tanten der Täterinnen) versorgen die Talkshows des staatlichen Fernsehens mit Fotos aus dem Familienalbum, die Glück und Harmonie ausstrahlen. Videos von der Hochzeit, aus der Geburtsklinik, aus dem Urlaub werden einem Millionenpublikum präsentiert. Lachende Töch-

Krestina, Angelina und Maria Chatschaturjan im Griff ihres Vaters Michail. Foto aus dem Familienalbum, verbreitet in den sozialen Netzwerken.

ter im Arm ihres Papas. Kokette Selfies in anzüglichen Posen. Die Bilder sollen beweisen, dass die Schwestern keineswegs Opfer sind, sondern durchtriebene Hexen, die ihren Vater aus Geldgier ermordet haben. Das empörte Publikum im Studio nimmt Partei für Michail Chatschaturjan. Wie kann man die Hand gegen den eigenen Vater erheben! Die Zuschauer sehen sich bestätigt in ihrem Bild einer verdorbenen und undankbaren Jugend, die sich von den Werten der Familie weit entfernt hat.

Das Verfahren gegen die drei Schwestern Chatschaturjan wird auch über die Öffentlichkeit ausgetragen. Kaum ein Familienalbum oder Urlaubsvideo, das nicht veröffentlicht wird. Kaum ein Chatverlauf, Selfie oder Handyvideo, das nicht irgendwann bei den Medien landet oder im Internet. Aus den Kreisen der Verteidigung und der Ermittler werden Bilder von blutig geschlagenen Gesichtern weitergegeben und Sprachnachrichten, in denen der Vater seine Töchter minutenlang mit den übelsten Flüchen herabwürdigt: Nutten, Schlampen, Schwanzlutscher. «Ihr werdet ihn mir lutschen ohne Ende, versucht nur, mir zu entkommen!» Man kann das alles bis heute auf YouTube ansehen und anhören. Michail Chatschaturjan droht seinen Töchtern, sie öffentlich zu vergewaltigen und zu töten. Auch ein Satz fällt, an den sich seine Frau ebenfalls gut erinnert: «Mach mich nicht zum Sünder.» So droht er seinen Töchtern. So soll er seiner Frau gedroht haben, als er ihr die Pistole an die Schläfe hielt.

Mach mich nicht zum Sünder. In seinen eigenen Augen ist Michail ein frommer Mann, von den Frauen verführt und zur Gewalt getrieben. Sie sind schuld, wenn er Böses tut, auf keinen Fall aber er selbst. Denn sie haben ihn so weit gebracht.

Es ist ein beliebtes Argumentationsmuster notorischer Aggressoren: Wenn ich dir etwas antue, dann ist das deine Schuld. Du hast mich so weit gebracht! Umso erstaunlicher, dass sie mit dieser Finte immer wieder Erfolg haben. «Wir waren einfach gezwungen, die militärische Spezialoperation zu beginnen», sagte Wladimir Putin wenige Tage nach dem Überfall auf die Ukraine.[41] Auch Putin mimt gern das Unschuldslamm: «Im Vergleich zu ihnen sind wir sanft und rein», antwortete er auf seiner jährlichen Pressekonferenz im Dezember 2020 auf eine Frage der *BBC* nach der neuen Konfrontation mit dem Westen. Nur leider ist seine Regierung eben immer wieder «gezwungen», üble Dinge zu tun. Hätte die Nato nicht Polen und die baltischen Staaten aufgenommen, wäre Putin nicht gezwungen gewesen, Wohnhäuser und Geburtskliniken in der Ukraine zu bombardieren. Würde sich die Ukraine endlich fügen, müsste nicht noch mehr Blut vergossen werden. Würde die Welt sich seinem Willen beugen statt Salz in die Wunden seiner imperialen Kränkung zu streuen – der ewige Friede würde schon morgen ausbrechen. Ein durchschaubares Spiel, trotzdem sind auch in Deutschland selbst intelligente Menschen bereit, sich darauf einzulassen. Selbst Alice Schwarzer ruft dazu auf, den Aggressor nicht durch zu viel Widerstand zu provozieren. Dabei würde man doch gerade von einer Vorkämpferin für Frauenrechte erwarten, dass sie die Muster von Missbrauch und Manipulation durchschaut, mit denen Aggressoren ihre Opfer in Abhängigkeit halten und die Öffentlichkeit täuschen.

Traditionelle Werte

Es sind nicht allein die außergewöhnlichen Umstände, die die Tat zum Gesprächsthema machen. Der Fall bietet einen Anlass, eine Entwicklung zu hinterfragen, die bereits seit einigen Jahren im Gang ist. Mit Wladimir Putins Rückkehr ins Präsidentenamt im Jahr 2012 hat der Kreml eine reaktionäre Wende vollzogen. Fortschrittsversprechen wurden ersetzt durch «traditionelle Werte» als Basis für den Zusammenhalt der Gesellschaft.

In den Jahren, in denen die Einnahmen aus dem Öl- und Gasgeschäft sprudelten, konnte Putin den Menschen steigenden Wohlstand und eine Modernisierung des Landes bieten. Doch seit der globalen Finanzkrise 2008 stagniert die russische Wirtschaft. Der Lebensstandard steigt nicht mehr. Der Aufschwung hat gerade lange genug angehalten, dass viele Menschen einen Vorgeschmack auf ein gutes Leben bekommen und eine neue Mittelschicht in den Metropolen in ihrem Berufsalltag die Erfahrung eines regelbasierten Umgangs machen konnten. Ohne Rechtsstaat kann keine moderne Wirtschaft funktionieren.

Diese Menschen empfinden den abgekarteten Ämtertausch zwischen Medwedew und Putin und den massenhaften Betrug bei der Präsidentschaftswahl 2012, die den formalen Rahmen dafür bietet, als persönliche Beleidigung. Der Staat will sie für dumm verkaufen. Hunderttausende drücken auf den Straßen Moskaus ihren Protest aus. Im Verhältnis zur Gesamtbevölkerung sind sie nur eine Minderheit. Aber die Strategen im Kreml begreifen, dass sie vor allem der unpolitischen Mehrheit der Bevölkerung etwas Neues bieten müssen, wenn diese sich nicht von der Unzufriedenheit anstecken lassen soll. Nach und nach wird das Versprechen einer besseren Zukunft abgelöst durch die Glorifizierung der Vergangenheit. «Traditionelle Werte» müssen bewahrt werden, verteidigt gegen Entwicklungen, die gestern noch als modern und fortschrittlich galten.

Jemand im Kreml muss Eric Hobsbawm aufmerksam gelesen haben. Der britische Historiker schildert in seinem 1983 veröffentlichten Buch «The Invention of Tradition», wie Gesellschaften Idealbilder einer intakten Gesellschaft und einer heilen Welt auf die Vergangenheit projizieren und auf diese Weise die Illusion einer kollektiven Identität schaffen, Hierarchien konstruieren und festigen. Eigentlich ist Hobsbawms Arbeit darauf angelegt, Machtstrukturen zu dekonstruieren, die auf vermeintlichen Traditionen gegründet sind und daraus den Anspruch ableiten, auf die Ewigkeit ausgelegt zu sein.[42]

Der Kreml stellt Hobsbawm auf den Kopf und benutzt seine Erkenntnisse als Leitfaden zur Konstruktion von Autorität. Von «traditionellen russischen Werten» war in den ersten zwei Amtszeiten Putins und erst recht während Medwedews Zwischenspiel nicht die Rede. Der Deal zwischen Volk und Führung war, dass der Staat Stabilität und Wohlstand gewährleistet und die Bürger dafür auf ihre Mitwirkungsrechte verzichten. Nachdem die Regierung nicht mehr liefern kann und die Bürger nicht mehr verzichten wollen, wird der Schutz der Tradition gegen den Veränderungsdruck ins Feld geführt. Und die Untergrabung der Tradition wird als existentielle Bedrohung für das Land beschworen.

Begegnete die sowjetische Führung der wenig zufriedenstellenden Gegenwart im Sozialismus mit Versprechen von einer strahlenden Zukunft im Kommunismus, so suggeriert Putins neue Staatsideologie von den «traditionellen Werten» genau das Gegenteil: Der wenig zufriedenstellenden Gegenwart stellt sie eine scheinbar heile Vergangenheit gegenüber, eine russische Ur-Harmonie, die man gegen schädliche Einflüsse nicht-traditioneller Strömungen schützen müsse. Selbstredend kommen diese aus dem Westen. Was zu dieser Tradition gehört, bleibt dabei der Fantasie überlassen und der Manipulation der Propaganda je nach aktuellem Bedarf. Wohin es führen kann, wenn Staaten versuchen, ihre Gegenwart nach dem Kitschbild einer fernen Vergangenheit zu formen und sich vom Fortschritt abkoppeln, zeigt das Beispiel Afghanistan, wo die Taliban noch nicht einmal in der Lage sind, auch nur die grundlegenden Bedürfnisse ihrer Bürger zu befriedigen.

Jahr für Jahr nehmen die «traditionellen geistig-moralischen Werte» mehr Raum ein in den Reden des Präsidenten, der Funktionäre und der Propaganda-Talkshows. Ihrer Darstellung zufolge halten «geistige Klammern» die russische Gesellschaft zusammen und unterscheiden sie von allen anderen Kulturen der Welt. Die Konstruktion einer vermeintlich unverfälschten russischen Kultur und Identität ermöglicht es, jede Abweichung zu bekämpfen.

Auf der Suche nach den einzigartigen Werten, die angeblich von Awaren und Burjaten, Tschetschenen und Tschuwaschen, Tataren und Juden sowie von weiteren etwa 190 ethnischen Gruppen im Land einmütig geteilt werden – angeführt von den Russen, versteht sich – hat der Kreml wohlweislich auf wissenschaftliche Empirie verzichtet. Der Soziologe Maxim Rudnew von der Higher School of Economics in Moskau hat sich aus wissenschaftlicher Neugier dennoch einmal genauer angesehen, welche Werte seine Landsleute teilen. Heraus kam – wenig überraschend – ein sehr heterogenes Bild: Wie anderswo auch, gibt es in Russland Gruppen, denen Sicherheit wichtiger ist als Freiheit, und andere, denen Freiheit mehr bedeutet als Sicherheit. Einige stellen Gemeinsinn über Selbstverwirklichung, bei anderen ist es genau andersherum. Die Chancen, dass ein zufällig ausgewählter Russe in seinen Werten mit einem zufällig ausgewählten Spanier eher übereinstimmt als mit einem Landsmann, sind hoch. Will man dennoch alle in einen Topf werfen, passen die Untersuchungsergebnisse des Soziologen Rudnew immer noch nicht zur offiziellen Version. Denn anders als von der Staatsführung behauptet, fanden den Russen zugeschriebene Werte wie Tradition und Kollektivismus seinen Untersuchungen zufolge in Russland selbst weniger Zuspruch als im Westen Europas. Dagegen stehen Merkmale vermeintlich westlicher, individualistischer Einstellung wie etwa das Streben nach Besitz in Russland insgesamt höher im Kurs als in Gesellschaften Westeuropas.[43]

Letztlich bleibt ein einheitlicher russischer Wertekanon ein Konstrukt. Indem aber die Illusion geschaffen wird, es existierten dem ganzen Volk gemeinsame Werte, wird Konformitätsdruck erzeugt. Am einfachsten gelingt das bei Minderheiten, die wenig Solidarität erwarten können, wie etwa bei Schwulen und Lesben. Ihre sexuelle Orientierung wird als Abweichung von der Norm dargestellt, der Schutz ihrer Rechte als Spleen westlicher Gesellschaften. Der Staat gibt vor, die Norm zu schützen, indem er verhindert, dass noch mehr Menschen zur Homosexualität verführt werden. Das sogenannte «Gesetz gegen die Propaganda nichttraditioneller Sexualbeziehungen», das 2013 vom Parlament verabschiedet wird, ist der Eisbrecher, der die Fahrrinne frei macht für die Ideologie einer von westlichen Einflüssen bedrohten Identität.

Die Politik der «traditionellen Werte» betrifft keineswegs nur vermeintlich «weiche» Felder wie Kultur und Medien. Sie ist immer wieder Thema im Sicherheitsrat, dem innersten Kreis der Macht, in dem Vertreter von Geheimdienst und Militär das Wort führen. Als im Dezember 2014 eine aktualisierte Fassung der russischen Militärdoktrin veröffentlicht wird, zählt das Dokument neben Terrorismus, Separatismus und gewaltsamen Umsturzplänen auch «Informationsaktivitäten» zu den größten Bedrohungen im Innern, «die darauf abzielen, die Bevölkerung, insbesondere junge Bürger, zu beeinflussen, um die historischen, geistigen und patriotischen Traditionen der Verteidigung des Vaterlandes zu untergraben».[44] Und die Doktrin zur Informationssicherheit vom Dezember 2016 nennt als eine der Hauptbedrohungen Informationen, die «zur Aushöhlung der traditionellen russischen geistigen und moralischen Werte» führten.[45]

Über Jahre feilen Ideologen unter Aufsicht des Kulturministeriums an einem Konzept der «traditionellen Werte». Es wird sogar eine manipulierte Online-Abstimmung abgehalten, um die Illusion einer Bürgerbeteiligung zu erzeugen. Schließlich legt Putin im Präsidialerlass N° 809 vom 9. November 2022 die «Grundsätze der Staatspolitik zur Erhaltung und Stärkung der traditionellen russischen geistigen und moralischen Werte» verbindlich fest. Man könnte meinen, zu einem Zeitpunkt, als bereits Zehntausende russische Soldaten in der Ukraine gefallen und Hunderttausende vor der Mobilmachung geflohen sind, habe die russische Führung andere Prioritäten. Doch für den Kreml ist die Etablierung einer tragfähigen Ideologie existenziell. Gleich im ersten Satz heißt es, bei dem Ukas handle es sich um ein «Dokument der strategischen Planung im Bereich der nationalen Sicherheit der Russischen Föderation».[46]

Der Ukas zählt 18 Werte auf. Neben recht allgemeinen wie «Leben», «Würde» und «Humanismus» auch Menschenrechte, Patriotismus, Dienst am Vaterland, eine starke Familie, den Vorrang des Geistigen vor dem Materiellen und des Kollektivs vor dem Individuum. Als Grundpfeiler der russischen Gesellschaft seien die traditionellen Werte dazu geeignet, die Souveränität Russlands zu verteidigen und zu stärken, heißt es. Um den Zusammenhalt in der russischen Gesellschaft zu stärken, sollen alle Organe der Exekutive zusammenarbeiten. Namentlich erwähnt werden das Verteidigungsministerium, das Innenministerium und die Organe der Staatssicherheit. Dass die russische Verfassung von 1993 als Lehre aus der sowjetischen Erfahrung eine Staatsideologie ausdrücklich verbietet, kümmert das Regime genauso wenig wie die ebenfalls dort verbürgten Freiheitsrechte.

Als Bedrohung traditioneller Werte und damit von Zusammenhalt und nationaler Sicherheit nennt das Dokument neben Terroristen und Extremisten auch «bestimmte Medien» sowie «die Handlungen der Vereinigten Staaten und anderer unfreundlicher ausländischer Staaten» und «eine Reihe internationaler Konzerne und ausländischer NGOs». Diese nähmen ideologisch und psychologisch Einfluss auf das Volk und vermittelten ihm fremde Ideen und Werte, die die Gesellschaft zerstörten. Als da seien: «Egoismus, Freizügigkeit, Unmoral, Verleugnung der Ideale des Patriotismus und des Dienstes am Vaterland, der natürlichen Fortpflanzung, des Wertes der Familie, der Ehe, Kinderreichtum, schöpferische Arbeit, die positive Rolle Russlands in der Weltgeschichte» sowie «die Zerstörung der traditionellen Familie durch die Förderung unkonventioneller sexueller Beziehungen.»[47]

Begriffe wie «Bedrohung», «Gefahr» und «nationale Sicherheit» durchziehen das ganze Dokument. Die Sicherheitsorgane sollen der Verbreitung «destruktiver Ideologien» nicht nur entgegentreten, sondern auch vorbeugen. Auf dieser Grundlage wird unter anderem Meta – der Mutterkonzern von Facebook und Instagram – als «extremistisch» eingestuft und Twitter verboten. Russland erscheint wie ein Reservat, das vor Infektionen durch fremde Spaltpilze geschützt werden muss, die seine Existenz gefährden.

Der Fall der drei Schwestern, die gemeinsam ihren Vater getötet haben, bietet nun auch den Unpolitischen Anlass, sich über die Bedeutung «traditioneller Werte» auseinanderzusetzen. Kann der Wert der Familie wichtiger sein als der Schutz Einzelner vor Gewalt und Missbrauch?

Konservative stellen sich auf die Seite des getöteten Tyrannen. Sie erinnern an die zehn Gebote, «Du sollst nicht töten» und «Du sollst Vater und Mutter ehren». Ihre Kritiker verweisen auf die Hölle, die hinter der Familien-Fassade herrschte und dass Täter sich durch die vorgeblichen Traditionen unantastbar fühlen. Vor dem Gericht, in dem über die Tat verhandelt wird, demonstrieren Nationalkonservative. Sie halten Plakate hoch, auf denen steht: «Mörder gehören hinter Gitter». Den Anwälten der Schwestern wird vorgeworfen, sie nutzten den Fall zur Lobbyarbeit für ein Gesetz gegen häusliche Gewalt, das Frauenrechtsorganisationen schon seit Jahren fordern. In Umfragen zeigt fast jede zweite Frau Verständnis für die Tat der Schwestern und immerhin fast jeder dritte Mann. In Moskau und Sankt Petersburg versammeln sich Bürger zu Solidaritätskundgebungen für Krestina, Angelina und Maria Chatschaturjan. Eine Petition zu ihrer Begnadigung sammelt mehr als 400 000 Unterschriften.

Die Öffentlichkeit ist sensibilisiert für das Thema Gewalt in Familien, seit das Parlament im Februar 2017 diesen Tatbestand aus dem Strafgesetzbuch gestrichen hat – anderthalb Jahre vor der Tat. Wer nahe Angehörige schlug, dem drohte früher eine Freiheitsstrafe bis zu zwei Jahren. Seit der Gesetzesänderung werden Prügel ohne schwere Folgen für die Gesundheit nur noch mit einem Bußgeld geahndet. Erst im Wiederholungsfall droht ein Strafverfahren. Frauenverbände und Anwälte hatten vergeblich vor dem gefährlichen Signal gewarnt, das von einer Entkriminalisierung der häuslichen Gewalt ausgehe. Gerade könnte die Gewalt noch gestoppt werden und Betroffene hätten noch eine Chance, den Aggressoren zu entkommen, bevor es zu spät ist, warnten sie. Ein drohendes Strafverfahren habe deutlich größere präventive Wirkung als ein einfaches Bußgeld wie für Falschparken. Zudem überlege sich jede Frau zweimal, ob sie Anzeige erstattet, wenn das Bußgeld letzten Endes aus der Haushaltskasse bezahlt werde. Tatsächlich waren alle Versuche von Aurelia Chatschaturjan, die Taten ihres Mannes anzuzeigen, erfolglos geblieben. Auch Hinweise der Nachbarn an die Behörden liefen ins Leere. Was hätten die Schwestern noch tun können, um seinem Terror zu entkommen?

Eingebracht hatte die Gesetzesänderung zur häuslichen Gewalt Elena Misulina. Als Vorsitzende des Ausschusses für Familien und Frauen in der Staatsduma und später als Senatorin im Föderationsrat, dem russischen Oberhaus, hat sich die Politikerin mit der Gouvernanten-Frisur einen Namen gemacht als schrille Vorkämpferin «traditioneller Werte». Ob beim Kampf gegen «Gay-Propaganda», gegen das Fluchen, gegen künstliche Befruchtung, Abtreibung oder Scheidungen – stets trieb Misulina die Einmischung des Staates in das Privatleben seiner Bürgerinnen und Bürger voran. Im Falle der häuslichen Gewalt aber argumentiert sie nun, Prügel in der Familie zu entkriminalisieren helfe, «die Familien vor unbegründeter Einmischung zu schützen» und die «traditionelle Familie» zu bewahren. «Strafen sollten dem System familiärer Werte nicht entgegenstehen», warnte sie. Es klingt absurd: Unter dem Vorwand, die Familie zu schützen, werden Strafen für Gewalttäter abgeschafft. Es müsse «alles getan werden, damit die Familien gestärkt werden und keine

Konflikte aufkommen», betont auch der Parlamentspräsident Wjatscheslaw Wolodin.

Dass Gewalt gegen Frauen in Russland Tradition hat, lässt sich nicht leugnen. Davon zeugen zahllose Sprichwörter: «Schlägt er dich, so liebt er dich» – ein toxischer Trost, der als «Volksweisheit» nach wie vor verbreitet ist. Oder als Rat an die Männer: «Schlage deine Frau, dann schmeckt die Suppe besser.» «Liebe deine Frau wie deine Seele, schüttle sie wie eine Birne.» «Trinke Wein, schlage Deine Frau und fürchte dich vor nichts!» «Klopfe deinen Pelz, dann wird er wärmer. Und deine Frau, dann wird sie klüger!»

Auf diese finsteren Traditionen greifen Kreml-treue Politiker heute wieder zurück. Im Juni 2023 regten Abgeordnete der rechtsextremen Blockpartei LDPR an, den Domostroi verpflichtend in den Schulen durchzunehmen. Das Regelwerk aus dem 16. Jahrhundert vertritt eine brutal-patriarchale Ordnung und enthält Ratschläge wie «schlage dein Kind ohne Mitleid». Schon im 19. Jahrhundert empörte sich der Schriftsteller Lew Tolstoi, im Domostroi werde die «uneingeschränkte Gewalt des Hausherrn über Weib, Kind und Gesinde gepredigt». Natürlich ist auch diese Tradition keineswegs einzigartig auf der Welt, eher war sie noch vor nicht allzu langer Zeit auf dem ganzen Kontinent verbreitet. Allerdings haben die meisten Gesellschaften in Europa inzwischen erkannt, dass es keine gute Tradition ist, und sie bemühen sich, sie loszuwerden statt sie zu schützen.

Verlässliche Zahlen darüber, wie viele Frauen jedes Jahr in Russland durch die Hand ihres Partners oder eines anderen Familienangehörigen sterben, sind schwer zu finden. Die von deutschen Medien in diesem Zusammenhang immer wieder genannte Zahl von 12 000 ist mit hoher Wahrscheinlichkeit nicht korrekt. Das russische Innenministerium wertet seine Kriminalstatistik nicht nach Merkmalen häuslicher Gewalt aus. Anders als etwa Deutschland: Laut Bundeskriminalamt wurden hierzulande im Jahr 2021 insgesamt 113 Frauen Opfer von Partnerschaftsgewalt mit tödlichem Ausgang.[48] Für dasselbe Jahr meldete Russland insgesamt 9866 Tötungsdelikte an das United Nations Office for Drugs and Crime (UNODC). Demnach waren 2568 der Opfer weiblichen Geschlechts. Die Zahl von angeblich 12 000 Femiziden jährlich läge also weit jenseits der Opferzahl von Mord und Totschlag insgesamt und überstiege die Zahl der getöteten Frauen um mehr als das Vierfache.[49]

Kriminalitätsstatistiken sind eine komplexe Materie, die viel Spielraum für Manipulation bietet und man darf die Angaben, die Russland an die Vereinten Nationen macht, ruhig mit Skepsis betrachten. Es wäre nicht das erste Mal, dass Wladimir Putin lügt. Allerdings lag im gesamten Zeitraum seit Bestehen der Russischen Föderation die Zahl aller weiblichen Opfer von Tötungsdelikten nie über 12 000 pro Jahr. Das Maximum erreichte sie 1994 mit 11 297 getöteten Frauen und Mädchen (bei 45 257 Opfern insgesamt). Selbst wenn 1994 alle weiblichen Opfer durch die Hand ihrer Partner umgekommen wären, wäre die Angabe von «jährlich 12 000 Femizid-Opfern in Russland» weit von der Realität entfernt.[50]

Verbreiten also die westlichen Medien bewusst falsche Zahlen, um Russland schlecht dastehen zu lassen? Eher glauben sie zu leicht den Angaben russischer Quellen. Denn auch in russischen Medien tauchen die 12 000 immer wieder auf, wenn auch nie gedeckt durch verlässliche Quellen, sondern offenbar ebenfalls abgeschrieben von Kollegen. Selbst die staatliche Nachrichtenagentur Ria Novosti – antirussischer Tendenzen gänzlich unverdächtig – nennt in einer Infografik von 2013 die Zahl von 12 000 und rechnet aus: «Alle 40 Minuten stirbt eine Frau an den Folgen häuslicher Gewalt.» Auch sie nennt keine Quelle.[51]

Ist das Problem deshalb aufgebauscht? Mitnichten. Gemeinsam haben russische Frauenrechtsorganisationen Daten zur häuslichen Gewalt aus verlässlichen Quellen zusammengetragen. Demnach war jeder vierte Einwohner schon einmal mit häuslicher Gewalt konfrontiert. 40 Prozent aller schweren Gewaltverbrechen in Russland werden in Familien verübt. Mehr als 70 Prozent aller getöteten Frauen wurden Opfer ihres Partners oder eines nahen Verwandten. 79 Prozent der Frauen, die wegen eines Tötungsdelikts verurteilt wurden, haben sich bei der Tat gegen einen gewalttätigen Partner verteidigt. Die Programmiererin Swetlana Schutschkowa hat gemeinsam mit Juristinnen und Journalistinnen systematisch alle Gerichtsurteile zur Tötung von Frauen zwischen 2011 und 2019 ausgewertet. Über den Zeitraum von neun Jahren zählten sie insgesamt 18 547 Verfahren. In zwei von drei Fällen wurden die Frauen Opfer von häuslicher Gewalt (12 209 über den untersuchten Zeitraum), in 53 Prozent der Fälle war der Partner der Täter. Auf ein Jahr gerechnet sind das jährlich 1357 Femizide.[52] Seriös wäre es also, von mehr als 1300 Frauen zu sprechen, die jedes Jahr in Russland von ihren Partnern oder einem anderen Familienangehörigen getötet werden. Ins Verhältnis zur Bevölkerungszahl gesetzt ist die Gefahr, vom eigenen Partner getötet zu werden, in Russland damit sechs mal so hoch wie in Deutschland.

Alkohol und Macho-Kultur sind nur zwei der Faktoren, die zu diesen Zahlen beitragen. Die Gleichgültigkeit von Polizisten und Gerichten tun ihr Übriges. Beispielhaft dafür steht der Fall von Jana Sawtschuk aus der Stadt Orjol in Zentralrussland. Am 17. November 2016 hatte die 37-Jährige die Polizei gerufen. Sie fühlte sich von ihrem Ex-Partner bedroht, als sie aus der gemeinsamen Wohnung ausziehen wollte. Eine Beamtin kam, sprach mit den beiden und erklärte dann, normalerweise rücke die Polizei in solchen Fällen gar nicht aus. Sawtschuk nahm das Gespräch mit ihrem Handy auf. In der Aufnahme hört man sie fragen: «Heißt das, Sie kommen nicht, wenn etwas passiert?» Die Antwort der Beamtin: «Natürlich. Wenn man Sie tötet, kommen wir auf jeden Fall und schreiben ein Protokoll, keine Sorge.» Die Polizei zog ab. Eine halbe Stunde später prügelte der Ex-Mann Jana Sawtschuk zu Tode. Er wurde zu 14 Jahren Lagerhaft verurteilt. Die Beamtin, die sich geweigert hatte, dem bedrohten Opfer zu helfen, bekam zwei Jahre.

Im Dezember 2021 sprach der Europäische Gerichtshof für Menschenrechte der Russin Margarita Gratschewa die höchste Entschädigungszahlung zu, die je eine einzelne Person erhalten hat. Vier Jahre zuvor, am 11. Dezember 2017, hatte Gratschewas Mann die damals 25-Jährige in einen Wald im Moskauer Umland verschleppt und ihr dort beide Hände abgehackt – aus Eifersucht, wie es hieß. Nie wieder sollte sie die beiden gemeinsamen Kinder berühren können. Der sadistische Täter hatte sich vorher informiert, wie lange ein Mensch mit solchen Verletzungen überleben kann. Nach zwei Stunden brachte er seine Frau in eine Klinik und stellte sich der Polizei. Die Ärzte konnten Gratschewas linke Hand retten, rechts trägt sie heute eine Prothese. Gratschewa hatte zusammen mit drei weiteren Russinnen, die Opfer von Gewalt durch ihre Partner geworden waren, eine Sammelklage beim Europäischen Gerichtshof für Menschenrechte eingereicht. In einer schriftlichen Stellungnahme räumte das russische Justizministerium zwar ein, dass «das Phänomen häuslicher Gewalt in Russland leider wie in jedem anderen Land existiert», allerdings würden «das Ausmaß des Problems und die Schwere und Tragweite seiner diskriminierenden Auswirkungen auf Frauen in Russland übertrieben».[53] Außerdem könne der Staat nicht für Verletzungen und Leid verantwortlich gemacht werden, die durch Privatpersonen verursacht wurden. Die Richter am EGMR – übrigens allesamt Männer – sahen das anders: «Das Gericht stellt fest, dass der russische Staat es versäumt hat, einen Rechtsrahmen zur wirksamen Bekämpfung häuslicher Gewalt zu schaffen, dass er die Risiken wiederkehrender Gewalt nicht ernst nimmt und keine wirksame Untersuchung der häuslichen Gewalt durchgeführt hat, der die Klägerinnen ausgesetzt waren», heißt es im Urteil.[54] Gratschewa bekam 370 000 Euro zugesprochen, der Großteil der Summe soll die Kosten für die medizinische Behandlung und ihre Prothesen decken. Sie hat ein Buch über ihre Erfahrung geschrieben, wurde Moderatorin im Fernsehen und lebt heute mit ihrem neuen Ehepartner in Sankt Petersburg. Nach dem Urteil äußerte sie Zweifel daran, dass der Richterspruch in Russland etwas bewirken wird. «Ich glaube, der Präsident wird es nie verstehen», sagte sie dem Portal *currenttime.tv*.[55]

Die Faust in der Familie

Der Streit um die Entkriminalisierung häuslicher Gewalt war gerade in vollem Gange, als ich 2016 in Moskau Anna Riwina kennenlernte. Riwina ist keine Frau, die sich mit der Rolle des schwachen Geschlechts abfindet. Sie hat in Moskau und Tel Aviv Jura studiert, für Transparency International gearbeitet, als Direktorin eine Aids-Stiftung geleitet und nebenher noch promoviert. 2015, mit 25 Jahren, fand sie ihr eigenes Thema und gründete nasiliu.net – «Nein zur Gewalt!» Die Organisation unterstützt Betroffene dabei, von gewalttätigen Partnern loszukommen und bietet ihnen psychologische Hilfe an. Klug, redegewandt und selbstbewusst wurde Riwina zu einer der wichtigsten Stimmen gegen häusliche Gewalt in Russland. Auch wenn sie und ihre Mitstreiterinnen nicht verhindern konnten, dass der

Paragraf zu Gewalt in der Familie aus dem Strafgesetzbuch gestrichen wird, ist das gewachsene Bewusstsein für Gewalt gegen Frauen in der Gesellschaft in großen Teilen ihr Verdienst.

Ich erreiche Anna Riwina in Litauen. Das russische Justizministerium hat ihre Organisation 2020 in das Register der «ausländischen Agenten» aufgenommen. Die Begründung füllt mehr als 200 Seiten. Die Strafen wegen angeblicher Verstöße gegen das «Agentengesetz» belaufen sich mittlerweile auf mehr als 10 000 Euro. Damit verbunden ist die Unterstellung, Nichtregierungsorganisationen wollten das Land nach westlichen Maßstäben umgestalten und damit seine Identität zerstören (deren fester Bestandteil demnach offenbar Gewalt in der Familie ist). Dabei muss man von Moskau aus gar nicht auf das westliche Ausland schauen. Selbst in Belarus und in Kasachstan gibt es Gesetze, die Gewalt in der Familie verhindern sollen. In Belarus etwa kann ein mutmaßlicher Täter in Gewahrsam genommen werden, um sein Opfer zu schützen, selbst wenn er der Eigentümer der Wohnung ist, in der beide gemeinsam leben. In Russland dagegen müssen Frauen weiter mit dem Aggressor unter einem Dach leben, bis sie seine Angriffe bei Gericht nachgewiesen haben – eine aussichtslose Situation.

2023 wurde auch Riwina persönlich als ausländische Agentin eingestuft. Da lebte sie schon nicht mehr in Moskau. Sie hat Russland bald nach Kriegsbeginn verlassen. Nasiliu.net arbeitet weiter und berät Opfer häuslicher Gewalt nun vermehrt online und am Telefon. Das geht auch aus dem Ausland.

Warum wird der Kampf gegen Gewalt in Familien von der Staatsmacht als Bedrohung empfunden? «Weil häusliche Gewalt und staatliche Gewalt nach denselben Prinzipien funktionieren», sagt sie. «In einer Familie, in der sich die Menschen mit Respekt unter Gleichwertigen begegnen, da kann es Streit geben, die Familienmitglieder können unterschiedlicher Meinung sein, aber am Ende handeln sie gemeinsam eine Lösung aus.» Ein gewalttätiger Ehemann dagegen wolle allein bestimmen. Wem das nicht passt, der bekommt eine gelangt. «Unser Staat verhält sich auf allen Ebenen genau so wie dieser gewalttätige Haustyrann», erklärt Anna Riwina. «Der russische Präsident sagt an die Adresse der Ukraine: ‹Ob es dir gefällt oder nicht, meine Schöne, du wirst es erdulden.›[56] Das ist genau das, was Männer sagen, wenn sie eine Frau nicht gehen lassen wollen.»

Aber selbst gewalttätige Partner sind nicht immer gewalttätig. Oft folgt auf Prügel eine Entschuldigung und das Versprechen, dass alles gut wird. Das lässt die Opfer Hoffnung schöpfen und bindet sie weiter an die Täter. Expertinnen sprechen von einem Kreislauf der Gewalt. Beim russischen Staat hat Anna Riwina ein ganz ähnliches Muster beobachtet: «Wenn er hier zugeschlagen hat, dann verteilt er dort ein paar Vergünstigungen. Während die einen verfolgt werden, bekommen die anderen Belohnungen; auf diese Weise wird die Gesellschaft gespalten. Da sind auf der einen Seite unsere Guten, die verwöhnen und päppeln wir. Und dann sind da die Staatsfeinde, die nennen wir ausländische Agenten, das sind Verräter.» Mit den Leuten, die die Regierung unterstützen, flirte der Staat ununterbrochen. Er tue so, als würde er sich um sie kümmern und ihre Interessen ernst nehmen: «Das sind arme Leute, die nichts haben. Die sitzen dann vor dem Fernseher und bekommen vorgegaukelt, dass sie die Größten sind.»

Anna Riwina macht kein Geheimnis daraus, dass sie der Opposition nahesteht. Sie organisierte psychologische Unterstützung für Demonstrantinnen und Demonstranten, die bei Kundgebungen Gewalt durch Polizisten erfahren hatten. Mit Alexej Nawalny ist sie befreundet. Aber sie legt Wert darauf, dass sie sich nie im eigentlichen Sinne politisch engagiert hat, wie es ihr mit der Einstufung als «Agentin des Auslands» unterstellt wird.

Eine politische Tätigkeit, so sieht sie es, zielt darauf ab, die Regierung abzulösen. Sie dagegen will erreichen, dass die Regierung ihre Aufgaben erfüllt, egal um welche Regierung es sich handelt. Und zu diesen Aufgaben gehören zuvorderst der Schutz des Lebens und der Schutz der Gesundheit der Bürgerinnen und Bürger.

Bei der Gründung von nasiliu.net war häusliche Gewalt noch kein Thema in Russland. Das Ziel der Gründerinnen war zunächst, die Regierung und die Öffentlichkeit darauf aufmerksam zu machen, dass dieses Problem existiert und das es angegangen werden muss: «Niemand hat sich dafür interessiert, weder die Gesellschaft noch der Staat», erinnert sich Riwina. «Deshalb ging es erst einmal darum, darauf hinzuweisen: Seht her, die Gesetze sind löchrig, sie funktionieren nicht, die Polizei nimmt Anzeigen nicht auf, die Gerichte berücksichtigen die Umstände nicht, die Opfer bekommen keine Hilfe, und niemand leistet den Tätern Widerstand. Lasst uns etwas unternehmen!»

Sie wollte gar nicht gegen den Staat arbeiten, im Gegenteil: Ihr sei von Anfang an klar gewesen, wenn ein gesellschaftliches Problem von solcher Größenordnung wie die häusliche Gewalt in Russland angegangen werden soll, dann geht das nicht ohne den Staat. Das wirft die Frage auf, wie weit sie bereit ist, sich mit der Staatsmacht einzulassen? «Wenn man mich einlädt, Mitglied der Regierungspartei ‹Einiges Russland› zu werden, um Unterstützung für meine Ziele zu bekommen – und solche Versuche gab es –, dann kommt das für mich nicht in Frage», erklärt sie. «Aber wenn es darum geht, Trainings für Polizeibeamte oder für Richter durchzuführen, damit diese lernen, worauf sie achten müssen beim Umgang mit häuslicher Gewalt, dann machen wir das natürlich!» Hier gelte für Menschenrechts-Aktivisten dasselbe wie für Ärzte: «Wir helfen ohne Ansehen der Person. Egal ob wir die russische Polizei mögen oder nicht, wir brauchen sie, damit sie Anzeigen von Opfern aufnimmt und Täter in Gewahrsam nimmt, bis ein Gericht entscheidet.» Schließlich helfen die Juristinnen und Psychologinnen im Team auch nicht nur denen, die ihnen gefallen, sondern allen Betroffenen ohne Ausnahme. «Vielleicht unterstützt diese Person sogar den Krieg? Trotzdem müssen wir ihr helfen wie jeder anderen.»

Tatsächlich fanden sich in der Verwaltung Leute, die das Problem erkannten und für eine Zusammenarbeit aufgeschlossen waren: Die Stadtverwaltung von Moskau startete gemeinsam mit nasiliu.net eine Aufklärungskampagne gegen Gewalt in Familien. An Bushaltestellen und in öffentlichen Gebäuden wurden Plakate aufgehängt, die auf das Problem aufmerksam machten und Ratschläge gaben, wo Betroffene Hilfe erhalten können. Doch kaum stand die Organisation auf der Liste der ausländischen Agenten, verschwanden die Plakate über Nacht.

Die Bluttat der drei Schwestern an ihrem Vater löst allgemeines Entsetzen aus. Aber während in den Talkshows der Staatssender die Fotoalben und privaten Chats der Chatschaturjans seziert werden, erinnern Anna Riwina und ihre Mitstreiterinnen daran, dass es sich bei dem Fall nicht um ein isoliertes Problem einer Familie handelt, sondern um ein gesellschaftliches. «Eine Frau, die in ihrer Wohnung geschlagen wird, ist kein Einzelfall», sagt Riwina. «Da sind noch mehr Frauen, die das gleiche erleben – auf dem gleichen Stockwerk, im gleichen Haus, im gleichen Stadtteil. Das sind alles keine Einzelfälle, da stimmt etwas grundsätzlich nicht. Und als wir angefangen haben, darauf hinzuweisen, haben wir richtig Schwierigkeiten bekommen.»

Hätte sie sich darauf beschränkt, zusammen mit Behörden Plakate gegen häusliche Gewalt aufzuhängen, wer weiß, vielleicht wäre ihr eine Einstufung als «Agentin» erspart geblieben? Aber um das Übel wirklich an der Wurzel zu packen, genüge es nicht zu sagen: Gewalt ist schlecht, keine Gewalt ist besser, sagt sie. Man müsse auch sagen, woher die Gewalt kommt, warum sie geschieht und warum Polizeibeamte und Richter sie ignorieren: «Ich spreche darüber, in welchem Ausmaß unsere ganze Kultur von Gewalt durchdrungen ist. Am Arbeitsplatz, in der Armee, in der Schule, an der Universität.» Vor einigen Jahren, noch lange bevor Putin den Krieg auf die ganze Ukraine ausweitete, hat nasiliu.net ein Seminar veranstaltet: «Männer gegen Gewalt». Einer der Teilnehmer habe das Problem in einem Satz auf den Punkt gebracht, als er sagte: «Die Faust in der Familie ist die kleine Filiale der staatlichen Gewalt.»

Der russische Staat, die orthodoxe Kirche und die traditionelle Familie sind gleichermaßen hierarchisch organisiert. Wenn dann Organisationen wie nasiliu.net davon reden, dass Frauen auch Menschen sind, dass es sein kann, dass eine Frau mit etwas nicht einverstanden ist, dass sie nicht gehorcht, dann geht es um Beziehungen auf Augenhöhe anstelle von vertikalen Macht-Beziehungen. Die Frage von Macht und Kontrolle stellt sich in der Familie und ebenso in der Gesellschaft. Riwina erinnert an die Proteste in Belarus 2020, die von Frauen angeführt und in großem Maße von Frauen getragen wurden: Als die Menschen sich gegen den Diktator Alexander Lukaschenko erhoben, sei vielen Kolleginnen – Psychologinnen und Juristinnen – aufgefallen, dass es Parallelen gibt zu Fällen häuslicher Gewalt: «Lukaschenko, der sein Volk misshandelt hat, konnte nicht akzeptieren, dass dieses Volk keine Beziehung mehr zu ihm haben wollte. Nach vielen Jahren dieser Ehe sagte das belarussische Volk: ‹Wir wollen uns scheiden lassen, wir wollen nicht mehr weiter so leben›. Aber Lukaschenko sagte: ‹Nein, wie wir leben, entscheide ich allein.›»

Ein hierarchisch aufgebauter Staat wie Russland muss fürchten, dass Initiativen gegen häusliche Gewalt auch die eigenen

Grundfesten untergraben. Unterdrückten Frauen Rechte zuzugestehen hieße ja, Menschen überhaupt zuzugestehen, dass sie nicht einverstanden sein können. «Wenn jeder das Recht hat zu sagen, was ihm nicht gefällt, und du darfst ihm deswegen nicht einfach einen Knüppel über den Kopf ziehen, dann stellt sich plötzlich heraus, dass es viele gibt, die nicht einverstanden sind», sagt Riwina. «Statt ihnen eins überzubraten musst du mit ihnen reden, auf Augenhöhe verhandeln und Kompromisse suchen. Das ist aber viel aufwändiger und lästiger, als einfach zuzuschlagen. Wir wollen, dass die Menschen horizontal kommunizieren. Sie wollen eine vertikale Kommunikation. Das ist der Kern des Konflikts.»

Der Krieg hat diesen Konflikt noch einmal verschärft. Im Krieg darf niemand widersprechen. Das erste, was der Kreml nach dem 24. Februar 2022 tat, war, die Zensur zu verschärfen. Seitdem wurden mehr als 20 000 Menschen wegen Kritik am Krieg festgenommen. Gegen mehr als 8000 wurden Strafverfahren eröffnet. Hunderte wurden zu teilweise langjährigen Haftstrafen verurteilt.[57] Anna Riwina glaubt heute, dass der Argwohn des Staates gegen ihre Arbeit auch damit zu tun hatte, dass Wladimir Putin das Land schon lange auf diesen Krieg vorbereitet hat: «Wenn wir den Frauen sagen, dass es nicht in Ordnung ist, wenn sie geschlagen werden, und sie verstehen das und beginnen, das zu glauben, dann werden sie sich auch gegen anderes Unrecht wehren», ist sie überzeugt. «Dann verstehen sie, dass sie eine Stimme haben. Und dann protestieren sie vielleicht, wenn ihre Söhne und Ehemänner in den Krieg geschickt werden.»

Dass die Proteste nach dem Überfall auf die Ukraine und zu Beginn der Mobilmachung schnell erstickt werden konnten, wundert sie deshalb nicht. «Jahrzehntelang wurde den Frauen in Russland beigebracht, dass ihre Stimme nicht zählt. Und jetzt, wo alles verloren ist, erwartet man plötzlich von ihnen, dass sie auf die Straße gehen? Sogar der ukrainische Präsident Wolodymyr Selenskyj hat das gefordert. Aber so funktioniert das nicht.» Sie selbst hat sich entschieden, das Land zu verlassen. Im Prinzip hat sie sich an den Rat gehalten, den sie bei nasiliu.net allen Frauen geben, die sich an sie wenden: Wenn es dir schlecht geht, dann solltest du das nicht länger ertragen. Wenn du dich bedroht fühlst, dann geh! In Russland müsste sie mit ziemlicher Sicherheit mit einem Prozess und wahrscheinlich auch mit einer Haftstrafe rechnen, wenn sie darüber spricht, dass Männer, die aus dem Krieg heimkehren, zu Hause ihre Frauen verprügeln. «Es hat in der Geschichte nicht einen Krieg gegeben, nach dem hinterher nicht die Gewalt in den Familien angestiegen ist. Wenn ich diese einfache Tatsache ausspreche, wird mir das als Diskreditierung der russischen Streitkräfte ausgelegt und ich kann dafür bestraft werden.»

Nasiliu.net arbeitet weiter. Aufklärung ist unter diesen Umständen nicht mehr möglich, aber Opferberatung wird weiter durchgeführt. Im Notfall per Telefon und online aus dem Ausland. In der Gesellschaft hatte gerade erst ein Bewusstseinswandel eingesetzt. Ausgelöst von schrecklichen Fällen wie dem von Jana Sawtschuk, der die Polizei erst helfen wollte, als sie tot war. Von Margarita Gratschewa, die beide Hände verlor und es schaffte, ein neues Leben zu beginne. Von den drei Schwestern, die ihren Tyrannen töteten. Und von der Debatte darum, die von Anna Riwina und anderen Aktivistinnen vorangetrieben wurde. Der Krieg werde die Gewalt zurückbringen, das lehrt die Geschichte, sagt sie. Im Krieg zählt nur Stärke, und dieses Bewusstsein pflanzt sich in der Gesellschaft fort. «Russland wird wieder für zwei oder drei Generationen in diesen rohen Zustand zurückgeworfen. So schließt sich der Kreis der Gewalt.»

Männer und Mütter

Wenn Marketing-Spezialisten Kunden Angebote machen, die zu deren Aufenthaltsort passen, dann sprechen sie von Geotargeting: Je nachdem, von wo aus ein Nutzer auf das Internet zugreift, spielen Google und Co passende Werbung aus. Oder Werbung, die sie für passend halten. 2015 zeigte mir Facebook in Moskau eine Anzeige, die mich zum Nachdenken brachte: «Sind Sie ein brutaler Mann?», stand auf Russisch über dem Foto von einem dicken Armband aus Gold und Titan. «Nicht ohne ein Armband von Steel Rage!», gab der Anbieter selbst die Antwort und versprach 50 Prozent Rabatt auf sein «luxuriöses Armband für starke Männer». Offenbar war nicht nur die Sprache dem Ort angepasst, sondern auch die Ansprache und die Mentalität, die das Marketing seinen Kunden unterstellte. In Deutschland begegnen einem brutale Männer vielleicht in Polizeimeldungen, in Berichten über Problemviertel oder über Resozialisierung. Jedenfalls ginge es wahrscheinlich um ein Phänomen, das mithilfe von Polizei oder Sozialarbeit überwunden werden sollte. In Russland – so unterstellte es zumindest der Hersteller mit dem klingenden Namen «Stahlwut» – war es offenbar erstrebenswert, ein brutaler Mann zu sein. Noch verstörender fand ich die Vorstellung, dass Frauen ihren Männern diesen Schmuck vielleicht zum «Tag des Vaterlandsverteidigers» schenken und dabei das Attribut «brutaler Mann» als Kompliment meinen könnten.

Als ich mich auf das Gespräch mit Anna Riwina vorbereite, fällt mir die Werbung für den brutalen Schmuck wieder ein. Damals fand ich sie nur skurril und erntete ein paar Lacher, als ich sie auf Facebook teilte. Vor dem Hintergrund des Krieges, in dem russische Soldaten und Söldner mit äußerster Brutalität vorgehen, Zivilisten ermorden, Frauen vergewaltigen, Gefangene foltern und Kinder verschleppen, in dem die Privatarmee Wagner damit protzt, Verrätern aus den eigenen Reihen den Schädel mit dem Vorschlaghammer zu zertrümmern, erscheint mir die Anzeige von damals gar nicht mehr lustig. Es wirkt, als sei der Krieg für brutale Männer eine Gelegenheit, sich auszutoben.

Ich erzähle Riwina von meinem Befremden über die Schmuckwerbung und frage sie, wie es kommen konnte, dass der brutale Mann geradezu zu einem Ideal werden konnte, nach dem viele streben? Da sei zum einen die historische Erfahrung, glaubt sie: Generationen seien mit dem Bewusstsein aufgewachsen, dass Stärke das Wichtigste im Leben ist. Ein Gewaltexzess folgte auf den anderen: Revolution und Bürgerkrieg, der Vernichtungskrieg der Wehrmacht, später der Afghanistan-Krieg. Gestorben wurde für höhere Ziele, für Fortschritt und Sozialismus, für die Befreiung vom Faschismus, für den Großmachtstatus der Sowjetunion. Um das Leben des Einzelnen ging es nie.

Das änderte sich nach dem Zusammenbruch der Sowjetunion, als plötzlich jeder auf sich selbst gestellt war und sehen musste, wo er bleibt. Wieder war Stärke gefragt und manchmal Brutalität, um sich in einer verrohten Gesellschaft zu behaupten. Frauen wählten Partner, von denen sie glaubten, dass sie sie beschützen können. Riwina erinnert sich an eine Szene, die sie als kleines Mädchen erlebt hat: Mitten in Moskau versuchten Unbekannte, ihre Mutter in ein Auto zu zerren. Im letzten Moment sprang ein Mann dazwischen und schlug die Angreifer in die Flucht. Die dreijährige Anna bekam einen Schock fürs Leben: «Ich denke heute noch oft daran, was passiert wäre, wenn sie sie mitgenommen hätten.» Im ganzen Land seien Menschen mit dieser Angst aufgewachsen, in einigen Regionen lebten sie bis heute so. Die Ereignisse in der Staniza Kuschtschowskaja sind ein Beispiel dafür.

In den 1990er Jahren konnte ein aggressiver und rücksichtsloser Mann nicht nur seine Frau besser beschützen; im ungeregelten Wirtschaftsleben, in dem das Recht des Stärkeren über dem Gesetz stand, hatte er auch höhere Chancen, gut zu verdienen und seine Familie zu versorgen, während einst angesehene Akademiker und Lehrer plötzlich gezwungen waren, auf dem Markt Büstenhalter und Plastikgeschirr aus China zu verkaufen, weil der Staat ihnen kein Gehalt mehr zahlte.

Es wäre übertrieben zu behaupten, nur in Russland gäbe es einen Kult um brutale Männlichkeit. Aber anderswo beschränkt sich ihre Popularität weitgehend auf Subkulturen – auf den Gangsta-Rap, Motorrad-Klubs, die Fans von Mixed Martial Arts. In Russland aber gehört die Verehrung der Gewalt seit den 1990er Jahren zur Leitkultur. Wladimir Putin nahm lange Zeit sogar die Rolle eines Patrons dieser Kultur ein. Er zeigte sich mit der Motorrad-Gang «Nachtwölfe» und nahm gefallene Stars der Szene aus dem Westen mit offenen Armen auf, wenn sie in ihren Heimatländern in Schwierigkeiten geraten waren. Der Actionstar Steven Seagal fand in der russischen Führung Abnehmer für seine schwindende Prominenz. Mal trat er mit Putin auf, mal mit dem Tschetschenen-Herrscher Ramsan Kadyrow, mal wurde er auf Waffenmessen als lebendes Maskottchen für die Waffenschmiede Kalaschnikow vorgeführt. Der US-Schauspieler Mickey Rourke besuchte wenige Wochen nach der Krim-Annexion Moskau und streifte sich im Kaufhaus Gum vor Kameras ein Putin-T-Shirt über. Jeff Monson, ein Star der amerikanischen Mixed-Martial-Arts-Szene (MMA), tauschte 2018 die US-Staatsbürgerschaft gegen die russische ein und ließ sich gleich als Kandidat für die Kreml-Partei Einiges Russland aufstellen. Schon vorher war er zur Sowjethymne in den Ring gestiegen, jetzt setzte er noch einen drauf und ließ die Hymne der sogenannten «Volksrepublik Donezk» spielen: «Erhebe dich,

Вы брутальный мужчина?
steelrage.supershtuchka.ru
Без браслета Steel Rage это не так!
Роскошный браслет для сильных мужчин.
Скидка 50%

«Sind Sie ein brutaler Mann? Nicht ohne ein Armband von Steel Rage! Das luxuriöse Armband für starke Männer. 50 % Rabatt».

Donbass!» Während in den vergangenen Jahrzehnten Zigtausende Akademiker Russland verließen, übte Putins Reich auf Kampfsportler und alternde Schauspieler offenbar große Anziehungskraft aus. Putin begrüßte sie alle persönlich – ein Triumph für die Propaganda: Die Stars aus dem Westen wählen die wahre Freiheit in Russland! Auch wenn es nur die Freiheit von der Steuer war, wie etwa im Fall des französischen Schauspielers Gérard Depardieu. Seagal, Rourke, Monson oder Depardieu – ihnen allen ist etwas gemeinsam: Sie kommen aus einfachen Verhältnissen, hatten oft keine leichte Kindheit und sind hin und wieder mit dem Gesetz in Konflikt geraten. Sie haben sich teilweise buchstäblich hochgeboxt, sind alkoholbedingt gestrauchelt, aber immer wieder aufgestanden. Underdogs, die mit der Haltung durchs Leben gehen: Ich lebe nach meinen eigenen Regeln. Ihr Outlaw-Image passte zu einem Regime, das immer weniger bereit war, sich international vereinbarten Regeln unterzuordnen.

In einer feindlichen Umgebung sind brutale Männer möglicherweise eine nachvollziehbare Wahl. Allerdings hat das auch eine Kehrseite: Aggressive Menschen legen ihr aggressives Naturell nicht einfach ab, wenn sie die heimische Türschwelle übertreten. Viele Frauen, die Hilfe bei nasiliu.net suchen, hatten sich einen brutalen Mann gesucht in der Hoffnung, er werde sie gegen die feindliche Welt beschützen. Stattdessen wendete sich seine Aggression bald gegen Frau und Kinder. In der Arbeit mit Prostituierten sei ihr aufgefallen, wie sehr die Umstände, unter denen die Frauen aufgewachsen waren, ihre Einstellung prägten, sagt Anna Riwina. «Viele haben Inzest und Gewalt in ihren Familien erlebt. Die sagen sich: ‹Ich werde sowieso geschlagen und vergewaltigt. Als Prostituierte bekomme ich wenigstens Geld dafür.›» In der Staniza Kuschtschowskaja gab es Mädchen, die gingen mit den Männern aus der Brigade und wurden ihre Geliebten. Sich einem Aggressor anzuschließen, war ein Weg, sich vor willkürlichen Übergriffen zu schützen. «Sie haben gehofft, wenn sie sich Mühe geben und alles tun, was die Männer verlangen, dann geht es ihnen besser als denen, die sie nur einmal benutzt und dann weggeworfen haben», erklärt Riwina. Mädchen, die von den Männern der Bande einfach geraubt und missbraucht wurden, wurden zu Ausgestoßenen. Mädchen, die offiziell mit einem aus der Bande zusammen waren, verbesserten ihren Status und ernteten Respekt. Zumindest so lange, bis er des Mädchens überdrüssig wurde und sie für die anderen in der Bande freigab.

Anna Riwina glaubt, dass die Propaganda sogenannter «traditioneller Werte» Teil einer langfristigen Vorbereitung auf den Krieg war. «Und leider hatten sie damit Erfolg. Die Frauen sind auf diese konservativen Werte hereingefallen. Dass sie sich nirgends einmischen sollten, dass es das Wichtigste ist, eine gute Ehefrau zu sein, dass man Kinder gebären muss und keine Fragen stellen sollte. Das ist für den Staat sehr bequem. Er braucht Massen von kontrollierbaren, nicht sehr gebildeten Männern, die bereit sind, in den Krieg zu ziehen und keine Fragen stellen, solange der Staat sie bezahlt. Und er braucht Frauen, die auch keine Forderungen stellen, weiter Kinder gebären und bereit sind, alles zu ertragen, was man ihnen antut.»

Der Staat hat die Abhängigkeit der Frauen von den Männern gefördert. Und viele Familien wiederum sind abhängig vom Staat: Offiziellen Angaben zufolge lebte im Jahr 2022 ein Drittel der Bevölkerung von der Rente oder anderen Leistungen des Staates. Etwa jeder vierte Erwerbstätige erhält sein Gehalt vom Staat als Beamter oder Angestellter eines staatlichen Unternehmens.[58] Als Erbe der sowjetischen Industriepolitik gibt es bis heute im ganzen Land mehr als 300 sogenannte Monostädte, also Städte, die zusammen mit einem Unternehmen geplant wurden und deren Schicksal daher komplett von diesem Unternehmen abhängt, das heute entweder in staatlichem Besitz ist oder im Besitz Putin-treuer Geschäftsleute. Eine abhängige Frau widerspricht nicht, wenn sie nicht einverstanden ist. Eine abhängige Frau verlässt ihren Mann nicht, sie hat nie die Erfahrung gemacht, dass sie allein zurechtkommt. Eine abhängige Frau wehrt sich nicht, wenn ihr Mann sie schlägt. Das Verhältnis der Menschen zum russischen Staat folgt ähnlichen Mustern.

Im Kreislauf von Armut und Abhängigkeit spielen staatliche Prämien eine zentrale Rolle: 2007 hat Wladimir Putin das sogenannte Mutterschaftskapital eingeführt, mit dem erklärten Ziel, die Geburtenrate anzuheben. Die Verwendung des Geldes ist reguliert, am häufigsten wird das Mutterschaftskapital aber zum Erwerb von Immobilien eingesetzt: Junge Familien brauchen Wohnungen. Wohnungen werden in Russland in der Regel nicht gemietet, sondern gekauft. Natürlich genügen die umgerechnet etwa 7300 Euro bei Weitem nicht, um eine Wohnung zu bezahlen. Aber sie werden als Startkapital akzeptiert, um eine Hypothek aufzunehmen.

Das Programm zum Mutterkapital hat seine Wirkung nicht verfehlt und einen regelrechten Baby-Boom ausgelöst. Die Geburtenrate schnellte um mehr als ein Viertel in die Höhe (28 Prozent) – von weniger als 1,5 Millionen Geburten im Jahr 2006 auf mehr als 1,9 Millionen im Jahr 2014. In den ersten zehn Jahren nach Einführung des Programms (2007–2016) wurden fast 4,6 Millionen Kinder mehr geboren als in den zehn Jahren zuvor (1997–2006).[59] Parallel stieg die Vergabe von Immobilienkrediten. Zwischen 2009 und 2020 wurden in Russland mehr als 10 Millionen Hypothekendarlehen vergeben, damit lebt jede fünfte Familie in Russland unter der Last einer Hypothek.[60] Dazu kommen oft leicht verfügbare Verbraucherkredite, die vom Staat nur lasch reguliert sind. Die Verschuldung hat direkte Auswirkungen auf das zivilgesellschaftliche Engagement. Oft habe ich in Gesprächen das Argument gehört: Wir können es uns nicht leisten zu protestieren, wir fürchten Probleme auf der Arbeit und wenn wir unsere Raten nicht mehr bedienen können, verlieren wir unsere Wohnung. Verschuldete verlieren auch ihre Reisefreiheit. Grenzschutzbeamte des FSB können Bürgern die Ausreise verwehren, wenn sie offene Schulden haben.

Neben Pensionären, Beamten und Angestellten staatlicher Betriebe, die traditionell zu den gehorsamsten Unterstützern des Regimes gehören, hat die Regierung mit dem Mutterschaftsgeld eine weitere Gruppe geschaffen, die von den Almosen des Staates abhängt. Für viele der wirklich Armen war die Geburt eines Kindes lange Zeit die einzige realistische Möglichkeit, einmal an eine größere Summe zu kommen und damit die Lebensumstände zumindest zeitweise zu verbessern. Seit 2022 der Sold für Soldaten auf das Dreifache des Durchschnittsgehalts angehoben wurde und der Präsident zusätzlich zu den bestehenden Zahlungen eine weitere Entschädigung in Höhe von umgerechnet 50 000 Euro für jeden Gefallenen einführte, ist der Krieg nun eine weitere. Geburt und Tod für das Vaterland sind für die Masse der Menschen damit die am einfachsten zugänglichen Verdienstmöglichkeiten.[61]

Die Frauen, die dem Staat und seinen Versprechen vertrauten, seien jetzt die Betrogenen, sagt Anna Riwina. Nicht Frauen, die ihr eigenes Geld verdienen und das Land verlassen können, so wie sie selbst es getan hat, wenn auch erzwungenermaßen. Sondern diejenigen, die sich darauf verlassen haben, dass alles gut wird, wenn sie heiraten, Kinder kriegen und sich anpassen. Diesen Frauen nimmt der Staat jetzt die Männer weg und lässt sie mit den Kindern zurück, allein und ohne Arbeit. «Die Armen und Ungebildeten, die glauben, was ihnen der Fernseher erzählt, die dem Einberufungsbefehl folgen und in den Krieg ziehen, die wurden am schlimmsten betrogen. Der Staat behandelt sie fürchterlich.»

Trotzdem halten sie zu ihm. Hilfsorganisationen erleben Ähnliches in der Arbeit mit Betroffenen: Ein gewalttätiger Mann tyrannisiert seine Familie, schlägt seine Frau und demütigt seine Kinder. Aber sobald die Polizei vor der Tür steht, stellt sich die Familie hinter den Tyrannen und verteidigt ihn. Menschen in einer so abhängigen Position hätten große Angst vor Veränderungen, erklärt Anna Riwina. Der Tyrann mag ein Tyrann sein, aber immerhin ein vertrauter. Das Zuhause ist die Hölle, aber wenigstens kennen die Betroffenen sich dort aus. Plötzlich erinnern sie sich wieder daran, dass der Tyrann ja auch Gutes getan hat. In der Erzählung der staatlichen Propaganda erscheint Wladimir Putin als strahlender Retter, der das Land aus dem Chaos der 1990er Jahre herausgeführt hat. Dass der gewachsene Wohlstand ein Ergebnis gestiegener Energiepreise war, durchschauen wenige. Alles Gute wird dem Führer zugeschrieben.

Alles, was schlecht läuft, daran sind andere Leute schuld – die Minister, die Gouverneure, faule Beamte und gierige Oligarchen. Nicht zuletzt der Westen und seine fünfte Kolonne im Land, die demokratische Opposition.

Wer ganz und gar abhängig ist, beginne zu glauben, dass alles, was der Gebieter tut, richtig ist, erklärt Riwina. Und wenn er jemanden schlecht behandelt, dann hat er wahrscheinlich einen Grund dafür: «Wenn Menschen keine Stimme haben, keinen Respekt vor sich selbst, keine Möglichkeit, ihre Rechte geltend zu machen, dann sehen sie die Welt mit den Augen dieses Schänders. Denn es ist viel einfacher, sich dem Willen des Stärkeren zu beugen, als sich zu wehren.» Das gelte auch für das Umfeld: Oft relativierten Freunde, Nachbarn oder Kollegen die Zustände, «weil es so viel einfacher ist, eine Erklärung für das zu finden, was passiert, als eine Frau in Not zu verteidigen und sich die unangenehme Frage zu stellen, warum man ihr nicht früher geholfen hat?»

Seit Wladimir Putin im Januar 2000 in den Kreml einzog, haben Politiker, Publizistinnen und Wirtschaftsvertreter im Westen stets Argumente gefunden, die Gewalt, die systematische Zerstörung demokratischer Institutionen und die Unterdrückung der Zivilgesellschaft zu entschuldigen: Der Krieg in Tschetschenien – eine innere Angelegenheit! Die Inhaftierung von Michail Chodorkowskij – der hatte ja auch keine saubere Weste! Die Ermordung von Anna Politkowskaja – es gibt keine Beweise! Der Krieg in Georgien – der Heißsporn Michail Saakaschwili hat provoziert! Der Abschuss von MH17 – russische Untersuchungen wurden nicht berücksichtigt! Der Giftanschlag auf Alexej Nawalny – vielleicht war er's selbst? Die Liste könnte unendlich fortgesetzt werden. Spätestens seit der Krim-Annexion kann die Aggression nicht mehr als innere Angelegenheit übersehen werden, trotzdem wird bis heute weiter beschwichtigt und um Verständnis für den Aggressor geworben: Es gab doch ein Referendum auf der Krim! Wurde Russland nicht von der Nato umzingelt? Sollten die Ukrainer nicht besser ihren Widerstand aufgeben, um weitere Opfer zu vermeiden? Dabei greifen oft Beschwichtigung und Panikmache ineinander. Erst wird gesagt, der Aggressor sei kein Aggressor, er sei nur provoziert und in die Ecke gedrängt worden. Und im nächsten Moment heißt es, der Aggressor sei unendlich mächtig und bereit zum Äußersten, so dass Widerstand keinen Zweck hat.

Gegengewalt

Für Krestina, Angelina und Marie Chatschaturjan war der einzige Weg, sich aus diesem Zirkel von Angst und Abhängigkeit zu befreien, eine Gewalttat. Gibt es ein Recht auf Notwehr gegen einen übermächtigen Peiniger? Das deutsche Strafrecht behandelt solche Fälle unter dem Begriff «entschuldigender Notstand»: «Wer in einer gegenwärtigen, nicht anders abwendbaren Gefahr für Leben, Leib oder Freiheit eine rechtswidrige Tat begeht, um die Gefahr von sich, einem Angehörigen oder einer anderen ihm nahestehenden Person abzuwenden, handelt ohne Schuld», heißt es in Paragraf 35 Absatz 1 StGB. 2003 hob der Bundesgerichtshof ein Urteil in einem Fall auf, der Parallelen zu dem der Familie Chatschaturjan aufweist: Das Landgericht Hechingen hatte eine Frau wegen heimtückischen Mordes verurteilt, weil sie ihren schlafenden Ehemann erschossen hatte. Das Gericht hätte berücksichtigen müssen, dass die Frau über lange Zeit von ihrem Mann brutal geschlagen und misshandelt worden war, monierte der Bundesgerichtshof. Eine Freiheit von Schuld nach Paragraf 35 Absatz 1 hätte geprüft werden müssen.[62]

Die russische Justiz hat auch sechs Jahre nach der Tat noch keine endgültige Antwort gefunden. 2019 hatte die Staatsanwaltschaft Ermittlungen wegen Quälerei und sexuellen Missbrauchs gegen den Vater eingeleitet. Das russische Strafrecht lässt auch Verfahren gegen Tote zu, wenn deren Schuld oder Unschuld für ein anderes Verfahren relevant ist. Voraussetzung ist allerdings, dass die nächsten Verwandten zustimmen. Michails Schwestern lehnten ab. Nachdem die Generalstaatsanwaltschaft ein Jahr später Anklage gegen Krestina, Angelina und Maria Chatschaturjan erhoben hatte, brauchte das Gericht ein ganzes Jahr, um Geschworene zu finden. Dann musste der Prozessbeginn verschoben werden, weil die Nebenklägerinnen – Michail Chatschaturjans Schwestern – an Corona erkrankt waren. Nach ihrer Genesung entschieden sie sich, doch einem Verfahren gegen den Getöteten zuzustimmen, mit dem Ziel, ihn zu rehabilitieren. Also mussten alle Akten aus dem Gericht wieder zurück an die Ermittler übergeben werden. Bis dieser Fall entschieden ist, geht es im Verfahren gegen die drei Schwestern nicht weiter.

Krestina, Angelina und Maria wurden zwei Monate nach ihrer Verhaftung unter strengen Auflagen aus der Untersuchungshaft entlassen: Sie dürfen sich nicht sehen, nicht miteinander sprechen und das Internet nicht benutzen. So leben die bis dahin unzertrennlichen drei Schwestern seit nunmehr über fünf Jahren; Maria, die Jüngste, bei ihrer Mutter, Krestina und Angelina bei Verwandten. Als im Frühjahr 2021 ihre Großmutter an Corona starb – die Mutter von Aurelia – konnten die Schwestern nicht zur Beerdigung gehen. Jede hat das Grab allein besucht.[63]

Der Tyrannenmord berührt noch ein weiteres Thema: Indem die Menschen in den Talkshows, im Internet, in Betrieben und in Familien darüber streiten, ob man Verständnis für die drei Schwestern aufbringen darf, verhandeln sie nebenbei eine grundsätzliche Frage der Ethik: Was wiegt schwerer, die Werte der Familie, das Tötungsverbot oder die körperliche Unversehrtheit und die Menschenwürde der Töchter? Indirekt diskutiert die Gesellschaft damit auch über sich selbst und den Staat, der sich zu seinen Bürgern verhält wie ein gewalttätiger Haustyrann, Menschen gängelt und quält – und im Gegenzug wenig zu bieten hat außer der Erzählung von der eigenen Größe und von seiner ihm durch Gott oder die Tradition gegebenen Rolle. Sich gegen den Vater zu wenden ist ein Tabu, denn das zerstört die heilige Familie. Analog drohen Kreml-treue Politiker, Propagandisten und Fake-Experten im Fernsehen, ohne Putin würde Russland auseinanderfallen. Wjatscheslaw Wolodin, damals noch stellvertretender Leiter der Präsidialverwaltung und als solcher im Kreml zuständig für die Innenpolitik, brachte diesen Glaubenssatz im Oktober 2014 auf die knappe Formel: «Solange es Putin gibt, gibt es Russland. Ohne Putin kein Russland.» So wird Kritik am Präsidenten zum Vaterlandsverrat.

Manche sagen, der Staat kann nicht zulassen, dass die Schwestern nicht bestraft werden. Sie freizulassen hieße einzugestehen, dass Menschen ein Recht haben, sich gegen Unterdrückung und Erniedrigung aufzulehnen.

Die demokratische Opposition hat Gewalt als Mittel des Kampfes immer abgelehnt. Alexej Nawalnys Waffe war es, die Staatsmacht zu entlarven und der Lächerlichkeit preiszugeben. Seine Stiftung zur Korruptionsbekämpfung deckt auf, wie Politiker und Beamte sich bereichern und damit der Allgemeinheit schaden. Seine Waffe ist der Spott über die Gier der Mächtigen und über ihre Heuchelei: Wenn die Menschen über den Tyrannen lachen, verlieren sie ihre Angst, und wenn sie ihre Angst verlieren, verliert er seine Macht. Das war das Kalkül. Seit dem Protestwinter 2011/2012 befanden sich der Kreml und Nawalny in einem Wettlauf, in dem die eine Seite versuchte, den Menschen die Angst zu nehmen und ihnen Vertrauen in die eigene Macht zu vermitteln. Und die andere Seite gab sich alle Mühe, die endemische Angst wach zu halten und aufzufrischen, die den Menschen seit Generationen in den Knochen sitzt – durch Drohungen und Attacken gedungener Schläger, durch Festnahmen und Durchsuchungen, durch immer schärfere Gesetze, durch Strafprozesse und hohe Haftstrafen gegen ausgewählte Kritiker. In der Logik dieses Wettlaufs hatte Nawalny gar keine andere Wahl, als im Januar 2021 nach Moskau zurückzukehren. Im Exil zu bleiben hätte bedeutet, vor der Angst zu kapitulieren.

Tyrannenmord ist klassischerweise heimtückisch. Damos verbirgt in Schillers Ballade «den Dolch im Gewande», als er kommt, um Dionysios zu töten, den Tyrannen von Syrakus. Der Tyrann kann nur mit Heimtücke besiegt werden, denn das macht ihn ja überhaupt erst zum Tyrannen; dass er eine Begegnung mit seinem Volk auf Augenhöhe ausschließt und Konkurrenten ausschaltet. Mit einem Tyrannen kann es keinen ritterlichen Kampf geben. Das Wesen der Tyrannei besteht ja gerade in einem ungleichen Verhältnis zwischen einem allmächtigen Herrscher und seinen machtlosen Untertanen. Er kann sie jeden Moment erniedrigen oder zerstören. Sie sind ihm ausgeliefert und können ihm nichts anhaben. Wer sich trotzdem wehrt, kämpft nicht nur gegen einen mächtigen Gegner, er hat gleichzeitig die herrschende Gesellschaftsordnung gegen sich.

Oft haben mir Menschen in Russland gesagt, die Erfahrungen von Oktoberrevolution und Bürgerkrieg hätten ihre Landsleute so sehr geprägt, dass sie eine gewaltsame Auseinandersetzung mit der Staatsgewalt scheuten und nichts mehr fürchteten als einen Umsturz und das darauf folgende Chaos. Allerdings haben die Ukrainer den Bürgerkrieg ebenfalls in aller Grausamkeit erlebt und trotzdem die Frage nach dem Recht auf Selbstverteidigung gegen staatliche Gewalt anders beantwortet. Als der ukrainische Präsident Viktor Janukowitsch im November 2013 auf Druck Putins das lange vorbereitete Assoziierungsabkommen mit der Europäischen Union nicht unterschrieb, protestierten zunächst nur einige Hundert Studenten. Aber sie ließen sich von der Polizei nicht vertreiben. Je brutaler das Vorgehen der Berkut-Sondereinheiten wurde, desto mehr Bürgerinnen und Bürger kamen auf den Maidan und schlossen sich dem Protest an. Die Bewegung wuchs, und irgendwann wehrten sich die Menschen auch mit Gewalt. Als im Februar 2014 schließlich Scharfschützen in die Menge schossen, war es der Präsident, der am nächsten Tag die Flucht ergriff, nicht das Volk. Aus gutem Grund betonen Putin und seine Propagandisten bei jeder Gelegenheit, dass es sich bei der Maidan-Revolution um einen Putsch gehandelt habe, einen illegalen, bewaffneten Staatsstreich. Einen Tyrannen abzuschütteln muss ein Tabu bleiben.

Dass sich die Demonstranten vom Puschkin-Platz in Moskau in Gefangenentransportern stecken und in die Arrestzellen fahren ließen, während die Demonstranten auf dem Kyjwer Kreschtschatik kämpften, lässt sich nicht einfach mit einem unterschiedlichen Nationalcharakter von Russen und Ukrainern erklären. Beide Völker haben zwar ähnliche traumatische Erfahrungen mit Bürgerkrieg und stalinistischem Terror gemacht. Allerdings fügten sich der Vormarsch der Bolschewiki, der absichtlich herbeigeführte Hungertod von Millionen, Erschießungen und Deportationen im ukrainischen Gedächtnis ein in die Erzählung von der jahrhundertelangen Unterdrückung durch das Russische Imperium. Der Feind kam nicht aus der eigenen Mitte. Soweit zumindest die verbreitete Lesart. Dass nicht wenige Bolschewiki und sowjetische Parteifunktionäre ukrainischer Herkunft waren, wird dabei gern unterschlagen. Im Volk ist die Erinnerung an eine lange Tradition von Widerstand gegen diesen Aggressor lebendig. Einen gewalttätigen Nachbarn abzuwehren ist etwas anderes, als sich gegen ein gewalttätiges Mitglied der eigenen Familie wehren zu müssen.

Dazu kommt, dass die Ukrainer trotz der Korruption und der Verfolgung von Regierungskritikern, die es auch in ihrem Land gab, seit ihrer Unabhängigkeit 1991 mehrfach die Erfahrung machen konnten, dass sie als Bürger etwas bewirken können. Das sichtbarste Beispiel war die orangefarbene Revolution 2004: Mit Protesten gegen Fälschungen bei der Präsidentschaftswahl erzwangen die Demonstranten eine Wiederholung der Stichwahl und der Kandidat Wiktor Juschtschenko siegte über den von Moskau unterstützten Wiktor Janukowitsch. Dass die Menschen bald enttäuscht waren von Juschtschenko und 2010 doch Janukowitsch wählten, war eine weitere Erfahrung, als Volk selbst entscheiden zu können. Fehlentscheidungen eingeschlossen, sie können ja bei nächster Gelegenheit korrigiert werden. In Russland gab es nach der ersten Wahl von Boris Jelzin 1991 keine freie Wahl mehr und keinen vom Volk herbeigeführten Wechsel in der politischen Führung.

Die Wahlen sind aber nur ein Faktor. Die ukrainische Zivilgesellschaft konnte über Jahre die Erfahrung machen, dass sie trotz Widerstands vonseiten des Staates auf kommunaler, regionaler und nationaler Ebene mitreden kann und nach und nach die Macht alter Seilschaften nachließ. Bürgerinnen und Bürger schlossen sich zusammen, um gegen Korruption zu kämpfen, für eine bessere Gesundheitsversorgung, für Minderheitenrechte. Sie machten den Staat ganz wörtlich zu ihrer eigenen Sache. Die Maidan-Revolution 2014 gab solchen Initiativen noch einmal Auftrieb. Während Wladimir Putin Nichtregierungsorganisationen als Bedrohung des Staates verdammt, wurde die Zivilgesellschaft in der Ukraine zu der wichtigsten Stütze für dessen Stabilität. Ohne diesen Zusammenhalt hätte das Land den Krieg wohl schon lange verloren und der ukrainische Staat wäre vielleicht schon Geschichte.

Anders als für die Ukrainer und anders als für die Schwestern Chatschaturjan kam für die Mehrheit der Russen nicht in Frage, notfalls zum letzten Mittel zu greifen, um sich zu wehren. Aus Prinzip oder aus Angst oder aus einer Mischung von beidem. Protest fiel stets nach der nächsten Repressionswelle in sich zusammen. Nach den Bolotnaja-Prozessen, nach den von Alexej Nawalny initiierten landesweiten Demonstrationen gegen Korruption, nach den harten Urteilen gegen Kriegsgegner im Frühjahr 2022. Es genügte, einige Beteiligte ins Lager zu schicken, andere gingen ins Exil, andere in die innere Emigration. Jedes Mal dauerte es, bis sich neue Netzwerke gebildet hatten.

Menschen wie Tiere kennen im Wesentlichen zwei Reaktionsmöglichkeiten auf Bedrohung: Kampf oder Flucht. Wenn der Angreifer eindeutig überlegen ist und Flucht nicht möglich, erstarren gejagte Tiere oder stellen sich tot in der Hoffnung, übersehen zu werden. Der Mediziner und Biochemiker Hans Selye legte in den 1930er Jahren die Grundlagen der Stressforschung. Selye wies nach, dass Menschen, die dauerhaft bedrohlichen Belastungen ausgesetzt sind, nicht nur psychische, sondern auch körperliche Schäden davontragen. Sie sind ängstlich, reizbar, unsicher und aggressiv. Der andauernde Stress verzerrt ihre Wahrnehmung und stört ihr Denken. Wenige Tage nach dem russischen Überfall auf die Ukraine führte die Journalisten Katerina Gordejewa für ihren YouTube-Kanal eines ihrer langen Interviews mit dem über 70-jährigen Psychologen und Publizisten Alexander Asmolow. Asmolow ist Dekan der psychologischen Fakultät an der Moskauer Lomonossow-Universität, von 2018 bis 2022 war er Mitglied im Rat für Menschenrechte beim russischen Präsidenten. Als er im Gespräch mit Gordejewa versuchte, eine Erklärung für die Reaktion der Gesellschaft auf den

Krieg zu geben, war dem schwer kranken Forscher anzumerken, wie sehr ihn die Entwicklung selbst mitnahm:

> «Wenn den Menschen in Russland vorgeworfen wird, sie seien Feiglinge, dann ist das vielleicht nach den Kategorien eines Menschen, der im Ausland in Sicherheit ist, richtig. Die Menschen fallen in die Depression. Und Depression ist ein Zeichen von Protest. Ein Zeichen davon, dass ich nicht einverstanden bin mit dem, was um mich herum passiert. Aber ich bin hilflos, ich kann nichts tun, ich weiß nicht, was ich tun könnte. Dass die Nachfrage nach Psychopharmaka steigt, dass Angsterkrankungen und Psychosen zunehmen, das sind klare Hinweise auf Widerstand auf der persönlichen Ebene. Nein, sie gehen nicht auf die Straße, nicht jeder geht auf die Barrikaden. Bürgerlicher Heldenmut ist viel schwerer als soldatischer Heldenmut. Der soldatische Heldenmut ist normativ – wenn Du als Held aus der Schlacht kommst, jubeln dir alle zu. Ein zivilgesellschaftlicher Held steht allein gegen alle. Schreiben Sie dieses Land nicht ab. Schreiben sie dieses Land nicht ab, vor allem in einer Situation der Ungewissheit.»[64]

Vergeltung

Seit 70 Jahren führen wir Krieg
Wir haben gelernt: Das Leben ist ein Kampf
Aber nach neusten Erkenntnissen unserer Aufklärung
Haben wir die ganze Zeit nur gegen uns selbst gekämpft.

Ringsum brennen die Fackeln
Die Gefallenen sammeln ihre Truppen
Und die Leute, die auf unsere Väter geschossen haben
Schmieden schon Pläne für unsere Kinder

Boris Grebenschtschikow, Gruppe «Aquarium»:
«Dieser Zug steht in Flammen» 1988

Die Namen der Täter

Denis Karagodin hat eine ganz gewöhnliche Familiengeschichte: Sein Urgroßvater wurde vom NKWD erschossen.

Tatort ist die Stadt Tomsk in Sibirien. Hierhin verbannten die Zaren den Anarchisten Michail Bakunin und Tausende andere, die aus dem politischen und gesellschaftlichen Leben der Hauptstadt Sankt Petersburg entfernt werden sollten. Nach der Revolution folgten die Bolschewiki ihrem Vorbild: Viele der Revolutionäre hatten selbst Jahre in Straflagern und in der Verbannung verbracht, jetzt waren sie an der Reihe, ihre Gegner zu beseitigen – oder Personen, die sie für solche hielten. In Tomsk leben heute 500 000 Menschen. Eine halbe Million Enkel und Urenkel von Verbannten, Eingesperrten, Erschossenen. Von Frauen und Kindern, deren Männer, Väter oder Mütter über Nacht verschwunden waren, von Familien, in denen über die Verschwundenen nur flüsternd gesprochen wurde. Frau, Kind oder Bruder eines Volksverräters zu sein, konnte lebensgefährlich sein. Wenn die Geheimpolizei neue Befehle zur Beseitigung antisowjetischer Elemente bekam, geriet man leicht als erster auf ihre Liste. In Tomsk leben aber auch Enkel und Urenkel von Gefängniswärtern, Lagerkommandanten und Mitgliedern von Erschießungskommandos. Die schöne Stadt Tomsk mit den verschneiten Holzhäusern aus dem 19. Jahrhundert und ihrer modernen Universität ist in dieser Hinsicht eine gewöhnliche russische Stadt.

Unter den Verbrechen, die in diesem Buch geschildert werden, ist dieses eine Ausnahme: Der Mord an Stepan Karagodin liegt mehr als 85 Jahre zurück. Am 21. Januar 1938 tötete ein Erschießungskommando des NKWD den Vater von sieben Kindern.[65] Die Geheimpolizei von Tomsk hatte den 46-Jährigen unter dem Vorwand verhaftet, er sei Teil einer Verschwörung des japanischen Geheimdienstes. Sie folgte dabei dem NKWD-Befehl Nummer 00447 «Über die Operation zur Repression ehemaliger Kulaken, Krimineller und anderer antisowjetischer Elemente». Das Volkskommissariat für Inneres der UdSSR hatte am 30. Juli 1937 angeordnet, insgesamt 233 700 Menschen zu verhaften. 59 200 von ihnen sollten erschossen werden. So hatten es die Bürokraten des Terrors in Moskau vorgesehen. Dabei waren sie so penibel, dass sie für jedes einzelne Gebiet des Landes eigene Quoten festlegten, wie viele Menschen zu erschießen seien und wie viele in Lager gesperrt werden sollten. Aber ihre Kollegen vor Ort waren übereifrig bei der Sache, so dass bei der «Kulakenoperation» zwischen August 1937 bis November 1938 insgesamt mehr als 800 000 Personen verhaftet wurden. Fast jeder Zweite wurde erschossen, die anderen landeten im Gulag.

Die Tat ist also lange her, aber die Nachwirkungen beginnen eigentlich erst im Frühjahr 2012 sich so richtig zu entfalten, als Denis Karagodin auf die Idee kommt, seine persönlichen Unterlagen zu digitalisieren. Der Student hat einen Hang zu Technik und er geht gern systematisch an die Dinge heran. Zwischen den Unterlagen der Eltern findet er den Bescheid über die Rehabilitierung seines Urgroßvaters: Ein vergilbter Zettel, auf den mit Schreibmaschine zwei nüchterne Sätze getippt sind: «Der Fall Stepan Iwanowitsch Karagodin wurde am 5. November 1955 vom Militärkollegium des Obersten Gerichtshofs der UdSSR geprüft. Die Entscheidung des NKWD der UdSSR vom 3. Januar 1938 in Bezug auf S. I. Karagodin wurde aufgehoben und das Verfahren mangels Vorliegen eines Verbrechens eingestellt.» Hunderttausende solcher Bescheinigungen wurden nach Stalins Tod ausgestellt. Jetzt hatten die Angehörigen es immerhin Schwarz auf Weiß: Ihr Vater, ihre Mutter, ihre Schwester, ihr Bruder oder Sohn war unschuldig.

Darüber, wer schuldig war an ihrem Tod – kein Wort.

Als Gorbatschow die ersten Archive öffnete und die Menschen in der Sowjetunion nach und nach ihre Sprache wiederfanden, da mussten sie erst einmal das Ausmaß des Grauens begreifen. Menschen, die viele Jahre als politische Häftlinge in Lagern verbracht hatten, gründeten mit Angehörigen und anderen Interessierten Memorial-Gruppen. Sie wollten die Verbrechen des Staates dokumentieren und das Andenken der Opfer bewahren. Ihre Organisation trägt die Erinnerung im Namen, nicht die Vergeltung. Jedes Jahr Ende Oktober veranstaltet Memorial am Gedenktag für die Opfer politischer Verfolgung die «Rückgabe der Namen»: Im ganzen Land verlesen Bürgerinnen und Bürger auf zentralen Plätzen ihrer Städte die Namen der Opfer des staatlichen Terrors. Es die größte regelmäßig stattfindende Massenveranstaltung in Russland, die nicht vom Staat organisiert wird und bisher noch nicht gänzlich von ihm unterbunden werden konnte. Wer einmal erlebt hat, wie die Menschen vor der Geheimdienstzentrale am Lubjanka-Platz in Moskau Schlange stehen, um die Namen ihrer Verwandten vorzulesen, eine Schlange, die vom Morgengrauen bis in die Nacht nicht kürzer wird, der bekommt einen Eindruck davon, welche Spuren der staatliche Terror in der Gesellschaft hinterlassen hat.

Denis Karagodin will nicht erinnern. Er will anklagen. Mit dem vergilbten Zettel in der Hand betritt er einige Wochen später die Zentrale des Geheimdienstes FSB in Tomsk und sagt: «Es ist ein Mord geschehen.» Er klagt nicht einen einzelnen Tyrannen an, nicht das «System» als Abstraktum, nicht metaphorisch, sondern ganz konkret jeden einzelnen, der sich als Mittäterin oder

Der Bauer Stepan Karagodin, 1881 im Amurgebiet geboren, nach Sibirien verbannt, am 21. Januar 1938 als «japanischer Spion» vom NKWD erschossen.

Mittäter, als Anstifterin oder Anstifter am Tod seines Urgroßvaters schuldig gemacht hat. Sollen die Gerichte feststellen, dass die Angeklagten längst tot sind. Aber erst muss ermittelt und Anklage erhoben werden. Mord verjährt nicht. Karagodin fordert die Herausgabe der Akten über seinen Urgroßvater aus dem Archiv. Dort müssen auch die Namen der Täter stehen, der wahren Täter, also derjenigen, die Stepan Karagodin unschuldig zum Tode verurteilt und hingerichtet haben. Der FSB soll dabei mitwirken, ein Verbrechen aufzuklären, das seine Vorgängerorganisation begangen hat, und in deren Tradition er sich nach wie vor stellt. Eines von Millionen Verbrechen, begangen durch NKWD und KGB. Keines davon je gesühnt.

Aber auf den Kopien, die Denis Karagodin vom FSB in Tomsk bekommt, sind die Namen der Beteiligten geschwärzt. 75 Jahre nach der Tat sollen die Täter noch immer geschützt werden vor dem Urteil der Öffentlichkeit. Auch wenn sie längst tot sind. Und die Angehörigen der Opfer schweigen seit drei Generationen aus Angst. Den Staat zu kritisieren, das Handeln seiner Organe infrage zu stellen, kann gefährlich sein. Es ist, als würde ein Schweigegelübde Täter und Opfer aneinanderketten. Denis Karagodin tut einfach so, als gebe es dieses Tabu nicht: Wo ein Verbrechen geschehen ist, muss ermittelt werden. Ein Gedanke, der einfach ist und naheliegend und doch unerhört.

Vor einigen Jahren hat Memorial eine Datenbank mit mehr als 40 000 Mitarbeitern der Geheimpolizei NKWD ins Internet gestellt, die der Historiker Andrej Schukow über 15 Jahre zusammengetragen hatte. Unter nkvd.memo.ru kann das Archiv nach Namen, Orten, Dienstgrad durchsucht werden. Aber um die Namen mit einer konkreten Tat in Verbindung zu bringen, braucht es immer noch den Gang in die Archive. Nur wenige haben das Wissen und die Ausdauer, um sich dort durchzubeißen. Denis Karagodin ist der erste, der es öffentlich tut. Er kann sich schlecht damit abfinden, eine Sache nicht zu Ende zu bringen. Dass die Nachfolger der Täter ihn mit ein paar geschwärzten Dokumenten abwimmeln wollen, provoziert seinen Ehrgeiz. Ohne sich darüber im Klaren zu sein, beginnt er ein Projekt, das bald landesweit Diskussionen auslöst.

Er verbringt Wochen in Bibliotheken und Archiven. Er studiert Gesetze, Vorschriften und Zuständigkeiten. Nach und nach lernt er die Sprache der Bürokraten. Er schreibt Antrag um Antrag an Behörden und Archive. Er versteht sich als Hacker, der den Code des Systems ausforscht und ihn dann benutzt, um das System auszutricksen. Er beschafft sich alte Karten von Tomsk, Organigramme und Dienstpläne von Behörden, Ermittlungsakten und Gerichtsurteile. Er wird fündig in Standesämtern, Parteiarchiven und Gewerkschaftskarteien. Aus Wochen werden Monate und aus Monaten Jahre. Jedes Puzzleteil, das Karagodin findet, führt ihn zu zwei neuen, die er auch noch finden muss. Er macht sich zunutze, dass in der weitverzweigten Bürokratie die eine Hand nicht immer weiß, was die andere tut. Und so hält er schließlich im November 2016 auch das Dokument in Händen, das die Archivare des FSB in Tomsk ihm nur anonymisiert herausgeben wollten. Ihre Kollegen bei der übergeordneten Behörde in Nowosibirsk waren weniger vorsichtig.

Im Erschießungsprotokoll zum Befehl Nummer 159/814 der NKWD-Leitung im Gebiet Nowosibirsk vom 13. Januar stehen die Namen von 36 Verurteilten. An 13. Stelle Stepan Karagodin. Auf der Rückseite des Dokuments bestätigen der Assistent der Gefängnisleitung, Nikolaj Syrjanow, der Hauptmann des Tomsker NKWD, Sergej Denissow, und die Abteilungsleiterin Jekaterina Noskowa mit ihrer Unterschrift, den Befehl ausgeführt zu haben. 36 Morde, staatlich organisiert, protokolliert und zu den Akten genommen. Auf karagodin.org ist das Dokument jetzt für alle einsehbar. Der Urenkel dokumentiert jeden Schritt seiner Ermittlungen in seinem Blog. Er scannt Fotos der Täter von Personalakten und Gewerkschaftsausweisen und recherchiert ihre Biografien. Am Ende soll die ganze Befehlskette rekonstruiert werden, die mit dem Tod seines Urgroßvaters endete: vom Diktator Stalin bis zu den unmittelbaren Henkern und ihren Helfershelfern. Dazu gehören auch die Fahrer der Gefangenentransporter und die Sekretärinnen, die in der NKWD-Zentrale die Listen der vorgeblichen Volksfeinde tippten. Alle, die bereit waren, der staatlichen Terror-Maschine zu dienen, und sei es als kleines Rädchen in ihrem Getriebe.

Karagodin ermittelt, als sei der Mord an seinem Urgroßvater ein gewöhnliches Verbrechen gewesen, nicht der Auswuchs eines menschenfressenden Regimes. Die beiden Männer und die eine Frau im Erschießungskommando sind die unmittelbaren Ausführenden der Tat. NKWD-Polizisten und Gefängnispersonal sind Tatbeteiligte und Komplizen. Und ganz am Anfang der Befehlskette stehen Stalin und das Politbüro der Kommunistischen Partei als Hintermänner und Drahtzieher. Das sowjetische Regime als eine große kriminelle Vereinigung.

Denis Karagodin ist ein hagerer Mann, der eine gewisse Ungeduld ausstrahlt. Wenn er spricht, hat man immer das Gefühlt, dass er im Kopf schon zwei Gedanken weiter ist. Er hat den gleichen durchdringenden Blick wie sein Urgroßvater auf dem alten Schwarzweißfoto aus dem Familienarchiv. Als ich ihn im Winter 2016 besuche, führt mich Denis auf einen Hügel am Rande der Stadt. Der Wechsel von Tauwetter und Frost hat die Schneehaufen auf den Straßen zu schmutzigen Eisgebirgen zusammenschmelzen lassen. Vom Hügel aus überblickt man ein verwildertes Gelände, das die Menschen in Tomsk den «schrecklichen Graben» nennen. Mehr als 40 000 Menschen wurden in den Jahren des Großen Terrors in Tomsk getötet. Ein Großteil wurde in diesem «Erschießungsgraben» verscharrt. Mehrmals am Tag fuhren Transporter zwischen dem in der Nähe gelegenen Gefängnis und dem Graben hin und her. Die Erschießungskommandos warfen die Leichen den Abhang hinunter und kippten Erde hinterher, um sie zu verdecken. Auch Denis' Urgroßvater hat der Graben verschlungen.

Während wir vom Hügel aus in den schrecklichen Graben blicken, kommen Lastwagen und entladen schmutzig-graue Eis- und Schneemassen. Es sind die Fahrzeuge der Stadtreinigung, die hier entsorgen, was sie in der Stadt von den Bürgersteigen geschippt haben. Wenn im April der Schnee endlich schmilzt, breitet sich über der Grube ein modriger Geruch aus.

1989 gruben Mitglieder der Tomsker Memorial-Gruppe erstmals auf dem Gelände und fanden Schädel mit Einschusslöchern im Genick. 1995 stießen Arbeiter beim Bau einer Garage in der Nähe auf ein Massengrab. Gerichtsmediziner datierten die Gebeine auf Ende der 1930er Jahre. 2003 hat die Orthodoxe Kirche auf dem Hügel über dem Graben ein Kreuz errichtet. «Im Gedenken an die unschuldig Getöteten» steht auf dem Granitsockel. Pläne, auf dem Gelände eine Kapelle zu bauen, scheiterten am Widerstand der Anwohner. Sie wollten nicht, dass wegen der Bauarbeiten ein Birkenwäldchen gerodet wird, in dem sie gern spazieren gehen. Also wird der Erschießungsgraben weiter als Müllkippe genutzt. Während Denis Karagodin nach der Wahrheit gräbt, gibt es immer noch viele, die sie lieber zuschütten wollen.

Im eisigen Wind folgen wir den Spuren von Stepan Karagodin. Sein Wohnhaus in der Bakunin Straße Nummer 10 steht noch, ein niedriger Bau aus rotem Backstein hinter einer hüfthohen Schneewehe. Die Türe zum Hof hängt schief in den Angeln, das Holz grau und verwittert, der Riegel rostig. «Hier haben sie ihn in der Nacht auf den 1. Dezember abgeholt», sagt Denis. Er kennt inzwischen auch den Namen des Mannes, der seinen Urgroßvater verhaftet hat: Wassili Sotin, Leiter des Fuhrparks beim NKWD der Stadt Tomsk. Das Foto auf seinem Dienstausweis zeigt einen jungen Mann mit zurückgekämmten Locken, krauser Stirn und leichtem Silberblick. Er brachte den angeblichen Spion ins Untersuchungsgefängnis des NKWD.

Die erste Station auf Stepan Karagodins Weg in den Tod liegt im Zentrum von Tomsk, Adresse: Leninstraße 44. In dem Gebäude, in dem die Polizei bis 1944 angebliche Verräter, Verschwörer und Volksfeinde verhörte, bedienen heute Angestellte einer Bank ihre Kunden. In den 1990er Jahren hat die Tomsker Memorial-Gruppe im Keller ein Museum eröffnet. Enge Stufen führen hinab zu einem schmalen Gang; hinter schweren Eisentüren enge Kammern, zwei Holzpritschen an der Wand aus rotem Ziegelstein, ein paar Haken für die Kleidung, in der Ecke ein Kübel für die Verrichtungen. Daneben, kaum größer, die Verhörzelle: Auf dem Tisch ein Telefon, eine Stalin-Büste auf dem Schrank, an der Wand ein Porträt des Tscheka-Gründers Feliks Dzierżyński.

Denis Karagodin am Rande des «Schrecklichen Grabens», wo die Henker des NKWD am 21. Januar 1938 seinen Urgroßvater erschossen haben.

Denis Karagodin schätzt die Arbeit von Memorial. Aber für seine Ermittlungen hielt er die Staatsanwaltschaft immer für die bessere Adresse, sagt er. Mit dem Bild des Dissidenten kann er sich nicht identifizieren. Seine Generation ist eine andere. Er tritt auf als kühler, rationaler Ermittler, der Spuren verfolgt, Indizien zusammenträgt und am Ende eine Anklageschrift verfasst. Die Empathie mit den Opfern spielt höchstens am Rande eine Rolle. Er wartet nicht mehr länger darauf, dass eines Tages die Zeit reif ist, dass staatliche Organe sich mit diesen Verbrechen befassen. Er betreibt seine Nachforschungen auch nicht, um die Gesellschaft aufzurütteln oder zu verändern, jeden Versuch, ihn in Debatten über die Aufarbeitung der Vergangenheit einzubinden, lässt er ins Leere laufen.

Karagodin ist kein Kriminalist. Er hat keine Vollmachten, seine Zuständigkeit leitet er allein aus der Tatsache ab, dass er ein

Angehöriger des Opfers ist. Denis Karagodin hat nicht Jura studiert, sondern Philosophie und Soziologie. Seine Leidenschaft gilt Jacques Derrida und Michel Foucault. Die französischen Poststrukturalisten vertreten die Ansicht, dass Sprache die Welt nicht bloß abbildet, sondern auch selbst Wirklichkeit schafft. Karagodin sagt: Es ist ein Verbrechen geschehen. Ich bin der Ermittler. Wir werden die Täter finden und vor Gericht bringen.

Die Suche nach den Mördern seines Urgroßvaters hat bereits begonnen, die Wirklichkeit zu verändern. Tausende folgen den Ermittlungen auf karagodin.org, die Nachforschungen des Urenkels waren Thema in oppositionellen wie in staatlich gelenkten Medien. Nachfahren von Tätern und Nachfahren von Opfern meldeten sich zu Wort. Nach jedem Bericht in den Medien bekommt Denis Post von Frauen und Männern, die Licht in ihre Familiengeschichte bringen wollen und ihn um Rat fragen. Es passiert das, wovor Wladimir Putin Angst hatte, als im Herbst 1989 die Demonstranten an der Tür der KGB-Zentrale in Dresden klopften: Das Volk will die Geheimnisse wissen und die Täter kennen. Das sei gar nicht seine Absicht gewesen, betont Karagodin immer wieder. Sein Ziel sei nicht die Aufarbeitung der Vergangenheit. Was er will, sei am besten mit dem englischen Begriff «justice» umschrieben. Im Sinne der Parole «no justice, no peace!», mit der amerikanische Bürgerrechtler ankündigten, so lange nicht zu ruhen, bis die Ungerechtigkeiten beseitigt und die (rassistischen) Täter bestraft sind.

Die Reaktionen, die sein Projekt auslöst, beobachte er nur, sagt Karagodin: «Es ist wie bei einem Kind, dem sein Ball ins Wasser gefallen ist. Es schwimmt hinterher, um den Ball zu holen, nicht um Wellen zu machen.» Karagodins ganz persönliche Suche hat mächtige Wellen geschlagen.

Die Fragen der Enkel

85 Jahre nach dem Mord kommt eine Anklage zu spät, könnte man meinen. Aber Denis Karagodin ist mit diesem Verbrechen ja nicht allein. Ein ganzes Land hat lange gewartet, bis es endlich die Mörder beim Namen nennt. Warlam Schalamow und Alexander Solschenizyn haben den Gulag als Chronisten beschrieben. Denis Karagodin sucht die Schuldigen. «Taten, bei denen es nur Opfer gibt, gibt es nicht», sagt er. Jede Tat hat auch einen Täter. Oder mehrere.

Viele seiner Landsleute sind ihm dankbar, dass er den Anfang macht. Sie unterstützen seine Arbeit mit Spenden. Er kann Technik bezahlen und ein kleines Team, das ihn unterstützt. Sie lassen eine Drohne aufsteigen und filmen den «schrecklichen Graben» aus der Luft. Mit moderner Software animieren sie die Fotos der Täter; so holen sie die Gesichter von den Schwarz-Weiß-Bildern in die Gegenwart, als lebten sie unter uns.

Die staatlich gelenkten Medien schildern Karagodins Projekt als Bedrohung für den gesellschaftlichen Frieden. In der populären Talkshow *Die Zeit wird es zeigen* stellt die Moderatorin den Zuschauern die rhetorische Frage: «Sollen die Nachfahren – also Sie und ich – die Verantwortung für die Vergehen unserer Urgroßeltern tragen?» Es klingt gerade so, als habe Denis Karagodin Blutrache im Sinn. Ihr Co-Moderator findet noch ein abstoßenderes Bild: «Hilft uns das, wenn wir diese Eiterbeulen öffnen und uns von Kopf bis Fuß mit diesem Eiter einschmieren?»[66]

Denis Karagodin hat alle Einladungen in die Talkshows der Staatsmedien abgelehnt. Er weiß, wie diese Sendungen ablaufen und welche Rolle ihm dort zugedacht wäre. Das Publikum besteht aus Claqueuren und Berufsempörten, die ihn als naiven

Sonderling auslachen würden, der mit dem Feuer spielt. Die Berichte der Propaganda-Medien laufen immer auf dasselbe Schreckensszenario hinaus: Wenn jetzt alle anfangen, nach den Schuldigen zu fragen, dann beginnt eine neue Abrechnung und Russland stürzt in den nächsten Bürgerkrieg.

Tatsächlich finden sich Leute, die sich von Denis Karagodin angegriffen fühlen. Ein Nachfahre eines NKWD-Kaders will ihn wegen Rufschädigung vor Gericht bringen, weil der Name seines Vaters auf Karagodins Website unter der Rubrik «Henkersknechte» aufgeführt ist. Die Unterschrift des NKWD-Mannes steht auf einer Aktennotiz zu Stepan Karagodins Todesurteil. «Mein Vater war kein Henkersknecht, mein Vater wurde mit Orden ausgezeichnet!», zitiert die regimetreue *Komsomolskaja Prawda* den fast siebzigjährigen Sohn.[67] Denis Karagodin stellt sich auf den Standpunkt, er veröffentliche lediglich Dokumente, die ihm von den Behörden auf Grundlage der Gesetze ausgehändigt worden seien, in diesem Fall vom FSB. Ob der Kläger die Rechtmäßigkeit des Handelns der Sicherheitsorgane anzweifeln wolle? Offenbar geht die Strategie auf, vielleicht hat Denis auch nur Glück, jedenfalls wird die Klage abgewiesen.

«Ein schlechter Friede ist besser als ein guter Bürgerkrieg», schreibt die Kolumnistin der regimetreuen *Iswestija* unter der vielsagenden Überschrift: «Ich fürchte die Gerechtigkeit».[68] Ohnehin sei es unmöglich festzustellen, wer die Täter waren und was wirklich passiert ist. Schließlich habe jeder seine eigene Wahrheit und seine Version der Wirklichkeit. Es ist die Quintessenz, die viele Russen aus dem Kollaps des Sozialismus mitgenommen haben: Früher gab es die eine Wahrheit, die sich aus den Lehren des Marxismus-Leninismus ergab, sie lag in den Händen der Partei. Heute gibt es gar keine Wahrheit mehr, nur noch Meinungen. Lenin verkündete: «Die Lehre von Marx ist allmächtig, weil sie wahr ist»,[69] und baute die sowjetische Diktatur auf dem Fundament des wissenschaftlichen Sozialismus. Heute ist sich die Internationale der Demokratiefeinde darin einig, dass nichts mehr wahr ist und Fakten auch nichts anderes seien als Meinungen. Gemeinsam ist den beiden Haltungen, dass sie es erlauben, die Wirklichkeit zu diskreditieren. Entweder als unwissenschaftlich oder als unbewiesen.

Im Kern dreht sich die Diskussion darum, was der bessere Weg sei, um künftige Gewalt zu verhindern. Während die einen sagen, es muss Gras über die Sache wachsen und es sollten keine alten Wunden aufgerissen werden, sind andere vom Gegenteil überzeugt: Erst wenn die Täter beim Namen genannt werden, werden sich Täter heute und in Zukunft nicht mehr unantastbar fühlen. Der Staat habe darauf gehofft, dass das Thema mit der offiziellen Rehabilitierung der Opfer erledigt wäre, sagt Denis Karagodin. Aber das sei nun einmal nicht der übliche Weg, wie Verbrechen gesühnt würden: «Ein Mensch bringt einen anderen um und sagt dann: ‹Wisst ihr, ich habe ihn getötet, aber hier habt ihr ein Attest, dass ich ihn rehabilitiert habe, jetzt ist alles wieder gut.›» Nach den Rehabilitierungen in den 1950er Jahren hat keine Auseinandersetzung mit den Staatsverbrechen stattgefunden. Die Hinterbliebenen waren froh, selbst davongekommen zu sein. Indem der Staat ihnen Schwarz auf Weiß bestätigte, dass ihr Vater, Bruder, Ehemann kein Volksverräter war, sondern unschuldig verurteilt wurde, nahm er den Hinterbliebenen die Angst, als Angehörige eines Volksfeindes selbst in die Maschine des Terrors zu geraten. Dafür waren sie bereit, nicht nachzufragen, wer denn die Verantwortung dafür trägt, dass ihnen die Nächsten genommen wurden. Und als während des Umbruchs Ende der 1980er und Anfang der 1990er Jahre die Archive geöffnet wurden, war die Gesellschaft so sehr damit beschäftigt, die Herausforderungen der Gegenwart zu bewältigen, dass für eine

Auseinandersetzung mit der Vergangenheit kaum Kraft blieb. Denis Karagodin hat sie stellvertretend für die Generation der Enkel und Urenkel neu angestoßen.

Der Staat hätte aber durchaus Grund, die Initiative dieses jungen Philosophen aus Tomsk als Bedrohung aufzufassen, glaubt der Historiker und Autor Sergej Medwedew. Schließlich gründe das Regime bis heute seine Macht auf Gewalt: «Das Besondere an unserer Situation ist, dass die Gewalt anonym ist, regimeimmanent, in der Gesellschaft aufgelöst wie eine Konstante des russischen Lebens», schreibt Medwedew.[70] Nachdem Chruschtschow in seiner berühmten Geheimrede auf dem XX. Parteitag der KPdSU 1956 mit dem Stalinismus abgerechnet hatte, sei es zu einem unausgesprochenen Pakt zwischen Staat und Bevölkerung gekommen: «Rehabilitierung der Opfer des Stalinismus gegen Entpersonifizierung der Ausführenden des Terrors». Tatsächlich sei dieser Schweigepakt aber «die Gewähr für eine Fortführung des Terrors» gewesen, urteilt der Historiker. Unter Breschnew verlief die Verfolgung der Dissidenten ebenfalls anonym, nur dass sie nicht mehr erschossen, sondern zwangsweise in die Strafpsychiatrie eingewiesen wurden. Und in Polizeistationen, Untersuchungsgefängnissen und Straflagern werde diese Praxis in Putins Russland ungebrochen fortgesetzt. «Das Problem ist, dass Gewalt in Russland eine sozial anerkannte Norm ist, ein Weg, um Probleme zu lösen und Beziehungen zu klären, ein Mittel der Interaktion zwischen Regime und Bevölkerung, Mann und Frau, Eltern und Kind, Lehrer und Schüler», unterstreicht der Autor. «Genau deshalb brauchen wir eine Entautomatisierung und Entanonymisierung von Gewalt; sie muss beim Namen genannt, genau beschrieben und verurteilt werden.»

Als Medwedew diesen Aufsatz 2016 schrieb, war er verhalten optimistisch: «Unsere Gesellschaft wird erwachsener und beginnt, über Gewalt zu reden», glaubte er. Karagodins Initiative war für ihn ein Indiz für diese These, aber auch Flashmobs, in denen Frauen in sozialen Medien über ihre Erfahrungen mit sexueller Gewalt berichten. Oder die Veröffentlichung der Schukow-Liste mit mehr als 40 000 Namen von NKWD-Mitarbeitern durch Memorial. «Wenn Namen genannt werden, dann löst sich die Kette des Schweigens, die Gesellschaft wird von der mafiösen Omertà befreit», hoffte Medwedew. «Das ist wichtig, weil die Gewaltkultur in Russland auf zwei Säulen ruht: auf dem Recht des Stärkeren und auf dem Schweigen des Schwächeren, wobei Letzteres nicht weniger wichtig ist als das Erste.» Deshalb seien Karagodins Recherchen gefährlich für das System: «Aus der Ungegliedertheit und Subjektlosigkeit des Lebens in Russland hebt er die Namen der Exekutanten und Mittäter des Terrors hervor – und damit ist er gefährlich für ein System, das auf der Anonymität des Terrors und dem Schweigen der Opfer beruht – in der Vergangenheit wie in der Gegenwart.»

Ohne eine juristische Aufarbeitung der Vergangenheit bleibe Russland der Weg in die Zukunft versperrt. Zu lange habe das Land sich «einer illusorischen Hoffnung von Errettung hingegeben und nach ungeschriebenen kriminellen Regeln gelebt». Ohne juristische Klarheit in Bezug auf den historischen Stalinismus und den politischen Terror sei kein gesellschaftlicher Frieden möglich – weder im gegenwärtigen Regime noch in nachfolgenden. Weil der Staat es nicht tat, startete Denis Karagodin seinen eigenen, persönlichen Nürnberger Prozess.

Dass die Fragen in Form öffentlicher Ermittlungen gestellt werden, die in eine Anklage münden sollen, berührt noch ein anderes empfindliches Thema, das auf die Gegenwart verweist: die Verantwortung des Einzelnen. Im Nachgang zu ihren Berichten über den Eichmann-Prozess verfasste Hannah Arendt 1965 einen Vortrag mit dem Titel «Was heißt persönliche Verantwortung in einer Diktatur?». Darin vertieft sie die Frage, wie viel Verantwortung der Einzelne noch trägt in einem System, das jeden zu einem austauschbaren Schräubchen in einem großen Getriebe reduziert. «Hätte ich es nicht getan, hätte ein anderer es getan», war die Formel, mit der sich Adolf Eichmann und andere NS-Täter aus der Verantwortung zu stehlen versuchten. Aber selbst wenn das stimmt, so folgert Arendt: Wer nicht zum Helden geboren ist und nicht den Charakter hat, aktiv Widerstand zu leisten, der hatte selbst in der NS-Diktatur noch die Wahl, seine Funktion als Schräubchen zu erfüllen oder nicht mitzumachen. «Offenkundig ist es nicht jedermanns Sache, ein Heiliger oder ein Held zu sein. Doch persönliche oder moralische Verantwortung ist jedermanns Sache», stellt Arendt fest.[71] Die Spielräume mögen kleiner sein in einer Diktatur, winzig sogar, aber solange der Einzelne noch irgendeine Wahl hat und nicht mit vorgehaltener Waffe zu Verbrechen gezwungen wird, trägt er auch Verantwortung.

Ebenso wenig wie die Mitläufer aus der Verantwortung zu entlassen, diene es der Sache, pauschal alle für schuldig zu erklären, mahnt Arendt: «Der Ausruf ‹Wir sind alle schuldig›, der beim ersten Hören so äußerst nobel und verführerisch klang, [diente] in Wirklichkeit nur dazu, diejenigen in einem erheblichen Maße zu entlasten, die tatsächlich schuldig waren. Wo alle schuldig sind, ist es keiner.»[72] Dass die Mitglieder einer politischen Gemeinschaft die Verantwortung annehmen für das, was die politische Führung in ihrem Namen tut, ist nach Arendt der Schlüssel zur Bewältigung des Totalitarismus. Wo Bürger sich verantwortlich fühlen, kann keine Diktatur gedeihen. Verantwortung abzugeben bleibt eine ständige Verlockung. Schuld allerdings gibt es nur individuell.

Wenn Karagodin die verbreitete Erklärung nicht gelten lässt, es seien eben «solche Zeiten» gewesen, und stattdessen Einzelne nach dem Grad ihrer Beteiligung verantwortlich macht, dann bedeutet das gleichzeitig, dass auch heute jede und jeder für die Dinge, die in Russland oder im Namen Russlands passieren, in dem Grad mit verantwortlich ist, in dem sie oder er mitspielt. Als Beamter bei der Fälschung von Wahlen, als Richterin beim Beugen des Rechts, als Mitarbeiter der Staatsmedien bei der Verdrehung der Wahrheit, als Lehrerin bei der Abrichtung der Jugend, als Soldat, Polizist und Entertainer.

Diktaturen entlasten nicht nur das sogenannte «gemeine Volk» von persönlicher Verantwortung. Auch die autoritären Herrscher selbst beanspruchen zwar alle Macht für sich, übernehmen aber keine Verantwortung für ihr Handeln. «Wir waren einfach gezwungen zu reagieren» ist die Standardformel Putins für alle Fälle, in denen er Recht oder eigene Versprechen bricht. Auf sein Konto gehen nur gute Taten, zu den bösen wird er gezwungen. Es ist charakteristisch für autoritäre Regime, dass sie zwar harte Strafen verhängen, aber keine echte Verantwortung kennen. Die Verantwortung des Einzelnen ist ein demokratisches Prinzip. In Russland sind Volk und Führung vereint in Verantwortungslosigkeit. Karagodins Suche nach den Verantwortlichen und seine Forderung, über sie zu richten, greift dieses Prinzip an. Demokratie verlangt persönliche Verantwortung und umgekehrt.

Eine Antwort

Im November 2016 bekommt Denis Karagodin unerwartet Post. Die Absenderin stellt sich als Enkelin von Nikolaj Syrjanow vor. Syrjanows Unterschrift steht unter dem Ausführungsprotokoll des Erschießungsbefehls. Er war einer von drei Mitgliedern des

Erschießungskommandos, das Stepan Karagodin und 35 weitere Unschuldige im Januar 1938 tötete. Auf der Website des Projekts gibt es ein ausführliches Dossier zu Syrjanow: 1912 geboren, Helfer des Gefängnisdirektors in der Stadt Tomsk, NKWD-Kader. Das Foto in seinem Gewerkschaftsausweis zeigt einen jungen Mann mit Schiebermütze, weichen Lippen und etwas verträumten Augen. Auf einem anderen Bild, das Karagodin finden konnte, hält Syrjanow ein Kleinkind im Arm und in der anderen Hand eine Pistole. Ein guter Vater und sein Mordwerkzeug.

«Ich kann schon seit Tagen nicht mehr schlafen», schreibt die Enkelin des Henkers, von der Karagodin nur den Vornamen bekannt gibt: Julia. Erst über seine Website habe sie erfahren, wer ihr Großvater wirklich war. Sie empfinde tiefe Scham und physischen Schmerz. «Mein Verstand sagt mir, dass ich nicht schuld bin an dem, was passiert ist. Aber was ich fühle, kann ich mit Worten nicht ausdrücken.»

Julia berichtet noch von einem weiteren Verwandten: Zur gleichen Zeit, als Stepan Karagodin verschwand, habe die Geheimpolizei auch ihren Urgroßvater abgeholt. Jemand hatte ihn denunziert. Seine Frau blieb mit vier Töchtern allein zurück, eine davon Julias Großmutter. «Jetzt stellt sich heraus, dass es in einer Familie Opfer und Henker gab», schreibt Julia. Bitter sei das, aber von ihrer Familie könne sie sich nicht lossagen: «Nichts kann das wieder gutmachen, was solche Menschen getan haben. Die Aufgaben späterer Generationen ist es, nicht zu schweigen. Was passiert ist, muss beim Namen genannt werden.» Nur so könne sich etwas ändern in der Gesellschaft. Dass wieder Denkmäler für Stalin errichtet würden, zeige, wie viel noch zu tun sei. «Es bleibt die Hoffnung, dass die Gesellschaft endlich zur Besinnung kommt, dank solcher Menschen wie Sie», schließt sie. «Ich danke Ihnen noch einmal und sage, dass es mir leid tut!»

Die beiden treffen sich mehrmals. Julia übergibt Denis Fotos und Dokumente aus dem Nachlass ihres Großvaters, des Mörders seines Urgroßvaters. Wichtige Puzzleteile in seiner Recherche.

Was Karagodins Nachforschungen ausgelöst haben, sieht gar nicht nach Bürgerkrieg aus. Im Gegenteil: In Familien wird über Fragen gesprochen, über die lange geschwiegen wurde. Die Gesellschaft kommt ins Gespräch über ihre Vergangenheit.

Der Kulturwissenschaftler Nikolai Epplée hat in seinem Buch «Die unbequeme Vergangenheit» den Umgang mit Staatsverbrechen in Russland und anderen Ländern analysiert. Zu den Warnungen, Nachforschungen über die Vergangenheit könnten einen neuen Bürgerkrieg auslösen, schreibt er treffend:

> «Solche Befürchtungen lassen tief blicken. Wer sie vorbringt, weiß ja sehr gut: Gerade wenn ein Verbrechen nicht verurteilt wird, erscheint Rache durch Angehörige des Opfers als ein möglicher Weg, sich trotzdem Gerechtigkeit zu verschaffen. Das ist genau besehen ein sehr wichtiger Punkt: Der versöhnliche Ratschlag, ‹nicht im Vergangenen herumzuwühlen›, rührt eigentlich von dem Bewusstsein her, dass der Konflikt nicht gelöst ist und es an legitimen Mitteln zu seiner Lösung fehlt. Doch das einzige legitime Instrument zum Schutz vor Rache ist eine funktionierende und unabhängige Rechtsprechung.»[73]

Anders als von den Gegnern der Aufarbeitung behauptet, erwarte niemand von den Nachfahren der Täter eine Entschuldigung, betont Epplée. Öffentliche Buß-Gesten seien nicht das, was die Gesellschaft weiterbringe, sondern dass sie überhaupt Worte findet für das, was geschehen ist und sich darüber austauscht. Viele Familien hätten über Generationen über die Vergangenheit geschwiegen. Erst die dritte oder vierte Generation sei zu der Erkenntnis gekommen, «dass dieses Schweigen und diese Abschottung nicht normal waren – dass sie damit brechen musste, um ein erfülltes Leben führen zu können, ohne die Angst, dass einem aus dem Familienschrank noch ein Skelett entgegenfällt. Anders gesagt, man muss gar nicht unbedingt verurteilen und bereuen. Nötig ist nur eines: nicht zu schweigen.»[74]

Im Dezember 2016 steht Denis Karagodin in Moskau auf einer Bühne und Alexej Kudrin schüttelt ihm die Hand. Kudrin war mehr als zehn Jahre lang Putins Finanzminister, er ist der wahre Vater des wirtschaftlichen Aufschwungs zu Beginn des Jahrtausends. 2011 zog er sich aus der Regierung zurück. An diesem Abend zeichnet seine Stiftung zivilgesellschaftliche Initiativen aus. Als einer der Preisträger wurde Denis Karagodin ausgewählt. In seiner Dankesrede widmet er die Auszeichnung Julia. «Eigentlich hat sie die edlere Tat vollbracht», erklärt er mir später. «Ich habe einfach ein zynisches Schema verfolgt, einen Mechanismus, der funktioniert. Aber sie hatte echte, ehrliche Gefühle und sie hat einen mutigen Schritt getan.» Es wirkt, als teilten sich Denis und Julia die Arbeit bei der Aufarbeitung ihrer Vergangenheit: Sein Teil ist die nüchterne Ermittlungsarbeit, das Ringen mit der Bürokratie. Die emotionale Verarbeitung der Wahrheit, die er ans Licht gezerrt hat, hat Julia übernommen. Jeder Teil wäre ohne den anderen wertlos.

Bei meinem Besuch in Tomsk fragt Denis mich, ob ich Lust habe, ihn auf ein Konzert zu begleiten. Boris Grebenschtschikow ist in der Stadt, eine Legende des russischen Rock. Generationen sind mit den Songs seiner Band *Aquarium* aufgewachsen. Einer der Musiker hat mit Denis Kontakt aufgenommen und ihn zum Konzert eingeladen. Nach dem Auftritt ruft Grebenschtschikow Denis in die Garderobe und dankt ihm für seine Arbeit. Denis hört eigentlich eher schnellen Metal. Aber das Konzert weckt Erinnerungen: Als er ein Kind war, liefen die Lieder von *Aquarium* auf dem Plattenspieler seiner Eltern. Eines ihrer bekanntesten heißt «Dieser Zug steht in Flammen», es entstand 1988, als sich abzeichnete, dass der Krieg in Afghanistan nicht zu gewinnen war und die Dämmerung der Sowjetunion schon eingesetzt hatte. An diesem Abend klingt es so aktuell wie damals: «Die Leute, die auf unsere Väter geschossen haben, schmieden schon Pläne für unsere Kinder. Seit 70 Jahren führen wir Krieg. Wir haben gelernt, das Leben ist ein Kampf. Aber nach neusten Erkenntnissen unserer Aufklärung haben wir die ganze Zeit nur gegen uns selbst gekämpft.»

Im Juni 2023 erklärt das Justizministerium Boris Grebenschtschikow zum «ausländischen Agenten». Ich rufe Denis an, wir erinnern uns an unseren gemeinsamen Konzertbesuch und das Treffen mit «BG». Denis steckt immer noch voller Pläne, nächste Woche will er nach Moskau reisen, um dort im FSB-Archiv nach einem Dokument zu suchen. Aber er schaut jetzt auch jeden Freitag auf die Website des Justizministeriums, wenn die Liste mit den «ausländischen Agenten» aktualisiert wird. Ist diesmal sein Name dabei? Er hat alles dafür vorbereitet, alle Dokumente eingescannt, alle Dateien verschlüsselt und auf Servern im Ausland in Sicherheit gebracht. Systematisches Vorgehen liegt ihm schließlich. Am Ende bleibt nur noch, sich selbst in Sicherheit zu bringen.

Das NKWD-Museum in Tomsk habe jetzt eine neue Leitung, berichtet Denis. Das Oberste Gericht der russischen Föderation hatte 2021 die Auflösung von Memorial angeordnet; die Organisation soll wiederholt gegen das «Agentengesetz» verstoßen haben, weil sie nicht vorschriftsgemäß darauf hingewiesen habe, dass sie «ausländischer Agent» ist. Memorial ist wohl in etwa so sehr ein ausländischer Agent, wie Denis' Urgroßvater japanischer Spion war. Die neue Museumsleitung hat sich jedenfalls gleich ans Werk gemacht und die Ausstellung im ehemaligen Folterkeller des NKWD neu konzipiert. Moderner und weniger düster. Es heißt, der FSB habe dabei selbst ein Wort mitgeredet. Bei den Besuchern kommt das neue Konzept scheinbar gut an. Das Gästebuch ist online einsehbar. Ein Gast, der mit «Juri» unterschreibt, lobt die Ausstellung und regt im P.S. an: «Sollte nicht auf dem Logo von Memorial vermerkt werden, dass es sich um einen ausländischen Agenten handelt?»

Und was gibt es Neues von Julia, der Enkelin des Henkers Syrjanow? Julia ist im Dezember 2021 an Corona gestorben, im Alter von 48 Jahren. Denis war bei ihrer Einsegnung in der Tomsker Auferstehungskirche. Am Abend danach hat er einen Text auf seine Website gestellt; unter den anderen Einträgen, die in einem nüchternen Stenogrammstil geschrieben sind und Aktennotizen gleichen, fällt er merklich aus dem Rahmen. Er habe gespürt, wie das Wissen um die Vergangenheit ihres Großvaters Julia belastete, schreibt er. Aber es habe sie einander auch näher gebracht. «Uns hat verbunden, dass wir beide die Wahrheit erfahren wollten.»

Trauma

Das Skelett in meinem Schrank setzt wieder Fleisch an

Oxxximyron, *Kto ubil Marka?*, 2021

Folter

Die Reaktionen auf Gewalt und Willkür sind unterschiedlich: Die Einwohner der Staniza Kuschtschowskaja haben angesichts der Übermacht der Zapok-Bande und der mit ihr verbündeten Staatsorgane irgendwann resigniert. Die Partisanen von Primorje reagierten auf die Gesetzlosigkeit, die sie erlebten, mit terroristischer Gewalt. Krestina, Angelina und Marie Chatschaturjan sahen keinen anderen Ausweg, um sich aus der Tyrannei ihres Vaters zu befreien, als durch ein Verbrechen. Denis Karagodin erhebt öffentlich Anklage gegen die Mörder seines Urgroßvaters, deren Hintermänner und Helfershelfer, um 85 Jahre nach der Tat Gerechtigkeit herzustellen. Nur was geschieht mit den seelischen Spuren, die Gewalt und Erniedrigung hinterlassen? Sie lassen sich weder durch Reizgas abwehren noch durch Rache heilen. Und obwohl bekannt ist, dass eine juristische Aufarbeitung und eine Verurteilung der Täter für Opfer und Hinterbliebene wichtig sind, sind die Traumata damit allein noch nicht aufgearbeitet.

Traumaverarbeitung geschieht gewöhnlich in geschützten Räumen. Die Künstlerin Katrin Nenaschewa ist damit an die Öffentlichkeit gegangen. Ihr Fall kann eine Idee davon vermitteln, was weiten Teilen der Gesellschaft noch bevorsteht.

Ich lernte Nenaschewa 2015 auf dem Flur eines Moskauer Gerichts kennen. Dort traf sich die junge Kunstszene der Hauptstadt, während eine Richterin in einem winzigen Verhandlungszimmer Geldbußen gegen Teilnehmerinnen einer Performance verhängte, die nach Auffassung der Behörden die öffentliche Ordnung gestört hatten. Vor dem Verhandlungszimmer herrschte ein Stimmengewirr wie auf einer Vernissage. Aktivisten einer Menschenrechtsorganisation gaben Ratschläge zur Verteidigung. Beschuldigte verfassten, den Block auf den Knien, Anträge an das Gericht. Andere zeichneten Polizisten und Gerichtsdiener oder verzierten das Gebäude mit mitgebrachten Objekten. Es herrschte eine aufmüpfige Stimmung. Obwohl der Staat schon damals gegen Andersdenkende vorging, erscheint dieser Moment vor dem Hintergrund der Repressionen, die seit dem Beginn des vollumfänglichen Krieges gegen die Ukraine eingesetzt haben, wie eine ferne Erinnerung aus einer unbeschwerten Zeit.

Katrin Nenaschewa war aus ihrer Heimatstadt Krasnodar nach Moskau gekommen, um Literatur zu studieren, hatte sich aber bald der Szene zeitgenössischer Performance-Künstler angeschlossen, zu der auch die Aktivistinnen von Pussy Riot gehörten. Mit 21 Jahren war sie ein aufgehender Stern, mutig und voller Ideen, aber gleichzeitig mit einer großen Ernsthaftigkeit bei der Wahl ihrer Themen. Einen Monat lang trug sie in Moskau die Kleidung weiblicher Strafgefangener und dokumentierte die Reaktionen der Leute. In Rock und Bluse aus grobem Stoff, mit Kopftuch und Häftlingsnummer auf der Brust ging sie einkaufen, fuhr mit der Metro, besuchte Theatervorstellungen. Auf dem Roten Platz ließ sie sich den Schädel kahl rasieren, ein Akt, der gewöhnlich hinter Gefängnismauern stattfindet und den Übergang von der Freiheit in die Gefangenschaft markiert. Ein Mensch wird aus der Gesellschaft herausgenommen, in ein Lager gesperrt und verschwindet aus dem Blickfeld der Mitmenschen. Nenaschewa zelebrierte diesen Akt auf dem öffentlichsten Platz des Landes und wurde umgehend von Polizisten abgeführt. Die Performance bringt das Straflager in den Alltag der Hauptstadt. Fotos der Aktion schickte sie an gefangene Frauen mit der Aufschrift «Fürchte dich nicht».

Zusammen mit der Pussy-Riot-Aktivistin Nadja Tolokonnikowa setzte Nenaschewa sich in Häftlingskleidung auf einem Moskauer Platz an eine Nähmaschine, um aus blauem, rotem und weißem Tuch eine russische Flagge zu nähen – Russland wird von seinem Strafsystem zusammengehalten, war die Botschaft. Tolokonnikowa hatte während ihrer zweijährigen Lagerhaft, zu der sie wegen des «Punkgebets» in der Moskauer Christ-Erlöser-Kathedrale verurteilt worden war, in der Gefängnisnäherei Arbeitskleidung und Uniformen nähen müssen. Die Performance in Moskau wurde nach wenigen Minuten von der Polizei abgebrochen. Die Künstlerinnen nähten die Fahne im Polizeigewahrsam zu Ende, was der Aktion zusätzliche Symbolik verlieh.

Menschen, die aus der öffentlichen Wahrnehmung verdrängt werden, im Alltag sichtbar zu machen, bleibt ein zentrales Motiv in Nenaschewas Arbeit. 2016 bindet sie sich das Gestell eines Krankenbetts auf den Rücken und geht damit durch Moskau. Sie will auf die Situation von Bewohnern in Psychoneurologischen Internaten aufmerksam machen. In diesen Einrichtungen leben Behinderte und Menschen mit chronischen psychischen Leiden. Sie wurden in der späten Stalinzeit eingerichtet, um Menschen unterzubringen, die nicht in das Bild einer gesunden sozialistischen Gesellschaft passten. Die Studentin besucht die Heimbewohner und gründet Gruppen, die in den Heimen Kunstprojekte durchführen.

Nenaschewa will in ihren Performances nicht nur der Öffentlichkeit etwas vorführen, sie will auch am eigenen Leib erfahren, wie es ist, Häftling zu sein, Strafentlassene, Insasse eines Internats, stigmatisiert. Bei der Performance «Zwischen hier und dort» läuft sie 23 Tage lang mit einer Virtual-Reality-Brille durch Moskau, die Fotos und Videos aus Psychoneurologischen Internaten abspielt: eine Aneinanderreihung von Räumen, Fluren, Treppen und Zäunen, die ihre Welt von der Welt draußen trennen. Dabei besucht sie Orte, die ihr von den Bewohnern der Internate vorgeschlagen wurden: die Metro, den Roten Platz, einen Park, einen Supermarkt. Sie lädt Passanten ein, durch die Brille einen Blick in die Einrichtungen zu werfen. Im gleichen Jahr erfindet sie «Psycho-Sqash», ein Ballspiel zwischen Bewohnern der Hauptstadt und den Bewohnern eines Internats über eine Anstaltsmauer hinweg.

Für ihre Aktionen etabliert Nenaschewa den Begriff «Psychoaktivismus» – eine Form der Aktionskunst, die soziales Engagement und Performance verbindet. Die Bewegung ziele zunächst darauf ab, sich gegenseitig zu unterstützen und Menschen mit psychischen Problemen zu integrieren, erklärt sie. Gleichzeitig soll sie Aufmerksamkeit für das Thema psychische Gesundheit schaffen. «Wir haben alle auf die eine oder andere Weise psychische Störungen», erklärt sie: «Mit unseren Performances erkunden wir die Grenzen dieser Störungen – die sozialen, die politischen und die kulturellen.» Nenaschewas Aktionen machen die Grenzen durchlässig zwischen der Gesellschaft und dem, was diese Gesellschaft verdrängt. Darin ähneln sie Therapiesitzungen beim Analytiker; nur dass nicht ein einzelner Patient auf der Couch liegt, sondern eine ganze Gesellschaft mit dem Unterbewussten und Verdrängten konfrontiert wird.

Nach der Begegnung im Gericht hatte ich lange keinen Kontakt mehr zu Katrin Nenaschewa, aber das Bild, das sie am 26. Juni 2018 auf ihrem Facebook-Profil veröffentlicht, erschreckt mich genauso wie ihre Freunde: Ihr Gesicht wirkt abgekämpft, ihr Blick leer. «Dieses Foto zeigt mich nach einer Nacht in Geiselhaft und unter Folter in der DNR», schreibt sie nüchtern. Mit einem Freund war sie nach Donezk gereist, dorthin, wo russische Geheimdienste vier Jahre zuvor den Krieg gegen die Ukraine entfacht haben und wo seitdem eine Allianz aus Sowjet-Nostalgikern, großrussischen Revanchisten und Vertretern der lokalen Unterwelt eine vom Kreml finanzierte «Volksrepublik» betreiben. Ihre Familie stamme von dort, schreibt sie. Sie habe das Haus ihrer Großeltern sehen und das Grab ihrer Großmutter besuchen wollen. Lange bevor Wladimir Putin den Krieg auf die gesamte Ukraine ausweitete, gehörten in den sogenannten «Volksrepubliken» Donezk und Luhansk Willkür und Folter bereits zum Alltag.

Die Künstlerin, die sich in ihren Performances bewusst und kontrolliert in Situationen begibt, in der sie verletzlich ist, ist in eine Situation geraten, über die sie keinerlei Kontrolle mehr hatte und einem Fremden völlig ausgeliefert war. Unter ihrem Foto schildert sie das Grauen dieser Nacht, in der sie nicht wusste, ob sie sie überstehen wird:

Die Polizisten, die Nenaschewa und ihren Begleiter an einem Nachmittag im Zentrum von Donezk festnehmen, müssen einen Hinweis aus Moskau bekommen haben. Einer hält ein Foto von ihr in der Hand. Nachdem sie sich auf der Wache vergewissert haben, dass sie die richtigen erwischt haben, übergeben sie Nenaschewa und ihren Begleiter an maskierte Männer.

> Die maskierten Männer stülpten uns schwarze Säcke über den Kopf und legten uns Handschellen an. Dann stießen sie uns in einen Transporter und wir fuhren in unbekannter Richtung davon. Noch unterwegs begannen die Schläge. «Ihr verdammten Schweine, wir werden euch mit Minen in die Luft jagen, aber vorher ficken wir euch noch durch», schrie eine wütende Stimme. Wir durften nicht sprechen und uns nicht bewegen. Die Musik dröhnte ohrenbetäubend. Bei der kleinsten Bewegung setzte es Hiebe auf die Knie oder auf den Kopf und die Stimme drohte weiter mit dem Tod «in 15 Minuten». Es waren die schrecklichsten 15 Minuten meines Lebens.

Als der Transporter schließlich anhält, werden Nenaschewa und ihr Begleiter schon erwartet. Die Männer, die sie in Empfang nehmen, stellen sich als Angehörige der Spionageabwehr vor. Sie wirken angetrunken. Ihr Begleiter wird in einen Nebenraum geführt. Nenaschewa findet sich auf einem gefliesten Boden wieder, ein Stiefel tritt sie, eine Stimme brüllt: «Du bist also hergekommen, um zu sterben? Gut. Aber erst werde ich dich noch ein bisschen quälen. Dann kannst du sterben.» Der Sack wird ihr abgenommen, sie erkennt ein Dienstzimmer, es sieht aus wie Tausende andere in Russland: ein Tisch, ein Computer, irgendwelche Urkunden an der Wand, ein Putin-Porträt.

Der Mann, in dessen Gewalt sie sich befindet, trägt Zivil, aber er nennt sich selbst nur den «Offizier». Er muss wohl Mitte 30 sein, schätzt sie. Den Offizier interessiert nur eine Frage: Was hat die Moskauer Aktivistin in Donezk geplant? «Wozu bist du hergekommen, du Schlampe? Los, rede, oder ich bring' dich um. Und deinen Kerl bringen wir auch um.» Er zieht seine Pistole und hält ihr den Lauf an die Knie, dann an die Rippen, dann vor die Brust. Aber ihre Antwort, sie sei gekommen, um nach dem Haus ihrer Großeltern zu sehen und das Grab der Großmutter zu besuchen, gefällt ihm nicht. Im Gegenteil, die Antwort macht ihn wütend. Er packt sie am Hals, er entsichert die Pistole und hält sie ihr an die Schläfe: «Also, du Schlampe, soll ich dich erst durchficken?»

Als Nenaschewa versucht zu erklären, was sie macht, fällt dem Offizier zu Aktionskunst gleich Pjotr Pawlenski ein, der Künstler, der das Portal des FSB in Moskau angezündet hat und später aus Russland fliehen musste. Er glaubt, dass Nenaschewa in Donezk auch so eine Provokation plant: «Nawalny, Pawlenski, die haben dich geschickt», brüllt er. Den Besuch auf den Spuren ihrer Familie hält er für eine Legende: «Was willst du die ganze Zeit mit deinem Opa und deinen Verwandten? Dein Opa geht mir am Arsch vorbei. Ich bin ein Mensch ohne Namen. Wir sind hier alle Menschen ohne Namen. Wir sind Menschen ohne Staatsangehörigkeit. Alle scheißen auf uns. Und deshalb machen wir mit euch, was wir wollen.»

Die Verhöre dauern bis zum Morgengrauen. Erniedrigungen, Todesdrohungen und Schläge wechseln sich ab. Was Katrin Neaschewa von jener Nacht berichtet, klingt, als sei sie durch eine morsche Falltür aus der Wirklichkeit gestürzt. Gefallen aus der Normalität, in der ein menschlicher Umgang zumindest ein Grundgefühl von Sicherheit vermittelt, egal ob freundlich oder nicht. Hinein in eine Wirklichkeit, in der alle Regeln außer Kraft gesetzt sind. In der ein falsches Wort einen Wutausbruch auslösen kann, der das Ende bedeutet. In der jede Minute die letzte sein kann. Panisch kreisen ihre Gedanken um die eine Frage: Was kann ich tun, damit die Gewalt aufhört und ich das hier überlebe?

Der Offizier holt eine Maschinenpistole. «Weißt du, wo ich die her habe?», fragt er. «Die habe ich einem toten Tschetschenen abgenommen, den habe ich selbst umgebracht.» Er zählt auf, wo er schon überall gekämpft hat, durch welche Hölle er gegangen ist.

> «Ich bin 2014 gestorben. Mich gibt es nicht. Uns gibt es nicht.» Mit dem Maschinengewehr in der Hand geht der Offizier im Zimmer auf und ab. «Ist dir klar, was das heißt, du verdammte Schlampe? Ich habe absolut nichts, ich bin niemand, weder hier noch in Russland. In der Ukraine erwartet mich die Todesstrafe.» Sein Gesichtsausdruck wechselt im Sekundentakt; mal wirkt er gleichgültig, mal fängt er plötzlich an zu lachen, dann wirkt er wieder, als begänne er gleich zu weinen.

Nenaschewa ist einem unberechenbaren Peiniger ausgeliefert, der jeden Moment durchdrehen kann. Es scheint kein Argument zu geben, das ihn überzeugen, keine Strategie, die ihn besänftigen könnte. Dass der Offizier sich selbst als einen Niemand bezeichnet, als einen Toten, lässt ihn noch gefährlicher wirken. Wer jemand ist, der muss auch Werte und Überzeugungen haben. Ein Koordinatensystem von Wahr und Unwahr, Richtig und Falsch, Gut und Böse, das seine Persönlichkeit ausmacht. Unterbewusst tasten wir jeden, dem wir begegnen, nach diesem Koordinatensystem ab. Selbst wenn wir seine Werte nicht teilen oder sie sogar ablehnen, geben sie uns Sicherheit. Wir müssen wissen, was für das Gegenüber ein rotes Tuch ist und was eine weiße Fahne, damit wir unser Handeln darauf einstellen können. Aber ein Niemand, der sein eigenes Leben nicht achtet, dem nichts heilig ist, der nichts zu verlieren hat und nichts gewinnen will, ist unberechenbar und damit doppelt furchteinflößend.

Der Offizier legt die Kalaschnikow zur Seite und nimmt sein Handy. Auf YouTube zeigt er Nenaschewa ein Video von Putin: Bei einem öffentlichen Auftritt verspricht der Präsident den Bewohnern des Donbass die russische Staatsbürgerschaft. «Wo ist meine Staatsbürgerschaft?», brüllt der Offizier. «Ich habe keine Staatsbürgerschaft! Ich habe überhaupt nichts. Ich bin ein Niemand. Ich bin nur Kanonenfutter.» Bis zur Maidan-Revolte habe er in Donezk als Polizist gearbeitet. Ein ukrainischer Staatsbürger und Beamter des ukrainischen Staates. Als Donezk sich von Kyjiw lossagt, schließt er sich mit Kollegen zu einer Bürgerwehr zusammen. Die Ukraine, deren Bürger er war, würde ihn töten, wenn sie seiner habhaft würde, glaubt er. Die Dokumente der «Volksrepublik Donezk» werden nicht einmal in Russland anerkannt. Und die russische Staatsbürgerschaft, die Putin versprochen hat, habe er nicht bekommen, klagt er: «Als ich mit meinen Papieren nach Rostow kam, haben sie mich weggeschickt.»

Dann spielte mir der «Offizier» Videos von Militäroperationen aus Afghanistan und Tschetschenien vor. Die ganze Zeit über brüllte er: «Wo sind diese Jungs? Wer wird sich jetzt an sie erinnern? Und sie haben dich verteidigt, dich, damit du lebst, du verdammte Schlampe.» Ich saß da wie betäubt. In diesem Moment hörte S. auf zu schreiben. Ich wusste nicht, was mit ihm geschehen war, ich war mir sicher, dass er halbtot war. Ein wilder Schmerz erfasste meinen Kopf und begann sich über meinen ganzen Körper zu ergießen. Der Offizier schaute mir in die Augen, als wäre auch er für einen Moment wie betäubt gewesen. «Sie tun mir sehr leid», sagte ich leise, «was kann ich in dieser Situation tun?» Nach ein paar Sekunden des Schweigens schrie der Beamte: «Du verdammte Fotze kannst nur meinen Schwanz lutschen!». Nachdem ich die gleiche Frage ein drittes Mal gestellt hatte, antwortete der Offizier: «Nun, wenn du so schlau bist, dann erzähl' doch von uns. Von den Leuten hier. Oder bist du dir dafür zu schade?»
Irgendwann fing ich an, ein wenig verrückt zu werden. Bei dem Versuch, verschiedene Kommunikationstechniken anzuwenden, um mich am Leben zu erhalten, ging mir die Energie aus. Ich kann mich nur noch an eine weitere Episode erinnern, als der «Offizier» mich zu einem Tisch mit Lebensmitteln und Alkohol aus dem Supermarkt brachte. Da kamen zwei völlig durchgeknallte Leute in weißen Hemden, die S. gequält hatten. Sie schenkten mir ein Glas Schnaps ein und zwangen mich zu trinken. «Jetzt sag mir, wem gehört die Krim, du Miststück?», fragte einer von ihnen und legte seinen verschwitzten Arm um meinen Hals, «antworte schon, du Schlampe!» «Die Krim», sagte ich, «befindet sich derzeit auf dem Gebiet der Russischen Föderation.» Die Antwort war falsch. Er fing an, mich zu würgen und schlug meinen Kopf gegen die Wand, mir

> blieb die Luft weg. Nachdem der «Offizier» eine Weile zugeschaut hatte, stoppte er ihn Sekunden, bevor ich das Bewusstsein verlor. Als ich am nächsten Morgen S. wiedersah, brach ich in Tränen aus. Das war nicht mehr er – sein Gesicht war völlig entstellt mit Schwellungen und blauen Flecken, seine Kleidung war schmutzig, seine Turnschuhe waren zertrampelt.

Nenaschewa und ihr Begleiter müssen eine Erklärung unterschreiben, in der steht, dass sie ordentlich behandelt wurden und nichts zu beanstanden haben. Dann rufen die Männer ihnen ein Taxi, das sie an direkt an die russische Grenze bringt.

Verarbeitung

Zwei Dinge sind bemerkenswert an Katrin Nenaschewas Bericht über ihr nächtliches Folterverhör: Dass ihr Peiniger seinem eigenen Leben keinen Wert beimisst und immer wieder formuliert, dass eigentlich er und seinesgleichen Hilfe nötig hätten (selbst wenn das Teil der Drohkulisse ist, die er aufbaut). Und wie Nenaschewa an sich selbst beobachtet, wie sie in ihrer Verzweiflung beginnt, Mitgefühl für den Menschen zu entwickeln, der sie quält, und dieses Mitgefühl auch ausspricht – in der Hoffnung, ihn damit besänftigen und sich selbst retten zu können. Noch in der Aktion, bei der eigentlich kein Zweifel bestehen kann, dass der «Offizier» ein Aggressor ist, verschieben sich die Rollen von Täter und Opfer.

Der «Offizier» beschreibt sich selbst als vergessenen Menschen ohne Namen und eigentlich so gut wie tot; als würde das Gewalt und Willkür rechtfertigen. Ohne sich darüber im Klaren zu sein, bringt er damit ein zentrales Thema der russischen Gesellschaft auf den Punkt: die Geringschätzung des eigenen Lebens und die daraus folgende Geringschätzung des Lebens anderer. Die Verachtung anderer aus fehlender Selbstachtung. Im Kapitel «Leben und Tod» hatte die Psychologin Ljudmila Petranowskaja die Frage, warum sich so wenige Russen gegen ihre Einberufung wehren, damit beantwortet, dass diese Menschen selbst nie die Erfahrung gemacht haben, dass ihr Leben wertvoll und schützenswert ist (S. 54). Der «Offizier» rechtfertigt auf seine Weise mit dem gleichen Argument seine Skrupellosigkeit und Gewalttätigkeit.

Nenaschewas Bericht ist deshalb so wertvoll, weil sie sich nicht auf die Schilderung der Gewalt beschränkt, sondern offen die Gefühle teilt, die diese Erfahrung in ihr ausgelöst hat:

> Ich werde die ersten 24 Stunden nach dem Ereignis nie vergessen. Ich habe die ganze Welt gehasst. Ich strahlte Wut und Aggression aus, die noch über Kilometer weit zu spüren waren – auf die Verkäuferin in der Bude, die Busfahrer, die Großmütter auf der Straße. Ich wurde von Hass zerfressen. Dann erschrak ich vor mir selbst: Würde ich jetzt immer so sein? Ständige Angst, Verfolgungswahn, die Unfähigkeit zu verstehen, wie ich weiterleben soll – das waren die Gefühle der letzten Wochen. Und der Hauptgedanke ist, dass unsere Peiniger für das System genau dasselbe sind wie wir – Fleisch, ein lebender Leichnam.

Anhand der Szenen einer Nacht kann man beobachten, wie Aggression und Gewalt sich fortpflanzen. Nenaschewa lässt ihre Leser an dem Prozess teilhaben, wie die erlebte Erniedrigung in ihr selbst Aggressionen weckt und den Wunsch, ihre Wut an anderen auszulassen. Schon eine Nacht hat dafür ausgereicht. Die Bewohner der Staniza Kuschtschowskaja haben Jahrzehnte in der Atmosphäre der Angst gelebt. Für die Schwestern Chatschaturjan waren Erniedrigungen und Quälereien Alltag. Die Kinder von Tyrannen sind ihre ersten Opfer und ihre hilflosesten. Sie sind aber auch die Erben der Tyrannen. Die Wahrscheinlichkeit ist groß, dass sie die erlebten Traumata an die nächste Generation weitergeben. In Russland geschieht das seit Generationen. Oft wissen Familien noch nicht einmal, wo ihre Vorfahren beerdigt sind. Was sie aber geerbt haben, sind die Traumata aus den gewaltigen Umwälzungen: Revolution, Bürgerkrieg, Terror, Hunger und Vertreibung unter Stalin; Millionen sind in Lagern verschwunden, Millionen wurden im Vernichtungsfeldzug von Wehrmacht und SS getötet, Millionen wurden deportiert.

Ein Beispiel für die Komplexität dieser Traumata und für ihre Weitergabe über die Generationen hat der Medienunternehmer Wladimir Jakowlew im September 2016 in einem viel geteilten Beitrag auf Facebook aufgeschrieben. Unter der Überschrift «Wir sind alle Enkel von Opfern und Henkern» legt der Gründer und langjährige Direktor des angesehenen Verlagshauses Kommersant seine eigene Familiengeschichte offen – und den Fluch, den sie für ihn selbst bedeutet.

> «Ich wurde nach meinem Großvater benannt. Mein Großvater, Wladimir Jakowlew, war ein Mörder, ein blutiger Henker, ein Tschekist. Zu seinen zahlreichen Opfern gehörten auch seine eigenen Eltern. Mein Großvater erschoss seinen Vater wegen Spekulantentums. Als seine Mutter, meine Urgroßmutter, davon erfuhr, erhängte sie sich.
>
> Meine schönsten Kindheitserinnerungen sind mit der alten, geräumigen Wohnung in der Nowokusnezkaja Straße verbunden, auf die unsere Familie sehr stolz war. Wie ich später erfuhr, hatten wir diese Wohnung weder gekauft noch gebaut; sie wurde von einer wohlhabenden Kaufmannsfamilie konfisziert, ihr also mit Gewalt weggenommen.

Ich erinnere mich an den alten, mit Schnitzereien verzierten Küchenschrank, in den ich immer kletterte, um Marmelade zu naschen. Und an das große, gemütliche Sofa, auf dem meine Großmutter und ich uns abends in eine Decke kuschelten und Märchen lasen. Und an die beiden großen Ledersessel, die gemäß der Familientradition nur genutzt wurden, wenn es etwas sehr wichtiges zu besprechen gab.

Wie ich später erfuhr, hat meine Großmutter, die ich sehr liebte, den größten Teil ihres Lebens erfolgreich als professioneller Agent Provocateur gearbeitet: Sie nutzte ihre adlige Herkunft, um Kontakte zu knüpfen und das Vertrauen ihrer Gesprächspartner zu gewinnen. Über diese Gespräche schrieb sie dann Berichte. Das Sofa, auf dem ich den Märchen lauschte, die Sessel, den Küchenschrank, und all die anderen Möbel in der Wohnung hatten meine Großeltern nicht gekauft. Sie haben sie sich einfach in einem speziellen Lager ausgesucht, in das das Hab und Gut aus den Wohnungen erschossener Moskauer gebracht wurde. Aus diesem Lager bedienten sich die Tschekisten und richteten ihre Wohnungen ein, kostenlos.

Unter der dünnen Schicht der Unwissenheit sind meine glücklichen Kindheitserinnerungen durchdrungen vom Geist des Raubes, des Mordes, der Gewalt und des Verrats. Durchtränkt mit Blut.

Bin ich ein Einzelfall? Wir alle, die wir in Russland aufgewachsen sind, sind die Enkelkinder von Opfern und Henkern. Jeder von uns, ohne Ausnahme.

In Ihrer Familie gab es keine Opfer? Dann gab es Henker.

Es gab keine Henker? Dann gab es Opfer.

Gab es weder Henker noch Opfer? Dann gibt es Geheimnisse. Machen Sie sich nichts vor.

Mir scheint, dass wir die Auswirkungen der Tragödien der russischen Vergangenheit auf die Psyche der heutigen Generationen stark unterschätzen. Die Auswirkungen auf unsere Psyche.[…]

Wenn wir das Ausmaß der Tragödie der russischen Vergangenheit beurteilen, zählen wir gewöhnlich die Toten. Aber um zu beurteilen, welche Auswirkungen diese Tragödien auf die Psyche künftiger Generationen hat, muss man nicht die Toten zählen, sondern diejenigen, die überlebt haben. Die Toten sind gestorben. Die Überlebenden wurden zu unseren Eltern und zu den Eltern unserer Eltern. Die Überlebenden sind die Witwen, die Waisen, diejenigen, die ihre Geliebten verloren haben, die Verbannten, die Entkulakisierten, die aus dem Land Vertriebenen. Menschen, die töteten, um sich selbst zu retten, um einer Idee oder um des Sieges willen, Verratene und Verräter, Verelendete und Menschen, die andere ins Elend stürzten. Menschen, die ihr Gewissen verkauft haben, Menschen, die zu Henkern wurden, Gefolterte und Folterer, Vergewaltigte und Vergewaltiger, Verstümmelte und Menschen, die andere verstümmelt haben, Räuber und Ausgeraubte. Menschen, die gezwungen waren, andere zu denunzieren, und Menschen, die Denunziationen entgegennahmen. Menschen, die zu Trinkern wurden – vor Hoffnungslosigkeit und Kummer, aus Schuldgefühl oder weil sie den Glauben verloren hatten. Erniedrigte, Überlebende von Hunger, Kriegsgefangenschaft, Besatzung und Lagern.

Zig Millionen sind umgekommen. Hunderte Millionen haben überlebt. Hunderte Millionen von Menschen, die ihre Angst, ihren Schmerz, ihr Gefühl ständiger Bedrohung durch die Außenwelt an ihre Kinder weitergegeben haben. Und die wiederum haben diesem Schmerz noch ihr eigenes Leid hinzugefügt und ihre Angst an uns weitergegeben. […]

Es gibt heute keine einzige Familie in Russland, die nicht die Folgen beispielloser Gräueltaten zu tragen hat. […] Haben Sie sich je gefragt, inwieweit diese Lebenserfahrung von drei aufeinander folgenden Generationen Ihrer eigenen Vorfahren Ihre persönliche Wahrnehmung der Welt beeinflusst? Ihre Frau? Ihre Kinder? Wenn nicht, denken Sie mal darüber nach. […]

Wir glauben oft, die beste Strategie, uns vor der Vergangenheit zu

> schützen, sei nicht an sie zu rühren. Nicht in der Familiengeschichte graben, nicht nach den Gräueltaten zu fragen, die unserer Familie widerfahren sind. Wir denken, es ist besser, nicht zu wissen. Aber in Wahrheit ist es schlimmer. Viel schlimmer. Das, was wir nicht wissen, wirkt weiter in uns fort. Über Kindheitserinnerungen, über die Beziehungen zu unseren Eltern. […]
>
> Es spielt keine Rolle, was genau diese Angst für jeden von uns verkörpert. Wen genau jeder von uns als Bedrohung sieht: Amerika, den Kreml, die Ukraine, Homosexuelle, das «perverse Europa», die Fünfte Kolonne oder einfach nur den Chef auf der Arbeit oder den Polizisten am Eingang zur Metro. Wichtig ist, ob wir uns darüber im Klaren sind, inwieweit unsere gegenwärtigen persönlichen Ängste, unsere persönlichen Gefühle der Bedrohung von außen in Wahrheit nur Gespenster aus der Vergangenheit sind, deren Existenz anzuerkennen wir so sehr fürchten.
>
> 1919, inmitten von Hunger und Zerfall, lag mein mörderischer Großvater mit der Schwindsucht im Sterben. Gerettet hat ihn [der Chef der Geheimpolizei Tscheka – *jh*] Felix Dserschinski, der irgendwo eine Kiste französischer Ölsardinen auftrieb, wahrscheinlich aus einem dieser «speziellen Lager». Mein Großvater hat sich einen Monat lang von ihnen ernährt und so überlebt. Bedeutet das, dass ich mein Leben Dserschinski verdanke? Und wenn ja – wie soll ich mit diesem Wissen weiterleben?»[75]

Katrin Nenaschewa kann ihr Trauma mit der Unterstützung von Memorial in einer Therapie verarbeiten. Sie lernt, dass die Wut und der Hass, den sie empfindet, Symptome einer posttraumatischen Belastungsstörung sind. Und dass diese Erkrankung nicht nur bei den Opfern von Gewalt beobachtet wird, sondern auch bei den Tätern; insbesondere in Kriegen, wo Soldaten gleichzeitig Gewalt ausüben und selbst Ziel von Gewalt sind. Nenaschewa setzt sich damit auseinander, wie sich die Auswirkungen traumatischer Erlebnisse im Alltag manifestieren, wenn sie nicht aufgearbeitet werden, etwa durch Gewalt in der Familie. Die 24-Jährige gesteht sich ihren eigenen Hass und ihre Aggression ein und reflektiert darüber, wie die Erfahrung der Erniedrigung und der Hilflosigkeit in ihr das Bedürfnis wecken, andere anzugreifen und zu verletzen.

Einige Wochen nach der Rückkehr aus Donezk fasst sie den Plan, Selbsthilfegruppen für ehemalige Militärangehörige und andere Personen zu gründen, die Gewalt erlebt haben. Ehemalige Soldaten will sie dabei unterstützen, einen Platz im zivilen Leben zu finden. «Das wird meine Art der Traumabearbeitung sein», schreibt sie optimistisch. «Dabei soll es einerseits um Erfahrungsaustausch über traumatische Erlebnisse gehen und in gewissem Maße auch um Vergebung. Die Dämonisierung von Gewalttätern trägt nicht dazu bei, die Traumata umfassend aufzuarbeiten. Es ist an der Zeit, die Muster zu ändern.»

Aus dem naiven Versuch, die Gesellschaft zu zivilisieren und den Kreislauf der Gewalt zu durchbrechen, wurde nichts, gesteht sie mir später. Bei den Veteranenverbänden stieß die provokante Künstlerin mit Nähe zu oppositionellen Kreisen nicht gerade auf offene Ohren. Wahrscheinlich kann man sich kaum zwei Milieus vorstellen, die weiter voneinander entfernt sind als das russische Militär und die LGBT-freundliche Künstler-Boheme der Hauptstadt. Auch Nenaschewas Umfeld reagierte mit Befremden auf die Idee. Obwohl es noch vier Jahre dauern sollte, bis Wladimir Putin den Krieg auf die ganze Ukraine ausweiten würde, gab es schon damals nachvollziehbare Vorbehalte, warum man ausgerechnet Empathie für Militärangehörige entwickeln sollte.

Trotzdem ist die Auseinandersetzung der Künstlerin mit ihrem Erlebnis wichtig. Katrin Nenaschewa tut für sich, was die Gesellschaft als Ganzes nicht schafft: Sie stellt sich den eigenen Traumata, um selbst nicht zum Tyrannen zu werden. Dabei ist sie nicht die einzige: In den vergangenen zehn Jahren hat gerade die junge Generation die Psychotherapie entdeckt. Eine Gesellschaft, die seit Generationen Trost in Alkohol und Aberglauben gesucht hatte, begab sich auf die Suche nach den wahren Gründen, warum es ihr schlecht geht und was sich ändern muss.

Russische Seelen

Nenaschewas Kunstaktionen und ihre Reflexion über ihr Trauma passen zu einem Trend, der in dieser Zeit die progressiven und aufgeklärten Milieus in den Städten erfasst: Mehr und mehr Russinnen und Russen beginnen, sich mit ihrem Seelenleben zu befassen und suchen dafür professionelle Hilfe bei Psychotherapeuten. Der lange überfällige Abschied vom Mythos der «russischen Seele» hat begonnen. Die Literatur des 19. Jahrhunderts hatte die Vorstellung geprägt, Russen seien in besonderer Weise zu tiefen Empfindungen fähig, verspürten eine Lust am Leiden und ein Bedürfnis zu gehorchen. Seitdem wird der Begriff dazu missbraucht, Rückständigkeit, Willkürherrschaft und Leid romantisch zu verklären. Das Klischee prägt bis heute gleichermaßen das Selbstbild der Russen wie das Russlandbild in der Welt. Aber niemand liebt es so sehr wie die Deutschen: Schwermütig, tiefgründig, mit dem Verstand nicht zu begreifen ist die «russische Seele» eine perfekte Projektionsfläche für rationalitätsfeindliche, antimoderne und kulturpessimistische Ressentiments und zugleich eine willkommene Entschuldigung für Appeasementpolitik oder heimliche Autokratenliebe. Verständnisvoll klingende Floskeln wie: «Der Russe ist eben anders» oder «Der Russe braucht eben eine harte Hand» sind letztlich Fortführungen rassistischer Klischees, mit denen man sich erspart, genau hinzusehen.

In ihrem Buch «Die Unfähigkeit zu trauern» hatte das Analytiker-Paar Alexander und Margarete Mitscherlich die Verdrängungs-Mechanismen zur Sprache gebracht, mit denen die Deutschen es vermieden, sich mit ihrer Schuld für Holocaust, Weltkrieg und Diktatur auseinanderzusetzen. Das Buch erschien 1967 – genau eine Generation nach Kriegsende. Ebenfalls eine Generation nach dem Untergang der Sowjetunion begannen die Menschen in Russland die Frage zu stellen, welche Traumata aus 70 Jahren Terror, Lüge und Verrat in ihnen fortwirkten. Sie ahnten, dass Ängste und Schuldgefühle nicht einfach zu ihrem Naturell gehören, dass man überlieferte Handlungsmuster nicht unbedingt übernehmen muss und dass man sich von Zwängen befreien kann. Dass eine neue Generation sich daranmachte, ihre Gefühle zu reflektieren und sich selbst besser zu verstehen, war eine der wenigen Entwicklungen der vergangenen Jahre, die Anlass zu Hoffnung hätten geben können.

In gewisser Weise kam diese Selbsterforschung als letzter Schritt auf dem Rückzug vom Politischen ins Private: Während der Massenproteste gegen eine dritte Amtszeit Wladimir Putins im Winter 2011/2012 schien es, als sei eine Zivilgesellschaft erwacht. Es gab nicht nur die großen Demonstrationen und Kundgebungen auf dem Sacharow-Prospekt und dem Bolotnaja-Platz in Moskau. Bürger veranstalteten Teach-ins und Diskussionsrunden, Workshops und Hackathons und vernetzten sich untereinander. Doch mit der gewaltsamen Niederschlagung der Proteste, der Rückkehr Putins in den Kreml und einer Serie von Gerichtsprozessen, die Anführer der Protestbewegung und gewöhnliche Teilnehmer gleichermaßen für viele Jahre in Straflager brachte, wurde auch die Illusion zerstört, man könne sich in Russland in irgendeiner Weise politisch betätigen und damit etwas verändern.

Viele reagierten darauf, indem sie abseits der Politik neue Felder für ihr Engagement suchten, um etwas zum Besseren zu bewegen. Von 2012 an entstanden reihenweise soziale und ökologische Initiativen; sie verschrieben sich der Rettung eines Parks, eines Naturschutzgebietes, einer menschenfreundlicheren Stadtplanung, dem Kampf gegen häusliche Gewalt, der Unterstützung von Waisenkindern, Wohnsitzlosen oder Straßenhunden. Jenseits von Kreml und Staatsduma schien es noch so viel zu geben, was man tun konnte, um die Welt ein Stück zum Besseren zu verändern.

Nur mussten die Initiatoren bald feststellen, dass ihr Engagement schnell politisch wurde, selbst wenn sie das zunächst nicht beabsichtigt hatten. Wenn Bonzen in Naturschutzgebieten Datschen bauen wollen, wenn die Interessen korrupter Netzwerke in der Verwaltung einer menschenfreundlicheren Stadtplanung entgegenstehen, oder wenn im Kampf gegen häusliche Gewalt auch die Gewaltmuster in Staat und Gesellschaft und die Rolle der Kirche zur Sprache kommen, wie im Fall von Anna Riwina und ihrer Organisation nasiliu.net (siehe «Die Faust in der Familie», S. 134).

Im Übrigen hatte das Regime nicht nur die Proteste und die zivilgesellschaftlichen Initiativen an sich als bedrohlich wahrgenommen. Seinen Vertretern war schon allein die Tatsache suspekt, dass sich Menschen auf eigene Initiative zusammenschlossen. Ein Regime, das sich selbst als «gelenkte Demokratie» beschreibt, braucht eine passive Bevölkerung, die sich lenken lässt. Wer selbst ins Geschehen eingreifen möchte, macht sich verdächtig. Initiativen, die nicht in die Vertikale der Macht eingebunden sind, werden als potentielle Bedrohung wahrgenommen, selbst wenn sie sich nur um streunende Hunde kümmern. Das ist der eigentliche Grund, warum nicht nur Anna Riwinas Organisation gegen häusliche Gewalt als «ausländischer Agent» gebrandmarkt wurde, sondern auch Hunderte andere Initiativen, denen man schwerlich umstürzlerische Absichten vorwerfen kann, wie etwa ein Aids-Aufklärungszentrum in Krasnojarsk.

Den Strategen in der Präsidialverwaltung ist klar, dass sich eine solidarische Gesellschaft selbstbewusster Bürger nicht autoritär regieren lässt. Mit der systematischen Diskreditierung jeglicher Initiativen und jeglicher unabhängiger Bürgervereinigungen treiben sie die Atomisierung der Gesellschaft voran. Netzwerke werden entweder gleichgeschaltet, indem ihre Führungsfiguren korrumpiert oder gegen Kreml-treue Personen ausgetauscht werden. Oder sie werden mit den Mitteln des autoritären Staates zersetzt: durch Strafverfolgung, Verleumdung oder operative Maßnahmen des Geheimdienstes. Zurück bleiben Menschen, die mit ihren Wünschen und Ideen und mit ihrem Gestaltungswillen allein bleiben, niemandem trauen und sich am Ende auch als Person einsam fühlen.

Vor die Wahl gestellt, sich anzupassen oder jegliche Initiative im Leben aufzugeben, suchten mehr und mehr Antworten in der Psychotherapie. Auf dem schrittweisen Rückzug von den öffentlichen Plätzen ins Private ist die letzte Station die eigene Seele.

Dass der Boom der Psychotherapie in Russland erst mit einigen Jahrzehnten Verzögerung einsetzte, hing auch damit zusammen, dass sich erst spät eine bürgerliche Mittelschicht herausbildete, die überhaupt ein Verständnis und auch die Mittel dafür hat. Noch bis vor wenigen Jahren herrschte in Russland das Vorurteil, nur Verrückte gingen zum Therapeuten. Nikita Chruschtschow wird der Satz zugeschrieben: «Nur ein Verrückter kann gegen den Sozialismus sein.» Nach diesem Prinzip handelten sowjetische Psychiater noch in den 1980er Jahren, wenn sie Andersdenkenden die Diagnose «schleichende Schizophrenie» stellten. Dissidenten verschwanden auf Jahre in geschlossenen

Anstalten und wurden mit Psychopharmaka zwangsbehandelt. Bis sich nach dem Ende der Sowjetunion herumsprach, dass Psychiatrie und Psychotherapie unterschiedliche Dinge sind und dass die Diagnose eines Therapeuten kein Urteil ist, brauchte es eine Weile. Doch spätestens seit Russlands wichtigster Rapper Oxxxymiron 2021 einen Hit mit einem Lied landete, in dem er offen seine Ängste und Minderwertigkeitsgefühle analysiert, als läge er auf der Couch eines Therapeuten, ist die Psychologie in der Popkultur angekommen.

Dass in der Energie-Weltmacht Russland Psychotherapie heute leichter verfügbar ist als Gas, ist das Verdienst von einem etwas verstrubbelten jungen Mann, der es nicht mag, wenn man ihn einen Hipster nennt. Dabei ist Danila Antonowski ein typischer Vertreter der Moskauer Boheme aus Journalisten, IT-Leuten und Startup-Gründern, die in den Bars und Restaurants der Hauptstadt guten Wein trinken und Putin lange für ein Relikt der Vergangenheit hielten, das sich irgendwann von selbst erledigen würde. Mit Mitte 30 hatte Antonowski bereits ein Internet-Portal zur Wohnungssuche aufgebaut, eine Kette von Barbershops gegründet und eine mit Burger-Läden. Nebenbei schrieb er für die Zeitschrift *GQ* über Mode, Sex und Sport. Er hatte ein Gespür für Trends, und er hatte das Talent, daraus ein erfolgreiches Geschäftsmodell zu entwickeln. Nachdem Antonowski 2015 eine Therapie gemacht hatte, lag für ihn der nächste Schritt nahe: «Endlich hatte ich ein Instrument gefunden, mein Leben besser zu verstehen, und ich wollte diese Erfahrung mit möglichst vielen Menschen teilen», erinnert er sich. Wie man ein Startup gründet, wusste er, Kontakte zu Programmierern hatte er. Während er ein Psychologiestudium nachholte, sollten sie eine App entwerfen, die Therapeuten und Patienten zusammenbringt.

Seit der Service Yasno 2017 startete, haben – Stand November

2023 – mehr als 240 000 Menschen über die App Hilfe in Anspruch genommen. Die ersten Therapeuten hatte Antonowski noch selbst rekrutiert. Yasno legt wert darauf, dass sie über eine Ausbildung verfügen, die von internationalen Fachgesellschaften anerkannt ist. Heute hat der Dienst mehr als 3700 Spezialistinnen und Spezialisten in seiner Datenbank. Nutzer beantworten in der App zunächst einige Fragen und bekommen dann passende Therapeuten vorgeschlagen. Die Sitzungen finden per Video direkt über die App statt und werden auch darüber abgerechnet. Während nur etwas mehr als 70 Prozent der Haushalte in Russland an das Gasnetz angeschlossen sind, ist Psychotherapie heute für jeden zugänglich, der ein Smartphone besitzt. Für das Riesenland, wo es an vielen Orten noch nicht einmal einen Arzt gibt, ist die Therapie per Handy ein wahrer Durchbruch.

Inzwischen sind etwa ein Dutzend Anbieter mit einem ähnlichen Konzept in Russland tätig. Ihre Nutzerzahlen wuchsen schon vor dem Februar 2022 schnell. Aber nach dem Überfall auf die Ukraine gingen sie steil nach oben. Hatten die Nutzer von Yasno früher an erster Stelle Probleme in der Partnerschaft als Grund angegeben, warum sie Hilfe suchten, waren es jetzt überwiegend Angstzustände, die die Menschen quälten. 63 Prozent der Nutzer nannten diese als Grund für ihre Anfrage. Allein im Oktober 2022, also unmittelbar nach der Mobilmachung, wurden nach Angaben des Unternehmens 73 000 Therapiesitzungen durchgeführt. Im gleichen Zeitraum des Vorjahres waren es 50 000 Sitzungen gewesen. Der Mitbewerber Alter.ru meldete einen Anstieg der Nachfrage um 74 Prozent. Und einem Bericht der Zeitung *Kommersant* zufolge, stieg der Verkauf von Antidepressiva im Vergleich zum Vorjahr um 66 Prozent. Im September 2023 meldete die staatliche Agentur *Ria Nowosti* unter Berufung auf ein staatsnahes Institut, etwa 15 Millionen Menschen in Russland litten an einer schweren Depression.

Demnach wäre etwa jeder zehnte betroffen. Als häufigste Ursachen wurden genannt: der Tod eines nahestehenden Menschen, Einsamkeit, Gewalt in der Familie sowie die Belastung durch einen hohen Kredit.[76]

Eine gewisse Zeit blieb der Boom der Psychotherapie in Russland unter dem Radar des Staates. Schließlich erfasste er trotz allem nur eine Minderheit, und solange die Menschen nicht auf die Straßen gingen und Forderungen stellten, blieb immerhin ihr Denken und Fühlen weitgehend Privatsache. Aber so wie die Auseinandersetzung mit der Gewalt in den Familien im nächsten Schritt unweigerlich das Thema der Gewalt in Staat und Gesellschaft im Ganzen auf die Agenda brachte, so warf die Auseinandersetzung mit den Schatten der eigenen Vergangenheit, mit Ängsten, Manipulation und Machtmissbrauch in Familien auch ein Licht auf Machtmissbrauch und Manipulation im Staat und Traumata, die über Generationen weitergegeben wurden. Das Bekenntnis des *Kommersant*-Gründers Wladimir Jakowlew aus dem vorigen Kapitel ist ein anschauliches Beispiel dafür. Zunehmend wurden Manipulation, Abhängigkeitsverhältnisse, Macht und Missbrauch auch in den sozialen Medien thematisiert und diskutiert. Film und Theater stellen die Frage nach dem Erbe der sowjetischen Erziehung und den Traumata, die Terror, Krieg und Lüge hinterlassen haben und die über Generationen fortwirken.

Seit der Vollinvasion in die Ukraine hat der Kreml nicht nur die Repressionen gegen Oppositionelle und Andersdenkende massiv verschärft. Der Staat dringt auch immer weiter in den privaten Raum vor. Gewissermaßen folgt er seinen Bürgern auf ihrem Rückzug von den Plätzen in die Herzen auf den Fersen. Es genügt nicht mehr, die Menschen davon abzuhalten, dass sie sich zusammenschließen; der zunehmend totalitäre Staat will wissen, was sie denken und fühlen, und sucht nach Mitteln, auch darüber Kontrolle zu erlangen.

Einen sichtbaren Schritt in diese Richtung machte das Parlament im Herbst 2022 mit einem Vorstoß für ein neues Gesetz, das einen Rahmen für psychologische Hilfe schaffen soll. Seit Jahren hatten Berufsverbände ein solches Gesetz gefordert, das es Hilfesuchenden erleichtert, zwischen seriösen Angeboten und Scharlatanen zu unterscheiden. Plötzlich konnte es dem Staat nicht schnell genug gehen: Kurz nachdem Wladimir Putin Ende September 2022 die Mobilmachung verkündet hatte, befasste sich der Parlamentsausschuss für Familienangelegenheiten mit einem ersten Entwurf. Alexej Bogatschow, der Leiter der Arbeitsgruppe für psychische Gesundheit, warnte vor einer «lawinenartigen Zunahme posttraumatischer Belastungsstörungen» – und dies «aus nachvollziehbaren Gründen».[77] Mit anderen Worten: Die Erfahrung des Krieges und die Sorge um Angehörige belasten die Gesellschaft massiv. Nina Ostanina, Abgeordnete der Kommunisten, begründete die Gesetzesinitiative mit der «unserem Volk eigenen Emotionalität». Aufgabe der Psychologie sei es, «Gefühle in der Gesellschaft zu antizipieren»[78] – Psychologie als Frühwarnsystem für den Staat. Ähnlich sieht das auch der Vizepräsident der Russischen Psychologischen Gesellschaft, Sergej Kandybowitsch. Er forderte, im Gesetz festzuschreiben, dass Psychologen «nicht nur im Interesse ihrer Klienten tätig sind, sondern auch im Interesse der nationalen Sicherheit der Russischen Föderation». Kandybowitsch erhielt seine Ausbildung bei der sowjetischen Armee, machte dort Karriere und ist heute Mitglied im sogenannten Menschenrechtsrat beim Russischen Präsidenten.

Als der Gesetzesentwurf im Oktober 2022 bekannt wurde, liefen Berufsverbände Sturm. Geplant war, dass künftig ein von der Regierung ernanntes Gremium Therapeuten die Zulassung erteilt. Zudem sollen Psychologen verpflichtet werden, den Inhalt ihrer Gespräche an die Sicherheitsbehörden weiterzugeben. Noch nicht einmal ein Gerichtsbeschluss wäre dafür notwendig. Boris Shapiro, der Inhaber des Lehrstuhls für Praktische Psychologie an der Moskauer Hochschule für Sozial- und Wirtschaftswissenschaft, ist einer der lautesten Kritiker des Gesetzes. Das Gesetz würde die Therapeuten zwingen, gegen ihr Berufsethos zu verstoßen, klagt er. «Dazu gehören Vertraulichkeit, Neutralität, Wertfreiheit und eine Arbeit im Interesse des Patienten.» Umerziehung dagegen sei nicht die Aufgabe von Psychotherapeuten.

Bei den Vorbereitungen, die russische Seele unter staatliche Kontrolle zu bringen, spielt auch die Familie von Verteidigungsminister Sergej Schojgu eine Rolle. Seine Tochter Julia ist Chefin des Zentrums für Krisenpsychologie beim russischen Katastrophenschutz. In dieser Funktion leitete sie einen Expertenrat, der die Gesetzgebung begleitet. Auch ihre jüngere Schwester Xenia interessierte sich mit einem Mal für Krisenpsychologie – allerdings eher aus wirtschaftlicher Perspektive: Ihre Investmentfirma Capital Perform gründete Anfang 2022 eine Plattform mit dem Namen *Gran'* («der Grat»), die *Yasno* zum Verwechseln ähnlich sieht.

Wladimir Putin sieht die seelische Gesundheit der Gesellschaft natürlicherweise beim Staat in besten Händen. Bei einem Treffen mit Nachwuchswissenschaftlern 2022 merkte er an, die Umfrage eines staatlichen Meinungsforschungszentrums habe ergeben, dass 15 Prozent der Bevölkerung psychologische Hilfe benötigten. Unter den Jungen seien es sogar 35 Prozent. Leider seien solche Hilfsangebote nicht in ausreichendem Maße entwickelt, beklagte der Präsident. Der Staat habe das bisher vernachlässigt. «Ich werde den Regierungschef bitten, sich der Sache anzunehmen», sagte Putin. Und übrigens habe der russische

Katastrophenschutz schon lange Erfahrung mit derartigen Hilfsangeboten. Die könne man ja jetzt «erweitern».

Als ich ein Jahr später mit Boris Shapiro telefoniere, hat das Parlament noch immer kein Gesetz über psychologische Hilfe verabschiedet. Den Grund kennt er nicht, aber er versucht allen Nachrichten etwas Positives abzugewinnen: «Ich sag's mal so: Es gibt zwei gute Nachrichten. Die erste ist, dass ein solches Gesetz endlich in Angriff genommen wurde. Die zweite ist, dass es in dieser Form, wie es geplant war, vorerst gestoppt werden konnte.» Mit 76 Jahren hat Shapiro seinen Lehrstuhl aufgegeben. Er nimmt sich jetzt wieder mehr Zeit für die Arbeit mit Klienten. Der Bedarf sei enorm, erzählt er. Wichtigste Themen seien die Emigration und die Zerrissenheit der Familien. Der Yasno-Gründer Antonowski kennt diese Erfahrung. Er hat mit der zweiten Emigrationswelle nach der Mobilmachung das Land verlassen und lebt heute in Lissabon.

Ich bleibe hier

Derweil suchen die, die geblieben sind, Formen für ihr Engagement, die sie nicht sofort ins Gefängnis bringen, aber dennoch etwas bewirken. Das kommt einem Tanz auf der Rasierklinge gleich. Seit Beginn des vollumfänglichen Krieges habe es nahezu täglich Proteste gegeben, berichtet die Menschenrechtsorganisation OVD-Info. Viele dieser Aktionen sind klein und werden fast nur lokal wahrgenommen. Manchmal steht nur eine einsame Frau oder ein einsamer Mann mit einem Plakat an einem öffentlichen Platz und bekundet: «Nein zum Krieg». Auch wenn solche Aktionen das Morden nicht stoppen; die Frauen und Männer, die sich mit den Plakaten auf die Straße stellen, sind bereit, hohe Risiken einzugehen, um wenigstens die eigene Würde zu behalten. Sie wollen zu Unrecht und Verbrechen nicht schweigen.[79] Ein kritischer Kommentar im Internet kann schon genügen, um den Verfasser für mehrere Jahre ins Lager zu bringen.

Gleichzeitig verbreiten Staatsmedien und Sicherheitsbehörden Hysterie um Spionage und Landesverrat. Das unabhängige Nachrichtenportal *Cholod* hat allein für die ersten sieben Monate des Jahres 2023 mehr als 80 Verfahren wegen dieser Straftatbestände gezählt. Früher gab es in einem Jahr höchstens eine Handvoll solcher Fälle. Tatsächlich dürfte die Zahl um ein Vielfaches höher liegen, befürchten die Autoren. Viele Fälle werden nicht öffentlich, die Verhandlungen finden hinter verschlossenen Türen statt. Anwälte, die sich auf solche heiklen Verfahren spezialisiert haben, berichten, dass der FSB nahezu täglich neue «Spione enttarnt», und rechnen über das Jahr mit 250 Verfahren. So viele Verfahren gegen «Spione» und «Landesverräter» hat es seit Stalins Tod nicht mehr gegeben.[80]

Auch Katrin Nenaschewa hat ihre Arbeitsweise angepasst. Aufsehenerregende Kunstaktionen, wie sie sie noch vor drei Jahren durchgeführt hat, seien unter den gegenwärtigen Bedingungen nicht mehr möglich, sagt sie. Wir haben uns zum Gespräch per Video verabredet. Sie sitzt in einem Café, den Laptop auf dem Schoß. Nervös zieht sie an einer rosafarbenen Elektro-Zigarette, während sie schildert, wie die Angst in kurzer Zeit die letzten Triebe einer Zivilgesellschaft vergiftete, die in den vergangenen Jahren sprießen konnten: «2021 hatten die Leute Angst, auf die Straße zu gehen und sich an Demonstrationen zu beteiligen, weil sie die Brutalität der Polizei und die Willkür der Justiz fürchteten», erklärt sie. «Aber jetzt haben sie sogar Angst, zu Treffen zu kommen, bei denen sich die Teilnehmer einfach nur austauschen.» Sie fürchteten Razzien und Anzeigen, selbst wenn sie sich nicht öffentlich treffen, sondern an Orten, die früher noch als geschützte Räume galten.

Einen Eindruck davon gibt eine Studie, die die Soziologin Anna Kuleschowa nach dem Beginn des vollumfänglichen Angriffskrieges auf die Ukraine im März 2022 begonnen hat. Über ein Jahr lang führte Kuleschowa mehr als einhundert Interviews mit Menschen, die den Krieg ablehnen. Angst und Einsamkeit waren die dominierenden Themen. Angesichts zunehmender Repressionen und Denunziationen trauten sich viele der Befragten nicht mehr, mit Kollegen oder selbst mit engen Familienangehörigen offen zu reden.[81]

Viele von Nenaschewas Freunden und Mitstreiterinnen haben das Land verlassen. Sie hat sich entschieden zu bleiben, so lange es geht. Für ihre Arbeit sei es wichtig, dass sie vor Ort ist, sagt sie. Als Künstlerin und Aktivistin habe sie sich immer für Gruppen eingesetzt, die vom Staat und der Gesellschaft an den Rand gedrängt werden und besonders auf Unterstützung angewiesen seien. Menschen mit Behinderung, Menschen in der Psychiatrie, Kinder, die kein Zuhause haben oder kein Zuhause, das ein gesundes Umfeld für sie wäre, die LGBT-Community. Soll sie sie im Stich lassen, jetzt wo sie mehr denn je darauf angewiesen sind, dass sie nicht vergessen werden? «Für mich kam es eigentlich nie in Frage wegzugehen», sagt Nenaschewa. «Mir geht es hier auch um meine eigene Aufrichtigkeit: Wenn ich immer davon rede, dass Menschen einander helfen und sich gegenseitig unterstützen sollen, dann muss ich auch in einem kritischen Moment bleiben und für sie da sein.»

Ich muss an den Spruch denken: «Russen lassen einander nie im Stich.» Es ist eine ständig wiederholte Formel der staatlichen Propaganda. Derweil lässt die Armee Verwundete und Gefallene im Kampfgebiet zurück. Und nachdem sie den Kachowka-Staudamm gesprengt hatte, überließ sie die Bewohner im Überflutungsgebiet ihrem Schicksal, obwohl Russland doch vorgeblich gekommen war, um diese Menschen zu retten.

Seit den 2000er Jahren baut der Kreml auf der Parole «Russen lassen einander nie im Stich» auch seine aggressive Außenpolitik auf. Fast könnte man meinen, da müsse das Trauma eines jungen KGB-Offiziers verarbeitet werden, vor dessen Dresdner Büro im Herbst 1989 aufgebrachte Demonstranten standen – und die Parteiführung in Moskau schwieg. Wo immer russische Bürger leben, nimmt sich Moskau heute das Recht heraus, sie zu «beschützen». So steht es in der außenpolitischen Strategie der Russischen Föderation und auch in der 2014 verabschiedeten Militärdoktrin, Punkt 22: Russland darf seine Streitkräfte einsetzen, um das Land gegen eine Aggression von außen zu verteidigen und «um eigene Staatsbürger zu schützen, die sich außerhalb der Landesgrenzen befinden».[82] Die militärischen Interventionen in Moldau, Georgien, auf der Krim oder im Osten der Ukraine wurden so gerechtfertigt. Notfalls werden die russischen Staatsbürger, die Moskau dann zu schützen vorgibt, erst geschaffen, indem in Krisengebieten großzügig russische Pässe verteilt werden.

Kritiker scherzen sarkastisch, als Russe müsse man wohl erst ins Ausland reisen, wenn man die Erfahrung machen möchte, dass der Staat die Rechte seiner Bürger schützt. Denn zu Hause werden sie mit Füßen getreten. Und immer wieder hat der Staat seine Bürger auch im Stich gelassen: Die Besatzung der *Kursk*, die Geiseln im Musical-Theater *Nord-Ost* und in der Schule von Beslan, die Opfer der Sturzflut im Schwarzmeerort Krymsk 2012. Das ist deshalb erwähnenswert, weil der Unterschied ins Auge fällt: Alexej Nawalny ist nach Russland zurückgekehrt, obwohl er wusste, welche Gefahr ihm droht. Wladimir Kara-Murza hat zwei Vergiftungen überlebt und trotzdem weiter gemacht, bis er schließlich wegen Diskreditierung der Armee zu 25 Jahren Haft verurteilt und eingesperrt wurde. «Wir Anführer der Opposition haben kein Recht, die Leute allein zu lassen», sagt er. Und genauso fühlt Katrin Nenaschewa sich den Gruppen gegenüber verantwortlich, die sie in ihre Aktionen einbezogen hat.

Ob einer sich verantwortlich fühlt für andere Menschen, oder ob er sie nur beherrschen und für seine Interessen benutzen will, auch das unterscheidet Demokraten von Tyrannen. Im Frühjahr 2022, als andere die Koffer packten, hat Nenaschewa mit einigen Mitstreiterinnen ein neues Projekt gestartet: «Ich bleibe hier». Eingeladen sind alle, die humanistische Werte teilen und den Krieg ablehnen. Nicht nur Aktivisten oder politisch Engagierte. Sie planen keine Protestaktionen, es geht erst einmal nur darum, dass sich diejenigen, die mit der patriotischen Hysterie ringsum nicht einverstanden sind, weniger allein fühlen. Es kommen Lehrer, Ärztinnen, Rentner, Jugendliche.

«Viele, die sich entschieden haben, hier zu bleiben, rutschen in die Depression» erzählt Nenaschewa. «Sie leben in ständiger Angst, weil sie nicht wissen, was als nächstes kommt und wie ihre Zukunft aussieht.» Die Treffen sind eine Gelegenheit, diese Gefühle zu teilen, sich gegenseitig zu unterstützen.

Einige Tage nach unserem Gespräch wird eine Mitstreiterin von Nenaschewa festgenommen. «Mittlerweile werden praktisch alle Veranstaltungen, die ich organisiere, verboten», schreibt sie auf Facebook. Ihr Name darf auf keiner Einladung auftauchen. «Seit einigen Wochen bin ich praktisch untergetaucht. Ich muss ständig auf der Hut sein, aber mir ist klar, wenn sie mich finden wollen, dann finden sie mich.» Eine Tasche mit Wäsche und Hygieneartikeln hat sie immer dabei für den Fall, dass sie ins Gefängnis muss. Bislang seien das aber alles «Einschüchterungsversuche». In den Kommentaren versuchen Freunde, sie zu überreden, das Land zu verlassen.

Schuld

Gott verzeiht alle Sünden. Nur eine Sünde verzeiht er nicht:
Wenn das Gute böse genannt wird. Oder das Böse gut.
Das ist die einzige Sünde, die nicht verziehen wird.

Giovanni Guaita, Priestermönch in der
Gemeinde Kosmos und Damian in Moskau.[83]

Buße

Auf ihrer Brust, gleich unterhalb der Schlüsselbeine hat Katrin Nenaschewa vier Buchstaben tätowiert: ВИНА – Schuld. Ein junger Mann hat sie ihr 2020 bei einer Performance gestochen. Die Künstlerin hatte an öffentlichen Orten in unterschiedlichen Städten einen kleinen Tisch aufgestellt und zwei Stühle dazu. Auf einem saß sie, der Platz gegenüber blieb frei. «Streite mit mir», forderte ein Plakat die Passanten auf. Während des Lockdowns hatten Konflikte und Gewalt in den Familien zugenommen; die Aktion sollte das, was gewöhnlich hinter verschlossenen Wohnungstüren passiert und von den Nachbarn nur als Poltern und Schreien wahrgenommen wird, an die Öffentlichkeit bringen. «Ich wollte testen, inwiefern die Menschen bereit sind, in der Öffentlichkeit über traumatische Erlebnisse zu sprechen», erklärt Nenaschewa.

Es gibt Gespräche, es gibt Streit, sogar Schläge muss die Künstlerin einstecken. Von einigen Teilnehmern lässt Nenaschewa sich tätowieren. «Sie konnten meinen Körper für ihre Reflexionen nutzen», sagt sie dazu. Ilja, der junge Mann, der ihr das Wort «Schuld» auf die Brust tätowiert, kam zu einer Performance in Nenaschewas Heimatstadt Krasnodar. Er erzählte ihr von seiner Zeit in der Armee. Wie er jüngere Soldaten prügelte und quälte und sich dabei stark und mächtig fühlte. Wie er dann zu Hause mit dem gleichen Verhalten seine Familie tyrannisierte und wie die Schuldgefühle deswegen ihn erdrücken. So ein ehrliches Schuldbekenntnis könne der Anfang einer Veränderung sein, ist Nenaschewa überzeugt. Dass Ilja ihr das Wort «Schuld»

Die Künstlerin Katrin Nenaschewa bei der Aktion «Streite mit mir» im Mai 2020 in Sankt Petersburg.

tätowierte, sei für beide schmerzhaft gewesen. Aber es war freiwillig und einvernehmlich. Das unterscheidet diesen Akt von den erzwungenen Schuldbekenntnissen, die zuletzt immer häufiger als Instrument politischer Manipulation eingesetzt werden.

Öffentliche Buß-Rituale sind in den vergangenen Jahren zu einem verbreiteten Mittel der Machtdemonstration durch Vertreter des russischen Staates geworden. Der Ursprung dieses unheilvollen Trends liegt in Tschetschenien. Im Kaukasus spielt der Ehrbegriff eine wichtige Rolle, Menschen bloßzustellen und öffentlich zu beschämen, ist hier ein besonders wirksames Druckmittel. Landesweit bekannt wurde 2015 der Fall eines jungen Mannes mit dem Instagram-Pseudonym @adam_chechenskiy, der es gewagt hatte, das Oberhaupt der Kaukasus-Republik zu kritisieren. Kadyrow hatte ein Video veröffentlicht, auf dem er zu dem Lied «Mein bester Freund ist Wladimir Putin» des systemtreuen Rappers Timati auf einem Laufband trainiert. Videogrüße aus dem Fitnessstudio waren ein beliebtes Genre des Despoten, solange er noch einigermaßen in Form war. @adam_chechenskiy hatte sich über diese Botschaft empört: Dass das Oberhaupt der Tschetschenen den russischen Präsidenten als «besten Freund» preise, nachdem dessen Armee 15 Jahre zuvor die Hauptstadt Grozny dem Erdboden gleichgemacht hatte, sei eine Schande, kommentierte er.

Eine Woche später verbreiteten tschetschenische Blogger ein Video, in dem der Autor der Kritik mit heruntergelassenen Hosen auf einem Laufband läuft und beteuert, einen Fehler gemacht zu haben: «Ich bin Adam Dikaew aus dem Dorf Awtury», stammelt er auf Tschetschenisch. «Ich habe geglaubt, niemand würde mich finden und auf Instagram geschrieben, was ich besser nicht geschrieben hätte. Sie haben mich gefunden und ich musste die Hosen runterlassen. Ich habe verstanden, dass ich ein Niemand bin. Seitdem bin ich zu der Überzeugung gekommen, dass Putin mein Vater, Großvater und mein Zar ist.» Dann beginnt er zu singen: «Mein bester Freund ist Wladimir Putin».

Ein anderes Beispiel aus demselben Jahr: Die Krankenpflegerin Aischat Inaewa kritisiert in einer Sprachnachricht in einer WhatsApp-Gruppe die Verschwendungssucht Kadyrows und die Armut in der Region. In der Folge führt der staatliche Fernsehkanal der Republik die Frau und ihren Ehemann in einer halbstündigen Sendung vor: Mit gesenkten Häuptern sitzen sie in einem mit Gold und Brokat reich geschmückten Empfangszimmer vor dem Republikchef. Die Kulisse allein könnte Beleg dafür sein, dass Inaewas Kritik nicht unberechtigt war. Aber genau vor dieser Kulisse soll sie widerrufen. Kadyrow wird von zwei grimmigen Männern aus seinem engsten Machtzirkel flankiert, die im Ruf stehen, bei Folterungen persönlich Hand anzulegen. «Jetzt kannst du deine Fragen stellen», fordert er die eingeschüchterte Frau süffisant auf. Als sie schweigt, soll ihr Mann sie zum Reden bringen. Auch er wird beschämt als ein Mann, der seine Frau nicht im Griff hat. Im Anschluss an Inaewas erzwungene Entschuldigung berichtet das Fernsehen von einer «spontanen Bürgerversammlung», die in Wahrheit von Kadyrow-treuen Verbänden inszeniert wurde. Die Teilnehmerinnen und Teilnehmer entschuldigen sich im Namen aller Bürger dafür, dass diese dumme Frau «das Herz von Ramsan Achmatowitsch betrübt» habe.[84]

Das Video könnte als Lehrfilm dafür dienen, wie staatliche Gewalt in häusliche Gewalt übertragen wird. In der streng patriarchalen Gesellschaft des Nordkaukasus haben Ehre und Familie große Bedeutung. Jeder Fehltritt eines Familienmitglieds fällt auf das Familienoberhaupt zurück. Auf den Bloßgestellten lastet der Druck des ganzen Clans. Die Angst vor Schande sei ein wesentlicher Antreiber für Unterdrückung und häusliche Gewalt im Kaukasus, klagen Frauenrechtsorganisationen. Kadyrows Regime nutzt dies als Werkzeug der Repression. Öffentliche Entschuldigung und Sippenhaft werden von der tschetschenischen Führung mittlerweile fast täglich eingesetzt, um das Volk zu disziplinieren. Selbst in privaten Chats traut sich kaum noch jemand, ein kritisches Wort zu sagen. Die Redaktion des unabhängigen Portals *Kawkaskij Uzel* («Kaukasischer Knoten») hat mehr als 180 Fälle solcher öffentlicher Bußrituale dokumentiert.[85]

Mittlerweile ist diese Praxis aber nicht mehr auf den Kaukasus beschränkt. Nach Beobachtung der Menschenrechtsorganisation OVD-Info[86] werden seit Beginn des offenen Angriffskrieges gegen die Ukraine im ganzen Land Kriegsgegner mit dieser Methode unter Druck gesetzt. Ein Repressionsmechanismus, der parallel zur Justiz zum Einsatz kommt und die Maßnahmen der Behörden gewissermaßen ergänzt. Bekannte Figuren der Opposition, die sich gegen den Krieg aussprechen, wie etwa Wladimir Kara-Marza oder Ilja Jaschin, wurden von Gerichten als abschreckendes Beispiel zu hohen Haftstrafen von 25 beziehungsweise acht Jahren verurteilt. «Rituale von Schuld und Schande» zielten darauf, die Menschen in der Masse einzuschüchtern und ihnen vorweg jede Regung von Protest zu verleiden, schreibt OVD-Info in einem Bericht Ende Juni 2023.[87]

Das öffentliche Schuldbekenntnis und die öffentliche Bitte um Vergebung wirken wie ein schräger Nachhall des Rituals von Kritik und Selbstkritik im Sozialismus. Seit den 1920er Jahren wurden in der Sowjetunion Abweichler von der Parteilinie zur Räson gebracht, indem sie auf Versammlungen öffentlich angegriffen und niedergemacht wurden. Die Praktik entwickelte sich zu einer regelrechten Hysterie; Genossen zitterten vor jedem Treffen, ein unbedachtes Wort genügte als Vorwand zu einer konzertierten Vernichtung. Auf die Spitze getrieben wurden diese Inszenierungen bei den Moskauer Schauprozessen während des Großen Terrors in den 1930er Jahren. Nach Wochen in den Folterkellern des NKWD bezichtigten sich die todgeweihten Angeklagten im Gerichtssaal selbst der absurdesten Verbrechen und stellten tiefe Zerknirschung über Taten zur Schau, die sie nie begangen hatten. Was in den Schauprozessen mit prominenten Parteimitgliedern gemacht wurde, funktioniert heute über Handy und Social Media ohne großen Aufwand mit jedermann.

Zum Beispiel im Fall von Nikolaj Lebedew. Der 22-Jährige ist unter dem Pseudonym «Nekoglai» ein Star in der Streaming-Szene im russischsprachigen Internet. Im November 2022 parodiert er in einem kurzen Video auf TikTok einen russischen Soldaten im Schützengraben. Zwei Tage später veröffentlicht die staatliche Nachrichtenagentur *Ria Novosti* ein Video, in dem Lebedew mit geschorenem Schädel und sichtbaren Blessuren im Gesicht um Entschuldigung bittet. Er sehe ein, dass er einen großen Fehler gemacht habe, stammelt er mit brechender Stimme: «Ich bereue es und ich schäme mich sehr. Ich glaube, wenn ich anstelle dieses Soldaten im Schützengraben gewesen wäre, hätte ich nicht überlebt. Ich fühle mich wie ein Tier. Bitte verzeihen Sie mir, wenn das nur möglich ist.»[88]

Fast aus allen Regionen wurden den Beobachtern von OVD-Info Beispiele erzwungener Entschuldigungen gemeldet. Am verbreitetsten ist diese Praktik der Einschüchterung aber auf der Krim. Von 94 Fällen, die von Februar 2022 bis zur Fertigstellung des Berichts im Juni 2023 registriert wurden, stammten 66 von der russisch besetzten Halbinsel. Verbreitet werden die Buß-Videos nicht nur von anonymen Denunzianten, sondern auch von staatlichen Medien und Behörden wie dem FSB, dem staatlichen Ermittlungskomitee und der Polizei.

Ein eigener Telegram-Kanal, der augenscheinlich von Mitarbeitern der Sicherheitsbehörden gefüttert wird, hat sich ganz der Jagd auf Abweichler verschrieben. Er nennt sich «Smersch» nach der von Stalin gegründeten militärischen Spionageabwehr, die im Zweiten Weltkrieg angebliche Verräter und Deserteure verfolgte. Der Name ist ein Akronym für «Tod den Spionen». «Spione» und Verräter sind in den Augen der Betreiber des Telegram-Kanals alle Krimbewohner, die den Anschluss der ukrainischen Halbinsel an Russland nicht gutheißen. Als Beleg dafür genügt eine unbedachte Äußerung in der Öffentlichkeit, ein Posting im Internet oder auch nur Kleidung in den Nationalfarben der Ukraine. Entschuldigen mussten sich auch schon DJs, die Lieder in ukrainischer Sprache gespielt hatten, und eine Frau, die vor den russischen Granaten aus Mariupol geflüchtet war: Ein Passant in Sewastopol hatte von der Straße aus durch das Fenster ihrer Erdgeschosswohnung einen blau-gelben Wimpel auf einem Regal gesichtet und eine Aufnahme davon samt Adresse an einen pro-russischen Telegram-Kanal geschickt.

Kaum erscheinen solche Denunziationen in den anonymen Kanälen, steht auch schon die Polizei vor der Tür. Offenbar werden die Buß-Videos dann direkt auf der Wache aufgenommen; das lassen nicht nur die grauen Wände im Hintergrund erahnen. Aufbau und Formulierungen folgen dem Muster einer schriftlichen Anzeige, nur dass der Büßer sich selbst beschuldigen muss: Erst nennt er Name, Nachname und Geburtsdatum, dann folgt das Vergehen und schließlich die Bitte um Vergebung. Oft müssen die vorgeblichen Delinquenten noch ihre Unterstützung für die «Militärische Spezialoperation» bekennen, bisweilen werden sie gezwungen, in Uniformen vor der russischen Flagge zu posieren, während die Nationalhymne abgespielt wird. Wer auf diese Weise an den digitalen Pranger gestellt wurde, muss damit rechnen, bald auch eine Kündigung von seinem Arbeitgeber zu bekommen oder den Studienplatz zu verlieren. Derlei Druckmittel hätten sich in Kriegszeiten zu den wichtigsten Repressionsinstrumenten des Staates entwickelt, urteilt OVD-Info.

Nirgends manifestiert sich die unheilvolle Verbindung von Lüge und Gewalt so deutlich wie in diesem Ritual der Entschuldigung. Jemand hat gewagt zu sagen, was er denkt. Der Staatsmacht genügt es nicht zu widersprechen. Der Zweifler muss öffentlich widerrufen und das Gegenteil von dem sagen, was seiner Überzeugung entspricht. Er tut es, weil ihm Gewalt droht. Nicht immer sind die Spuren von Folter und Erniedrigung so sichtbar wie bei dem kahl geschorenen TikTok-Star Nikolai «Nekoglai» Lebedew, der später vom sicheren Ausland aus berichtete, seine Geiselnehmer hätten Zigaretten auf seinem nackten Körper ausgedrückt und ihn gezwungen, sich eine Flasche in den Anus einzuführen. Aber allen Betroffenen ist die Angst ins Gesicht geschrieben.

Dass die Reuebekundungen selten glaubwürdig vorgetragen werden, ist zweitrangig. Wichtiger ist offenbar zu demonstrieren, wie sich Abweichler der Macht beugen. Gerade Menschen, die mit dem Kritiker und seiner Kritik sympathisierten, können sich ausmalen, wie diese Kehrtwende zustande gekommen ist. Die Umkehr des Sünders soll allen Zweiflern ein Beispiel sein: Es ist nie zu spät, auf den rechten Weg zurückzukehren, und auch die Stärksten und die erbittertsten Gegner haben irgendwann ein Einsehen. Die Inszenierung wirkt wie ein Echo aus der Frühen Neuzeit, als Galileo Galilei unter dem Eindruck der Folter und in Erwartung des Scheiterhaufens seine Erkenntnis widerrief, dass die Erde sich um die Sonne dreht. Das Unterwerfungsritual führt öffentlich vor, wie freier Wille gebrochen wird. Das inszenierte Entschuldigungs-Video ist ein wenige Sekunden dauerndes Kammerspiel über die Machtlosigkeit des Einzelnen vor der Allmacht der Staatsgewalt.

Bemerkenswert ist in diesem Zusammenhang auch, wie ungleich die Schuld in Staat und Gesellschaft verteilt ist. Während Bürger gezwungen werden, sich für ein falsches Wort, einen falschen Witz oder einen falschen Aufkleber auf dem Auto zu entschuldigen, und öffentlich zu Kreuze kriechen müssen, ist der Staat zwar praktisch allmächtig, aber nie an etwas schuld. Er erhebt den Anspruch, über immer mehr zu bestimmen bis hin zum Sexualleben seiner Bürger, übernimmt aber andererseits für nichts Verantwortung. Für Morde und Mordversuche an seinen Gegnern sowieso nicht; genauso wenig wie für den Abschuss der Malaiischen Boeing auf dem Flug MH17 mit fast 300 Menschen an Bord oder für die Kriegsverbrechen in Butscha, Irpin und die Sprengung des Kachowka-Staudamms. Bei solchen Ereignissen springt sofort die gut organisierte Leugnungs- und Vernebelungsmaschine an.

Selbst dann, wenn nicht Absicht oder staatliche Aggression das Leid verursacht haben, sondern Fehler oder schlechte Vorbereitung, gibt es nie ein Wort des Bedauerns aus dem Kreml, bekundet nie jemand, aus Fehlern lernen und es in Zukunft besser machen zu wollen: Nicht nach dem Sturm auf das Musical-Theater Nord Ost 2002, bei dem mindestens 130 Geiseln an einem tödlichen Gas starben, das Spezialtruppen des Geheimdienstes beim Sturm des Gebäudes einsetzten. Nicht nach dem Sturm auf die von Geiselnehmern besetzte Schule von Beslan 2004 mit mehr als 300 Opfern. Nicht nach der Flutkatastrophe in Krymsk am Schwarzen Meer, wo nach heftigen Regenfällen im Juli 2012 mehr als 500 Menschen in den Fluten ertranken oder von Erdrutschen verschüttet wurden und der Katastrophenschutz versagte. Nicht in der Corona-Pandemie, als die Gesundheitsversorgung des Landes zusammenbrach und zigtausende Patienten keine adäquate Hilfe bekamen. Solche Dinge passieren eben. Ein Moment aus dem ersten Jahr von Wladimir Putins Regierungszeit im Kreml ist zum Symbol für diese Haltung geworden: Auf die Frage des *CNN*-Journalisten Larry King, was mit dem U-Boot Kursk mit 118 Matrosen an Bord geschehen sei, antwortete Putin im September 2000 mit einem schrägen Grinsen nur: «Es ist untergegangen.»[89]

Einmal im Jahr kann man im Fernsehen sehr anschaulich beobachten, wie Verantwortung und Schuld am Präsidenten abperlen. Die Call-in-Sendung *Der direkte Draht* soll einerseits den Eindruck erwecken, der Präsident habe das Ohr am Volk. Gleichzeitig dient sie aber auch als Blitzableiter für angestaute Unzufriedenheit: Anrufer beschweren sich über eine kaputte Straße, fehlenden Gas-Anschluss oder ein geschlossenes Krankenhaus, und der Präsident stellt umgehend den Gouverneur der jeweiligen Region in den Senkel. Getreu der alten Redewendung «Der Zar ist gut, die Bojaren sind schlecht» liegt es nie am

Regenten, es sind immer nur seine Beamten schuld an den Missständen im Land.

Für die internationalen Beziehungen gilt dieses Prinzip umso mehr. Während im Westen seit den 1990er Jahren über die Frage debattiert wurde «who lost Russia?», verschwendet man im Kreml keinen Gedanken an mögliche eigene Fehler, sondern schildert das zerrüttete Verhältnis zu einer wachsenden Zahl ehemals befreundeter oder zumindest wohlwollender Staaten ausschließlich als Folge der angeblich «unfreundlichen Politik unserer Freunde» (sprich: Feinde). Diese Haltung, für alles Übel andere verantwortlich zu machen, am liebsten aber den Westen, ist seit langem Gegenstand zahlreicher spöttischer Anekdoten wie der, der Uringestank in Hauseingängen und Aufzügen russischer Wohnblöcke sei keinesfalls die Schuld alkoholisierter Bewohner, die auf dem Heimweg ihren Anstand vergessen. Vielmehr sei es Barack Obama, der nachts durchs Land ziehe und den Russen vor die Tür pinkle.

Absolution

Die Verkehrung von Gut und Böse verläuft stufenweise. Vielleicht fällt zuerst auf, dass das Gesetz nicht mehr für alle gilt. Täter mit den richtigen Verbindungen kommen jedes Mal ungestraft davon. Bestimmte Verbrechen werden nicht mehr aufgeklärt – Angriffe auf Minderheiten und Kritiker, Morde an Regimegegnern. Stattdessen werden jetzt Unschuldige verfolgt und eingesperrt und Banditen gelten als Ehrenmänner, so wie Sergej Zapok, der Massenmörder mit Doktortitel im Rang eines Abgeordneten aus der Staniza Kuschtschowskaja. Auf der letzten Stufe werden Verbrechen belohnt.

Dass nicht alle gleich sind vor dem Gesetz, stach auch politisch uninteressierten Bürgern schon früh im Straßenverkehr ins Auge. Auf den verstopften Straßen der Hauptstadt fuhren immer mehr Limousinen mit Blaulicht an den Staus vorbei. Politiker, hohe Beamte und Konzernchefs nutzten ihre Sonderrechte. Aus Protest entstand schon Mitte der Nullerjahre die «Gesellschaft der blauen Eimerchen»: Verärgerte Autofahrer fuhren mit blauen Plastikeimern auf dem Dach in Konvois hupend durch die Stadt. Im Februar 2010 rammte ein Mercedes des Vizepräsidenten des Mineralölkonzerns Lukoil auf dem Moskauer Lenin-Prospekt einen kleinen Citroën. Eine schwangere Frau und ihre Beifahrerin starben. Obwohl alle Zeugen bestätigten, dass die Limousine des Konzernchefs den Unfall verursacht hatte, gab die Polizei der verstorbenen Fahrerin die Schuld und der Manager kam ungestraft davon. Der Vorfall löste breiten Unmut aus, er war nicht der einzige. Inzwischen summieren sich die Beispiele von Autounfällen mit tödlichem Ausgang, in die Abgeordnete, Beamte, Manager oder deren Kinder und Ehefrauen verwickelt waren, auf mehrere Dutzend. Limousinen rasen auf der Gegenspur, ältere Frauen werden auf dem Zebrastreifen oder auf dem Gehweg überfahren, und stets haben die zahlreich vorhandenen Überwachungskameras gerade nicht aufgezeichnet.[90] Als Reaktion auf den Unfall auf dem Lenin-Prospekt bündelte der bekannte Rapper Noize MC die Wut über die Rücksichtslosigkeit und Straflosigkeit der Eliten in einem Song mit dem Titel «Mercedes S666».[91]

Seit im Frühjahr 2022 die direkte Zensur eingeführt wurde, gilt auch bei Meinungsäußerungen, dass systemtreuen Akteuren alles erlaubt ist, wofür Kritiker für Jahre in Lager gesperrt werden. In den Talkshows der staatlichen Propaganda-Kanäle sprechen Moderatorinnen und ihre hurrapatriotischen Gäste und «Experten» inzwischen ganz unverblümt vom «Krieg» mit der Ukraine. Die Schar der Militärblogger kritisiert täglich die Zustände in der Armee und die nach ihrer Auffassung zu zögerliche Führung. Im patriotischen Propaganda-Zirkus gilt Narrenfreiheit, verurteilt werden aber ausschließlich Kriegsgegner, weil sie die verbotene Vokabel benutzt haben oder mit ihrer Kritik die Streitkräfte diskreditiert haben.

Auch außenpolitisch gilt: Wer im Sinne des russischen Staates Verbrechen begeht, wird öffentlich dafür belohnt. Der KGB-Mann Andrej Lugowoj, der nach Überzeugung der britischen Justiz 2006 dem Putin-Kritiker Alexander Litwinenko im Londoner Exil das tödliche Polonium in den Tee tat, bekam zu Hause in Moskau umgehend einen Posten als Abgeordneter. Nach dem Giftanschlag auf den Ex-Agenten Sergej Skripal im englischen Salisbury 2018 holte das staatliche Fernsehen Lugowoj als Experten ins Studio, der alles abstritt. Eine bemerkenswerte Zurschaustellung von Orwell'schem Doppeldenk: Einerseits wird Lugowoj als Unschuldiger mit sauberer Weste präsentiert. Gleichzeitig wird er aber als Experte für Vergiftungen und Anschläge auf Dissidenten im Ausland befragt.

Für kaum jemanden hat sich das russische Außenministerium so eingesetzt wie für den Waffenhändler Wiktor But. But hatte in den 1990er Jahren halb Afrika und den Nahen Osten mit Waffen geflutet und Kriege angeheizt, indem er alle Seiten belieferte. Nachdem er 2011 in den USA verurteilt worden war, stilisierte Moskau ihn zu einem politischen Gefangenen und erreichte schließlich im Dezember 2022 seinen Austausch gegen die amerikanische Profi-Basketballerin Brittney Griner. Griner war im Februar desselben Jahres mit einer geringen Menge Haschischöl im Handgepäck am Flughafen Scheremetjewo festgenommen und anschließend wegen Drogenschmuggels zu neun Jahren Haft verurteilt worden – ganz offensichtlich zum Zweck eines solchen Austausches. Wie Lugowoj startete auch But alsbald eine Karriere in der russischen Politik.

Mit der Entkriminalisierung häuslicher Gewalt 2017 folgte der Staat auf der Ebene der Familie demselben Prinzip: Gewalttäter erhalten Absolution. Das Strafgesetz gelte ja weiterhin auch in der Familie, beschwichtigten die Befürworter der Reform. Es sei lediglich der Sonderfall abgeschafft worden, der Gewalt in Familien und Partnerschaften gesondert unter Strafe stellte. Das schütze zum einen die Familien vor zu viel Zugriff des Staates und sorge dafür, dass weniger Menschen wegen Bagatellen in Haft kommen. Und zweitens könne es ja nicht sein, dass ein Mann vor Gericht kommt, wenn er die eigene Frau schlägt, während es nur ein Bußgeld gegeben hätte, wäre es die Frau des Nachbarn gewesen. Der entscheidende Punkt ist aber, dass es kein Bewusstsein dafür gibt, dass Gewalt in der Familie falsch ist. Wer die Nachbarin schlägt, kriegt höchstwahrscheinlich Ärger mit dem Nachbarn, ihrem Mann. Wer die eigene Frau schlägt, muss nicht damit rechnen, dass sich jemand einmischt. In den meisten Fällen nimmt die Polizei die Anzeigen der Opfer gar nicht auf. Die Fälle sind lästig, die Beweisaufnahme ist schwierig und zu viele unerledigte Fälle verderben die Statistik.

Wo das Gesetz zurückweicht, breitet sich das Recht des Stärkeren aus. In Russland ist das auf allen Ebenen zu beobachten: In der Staniza Kuschtschowskaja, wo die Gewaltherrschaft des Zapok-Clans endgültig triumphiert, nachdem er Polizei und Staatsanwaltschaft unter seine Kontrolle gebracht hat. Im Fall der «Partisanen von Primorje» ist es der Zufall, das Glück oder besser das Pech, dass die Jugendlichen nach ihrem ersten Mord an dem Streifenpolizisten in Wladiwostok nicht gefasst werden. Sie haben getötet, ein Tabu ist gebrochen und nichts folgte daraus. Sie fühlen sich unverwundbar und planen weitere Morde. Die Zustände in der Staniza Kuschtschowskaja wurden erst bekannt, als die Bande zwölf Menschen grausam niedergemetzelt hatte. An häusliche Gewalt hat sich die Gesellschaft so gewöhnt, dass sie erst aufgeschreckt wird, als drei Schwestern ihren Vater töten. Oder als ein Mann seiner Partnerin mit dem Beil beide Hände abhackt.

Straffreiheit wirkt geradezu entfesselnd für Gewalt. Und das russische Regime entfesselt sie gezielt. Etwa indem Radikale nicht bestraft werden, wenn sie Veranstaltungen der Organisation Memorial angreifen und Teilnehmer mit Farbe besudeln. Indem Gerichte politische Morde an Anna Politkowskaja oder Boris Nemzow nicht aufklären. Mehr noch: Im November 2023 begnadigte Putin einen von Politkowskajas Mördern, den Polizisten Sergej Chadschikurbanow, weil er sich freiwillig zum Einsatz in der Ukraine gemeldet hatte. Indem der Kreml dem Despoten Ramsan Kadyrow in Tschetschenien freie Hand lässt und dem Warlord Jewgenij Prigoschin ebenfalls – solange seine Leute nur in der Ukraine wüten oder mutmaßlichen Verrätern mit dem Vorschlaghammer den Schädel zertrümmern. Erst als Prigoschin die Gewalt gegen die Zentralmacht in Moskau wendet, ist sein Schicksal besiegelt und er selbst wird als Verräter zum Ziel eines Gewaltakts.

Seit dem vollumfänglichen Krieg gegen die Ukraine können Gewalttäter sich nun auch offiziell von ihrer Strafe befreien, indem sie neue Gewalt ausüben. Zunächst nur als Söldner der Gruppe Wagner, mittlerweile auch als Angehörige der regulären Streitkräfte werden verurteilte Mörder und andere Schwerverbrecher in die Ukraine geschickt, um wieder zu töten. Wer ein halbes Jahr durchhält, dem wird seine Strafe erlassen.

So wie im Fall von Wadim Techow.

Am 18. September 2019 erscheint Techow am Arbeitsplatz seiner geschiedenen Frau in Wladikawkas, einer Großstadt im Nordkaukasus nahe der Grenze zu Georgien. Das Büro, in dem die 22-jährige Regina Gagiewa arbeitet, ist mit einer Überwachungskamera ausgestattet. Auf den Aufnahmen ist zu sehen, wie ein drahtiger Mann mit kurzem Vollbart auf die zierliche Frau zustürzt und sie anschreit. Er wirft seiner Ex-Frau vor, ihn zu betrügen. Dann zieht er ein langes Küchenmesser aus seiner Jacke und beginnt, auf sie einzustechen. Als sie zu Boden stürzt, sticht er weiter zu und ergreift schließlich die Flucht. Eine Woche lang versuchen Ärzte, das Leben der 22-Jährigen zu retten – ohne Erfolg. Sie hat Stiche in Leber und Lunge, eine Schlagader wurde mehrfach durchtrennt. «Von ihrem Hals war praktisch nichts mehr zu erkennen», sagt ein Arzt vor Gericht. «Ihr Gehirn wurde nicht mehr mit Blut versorgt.»

Im Prozess wird die gewaltsame Vorgeschichte des Paares öffentlich: Regina Gagiewa ist gerade 18 Jahre alt, als sie von ihrem neun Jahre älteren Nachbarn geraubt wird. Dass junge Frauen entführt und zur Heirat genötigt werden, ist bis heute keine Seltenheit im Kaukasus. Die Familien fürchten die Schande, die über sie kommt, wenn bekannt wird, dass ihre Tochter mit einem Fremden allein war. Niemand würde sie mehr zur Frau nehmen, also stimmen sie der Verbindung zu. Gagiewas Familie zögert dennoch. Die Eltern wissen, dass Techow bereits einmal verheiratet war und warum er seinen Job als Streifenpolizist verloren hat: Nachdem seine erste Frau mit einer Gehirnerschütterung und mehreren Brüchen im Krankenhaus hatte behandelt werden müssen, hatte er gekündigt, und seine Kollegen hatten darauf verzichtet, ein Strafverfahren einzuleiten.

Aber Regina glaubt den Beteuerungen ihres Verehrers, dass er sie wirklich liebt und seine Fehler nicht wiederholen wird. Schon in der Schwangerschaft beginnt er, sie zu schlagen. Regina versucht sich mit der Vorstellung zu beruhigen, dass alles besser wird, wenn erst ihr Sohn zur Welt kommt und sie eine richtige Familie sind. Aber sie täuscht sich. Techow prügelt weiter, er droht ihr, er hält ihr ein Messer an die Kehle. In Todesangst wendet sich die junge Mutter an die Polizei, aber die schickt sie wieder weg. Erst beim dritten Anlauf nehmen die Beamten ihre Anzeige auf. Wadim Techow muss ein Bußgeld von 5000 Rubel zahlen – nach damaligem Kurs knapp 70 Euro und der niedrigste Satz, den das Gesetz vorsieht.

Anderthalb Jahre hält Regina Gagiewa das aus, dann verlässt sie den Gewalttäter. Techow stimmt einer Scheidung unter der Bedingung zu, dass der gemeinsame Sohn bei ihm bleibt. Jedes Mal, wenn Gagiewa ihr Kind sehen möchte, prügelt und quält ihr Ex-Mann sie wieder. Sie ist nicht die Einzige, gegen die sich seine Aggression richtet: Im November 2018 verletzt Techow bei einer Schlägerei in einem Restaurant drei Männer. Einem von ihnen versetzt er einen Messerstich in die Lunge. Das Gericht ordnet Hausarrest an, aber Techow hält sich nicht daran. Womöglich helfen ihm die Kontakte zu seinen ehemaligen Kollegen bei der Polizei. Hätten sie den Hausarrest überwacht, könnte Regina Gagiewa noch am Leben sein.

Im Februar 2021 verurteilt das Gericht in Wladikawkas Techow wegen Mordes an Regina Gagiewa zu 16 Jahren strenger Lagerhaft. Motiv: Eifersucht. Aber schon im Mai 2023 erkennt Roxana Gagiewa den Verurteilten im Zentrum von Wladikawkas – der Mörder ihrer Schwester, der eigentlich bis 2035 in Haft sein sollte, läuft frei herum. Techow hatte sich im September 2022 der Privatarmee von Jewgenij Prigoschin angeschlossen und war nach einem halben Jahr an der Front als freier Mann zurückgekehrt.

Wladimir Putin hatte ihn persönlich begnadigt. Eigentlich sind Präsidialerlasse über die Amnestie von Straftätern Verschlusssache. Aber im Juni 2023 bekannte Putin in einer öffentlichen Plauderstunde vor Militärbloggern: «Ich habe die Anordnungen zur Begnadigung unterschrieben.»[92] Auf Nachfragen von Journalisten beteuerte sein Sprecher Dmitrij Peskow nur, die Amnestien erfolgten «im Einklang mit dem russischen Gesetz».[93] Tausende Schwerverbrecher sind mittlerweile auf diesem Weg frühzeitig wieder auf freiem Fuß. Dutzende haben erneut schwere Verbrechen begangen. Allein im Zeitraum zwischen März und August 2023 zählten Journalisten des unabhängigen Portals *Verstka* elf Morde und vier Vergewaltigungen, die von begnadigten Wagner-Kämpfern begangen wurden.[94]

Wer in den Angriffskrieg gegen die Ukraine zieht, kann nicht nur mit einem überdurchschnittlichen Einkommen rechnen, er kommt auch in den Genuss zahlreicher Privilegien: Teilnehmern der «militärischen Spezialoperation» werden Strafen und Schulden erlassen, sie und ihre Angehörigen werden bei der Vergabe von Studienplätzen bevorzugt an russischen Hochschulen, in Strafverfahren gewähren Gerichte großzügig Rabatt. Im September 2023 nahmen Journalisten des unabhängigen Portals *Wot Tak* 60 Urteile unter die Lupe, die im Verlauf des vorangegangenen halben Jahres an Militärgerichten gefällt wurden. Die Spannbreite reichte von Fahren ohne Führerschein über Drogendelikte bis zu schwerer Körperverletzung. Auch zehn Tötungsdelikte waren darunter. In mehr als 90 Prozent der Fälle fielen die Urteile demnach deutlich milder aus als bei vergleichbaren Prozessen vor Zivilgerichten. Das Fazit der Autoren: Der Staat braucht die Verbrecher.[95]

2019 hatte die Gesellschaft in der Kaukasusrepublik Ossetien mit der getöteten Regina Gagiewa sympathisiert und Wadim Techow scharf verurteilt. Nach seiner Begnadigung im Jahr 2023 waren die Reaktionen nicht mehr so eindeutig: Während in den sozialen Netzwerken die Empörung darüber überwog, dass der Mörder frei herumläuft, gab es bald auch Stimmen, die meinten, er habe sich durch seine Teilnahme am Krieg gegen die Ukraine von seinen Sünden rein gewaschen.

Hoffnung

Alles geht vorbei,
Wie ein Gewitter im Mai
Wie die Tränen von irgendwem
Wie zwei Finger im Mund
Wie das Mandat eines Spinners von Einiges Russland
Wie ein Verhör, wie das Grinsen eines Polizisten
Wie die Gänge von Lefortowo,
Beslan und das Gas im Musicaltheater Nord-Ost
Ein Haufen seelenloser Militärs
Sewastopol, Donezk und Luhansk,
Das geht alles vorbei.

Das geht bestimmt vorbei!
Mit einem nassen Sack über dem Kopf
Und Strommarken an der Hand
Sitzt mein Russland im Knast
Aber glaube mir:
Das geht vorbei!

[…}

Alles geht vorbei, irgendwann hört alles mal auf
Ob nach einem Jahr, einem Tag oder einem Augenblick
In der Einsamkeit der Leichenhalle
Ist der Diktator von gestern einfach nur ein toter alter Mann
Dann werden die Türen von Lefortowo aus den Angeln gehoben
Und Russland wird aus dem Schlaf gerissen
Gleich dem zerborstenen Rumpf der malaiischen Boeing
Bricht der Frühling in deine eisige Hütte

Pornofilmy, *Das geht vorbei* aus dem gleichnamigen Album, 2020

Im September 2024 werden es dreißig Jahre sein, seit ich zum ersten Mal nach Russland kam. Als Zivildienstleistender arbeitete ich mit Obdachlosen am Bahnhof von Nowosibirsk und in einem Heim für Alte und Behinderte. Oft war ich der erste Ausländer aus dem Westen, dem die Menschen begegneten. Und oft konnten sie nicht verstehen, was mich zu ihnen geführt hatte. Ich musste wohl ein Spion sein, war eine häufig geäußerte Vermutung. Dass jemand aus dem wohlhabenden Westen sich freiwillig um Menschen kümmert, denen es weniger gut geht, war jenseits ihres Vorstellungsvermögens. Obdachlose hatte es in der Sowjetunion offiziell nicht gegeben. Der Staat versorgte die Menschen mit Arbeit und Wohnungen. Wer nicht arbeitete und keine Wohnung hatte, musste ein Sozialschmarotzer sein und konnte zu Zwangsarbeit verurteilt werden. Der entsprechende Paragraf wurde 1991 aus dem Strafgesetzbuch gestrichen, aber in den Köpfen herrschte immer noch die Vorstellung, dass Obdachlose an ihrem Schicksal selbst schuld seien und kein Mitleid und schon gar keine Unterstützung verdienten. Die Polizei sammelte unsere Klienten regelmäßig ein und setzte sie vor den Grenzen der Stadt einfach im sibirischen Winter aus. Wenn die Alten im Pflegeheim zu schwach waren, selbst zu essen, räumten die Pflegekräfte die unberührte Suppe einfach wieder ab. Manchmal lagen die Patienten tagelang in ihren Exkrementen.

1994 war Boris Jelzin noch in seiner ersten Amtszeit als russischer Präsident. Wie die meisten Beobachter aus dem Westen glaubte auch ich daran, dass Russlands demokratische Entwicklung zwar schwierig, aber doch irgendwie natürlich vorgegeben sei, wenn nur die Kommunisten nicht wieder zurück an die

Macht kämen. Philipp Distel, ein Russlanddeutscher, den seine Familie nach einem Schlaganfall ins Heim gegeben hatte, erläuterte mir damals seine Auffassung von Demokratie. Er war ein großer Anhänger von Jelzin und der Erneuerung. Aber er war die ständigen Auseinandersetzungen in der Politik leid und verstand nicht, warum es so viele verschiedene Parteien geben musste: «Ein Demokrat als Präsident reicht doch!»

Als ich drei Jahre später in Moskau studierte, wurde in den Seminaren heiß diskutiert. Jeden Morgen lief ich zum Kiosk und kaufte einen Arm voll Zeitungen. Es war jedes Mal eine spannende Lektüre. Die Journalisten und ihre Leser schienen geradezu gierig danach zu sein, die Gegenwart und die Vergangenheit ihres Landes zu begreifen und mir ging es genauso.

Dreißig Jahre später sind einige der besten Journalisten aus dieser Zeit tot, viele haben das Land verlassen oder sind zu geifernden Propagandisten mutiert. Die guten Zeitungen wurden verboten, die Fernseh- und Radiosender gleichgeschaltet und an den Hochschulen traut sich niemand mehr, offen seine Meinung zu sagen. An der Spitze des Staates steht ein Mann, der die gleiche Einstellung hat wie damals Philipp Distel: Wenn der Richtige Präsident ist, stören alle anderen nur. Im Unterschied zu meinem russlanddeutschen Pflegeheimbewohner verfügte Putin allerdings über die Mittel, diese Vorstellung umzusetzen.

Von den vielen Expertinnen und Experten, deren Urteil ich schätze, hat noch Mitte Februar 2022 niemand damit gerechnet, dass Wladimir Putin wirklich einen großen Krieg gegen die Ukraine beginnen würde. Dabei standen die Panzer schon an der Grenze. Und Putin hatte in Reden und Aufsätzen dem Nachbarland wiederholt das Existenzrecht abgesprochen. Ich glaube, diese Fehleinschätzung hatte nur in wenigen Fällen etwas mit Beschönigung zu tun. Ich glaube, es gehört zum menschlichen

Selbsterhaltungsinstinkt, auch in ausweglosen Situationen nach Anzeichen von Hoffnung zu suchen. Manchmal verleitet dieser Instinkt auch erfahrene Experten zu Fehlschlüssen. Putin hat es immer verstanden, solche falschen Hoffnungen zu wecken, zu nähren und andere Menschen damit zu täuschen.

Trotzdem bin ich überzeugt, dass es auch heute noch Gründe zur Hoffnung gibt. Gesellschaften und politische Gebilde entwickeln sich nicht linear. Gerade in Russland sind viele gegenläufige Strömungen gleichzeitig im Fluss. Im Rückblick auf die vergangenen 30 Jahre ist auf politischer und institutioneller Ebene vieles schlimmer gekommen, als es man es sich auszumalen wagte. Trotzdem hat sich auf der gesellschaftlichen Ebene vieles verbessert, seit ich 1994 meinen Zivildienst in Nowosibirsk begann. Fast in jeder Stadt gibt es heute Initiativen, in denen sich Bürger für Obdachlose, Behinderte und andere benachteiligte Menschen einsetzen. Vielen Menschen ist es ein starkes Bedürfnis, gemeinsam mit Gleichgesinnten etwas zum Besseren zu bewegen. Anna Riwina ist mit ihrem Kampf gegen Gewalt in den Familien ein Beispiel. Die harten Repressionen des Staates gegen die Zivilgesellschaft sind einerseits ein Echo aus den finstersten Zeiten der russischen Geschichte. Zugleich sind sie ein Indiz dafür, für wie mächtig man im Kreml die Kräfte der Erneuerung hält und wie sehr man sie fürchtet.

Dass Denis Karagodin mit seiner Suche nach der Wahrheit auf so viel Zuspruch stieß, zeigt, dass eine neue Generation endlich bereit ist, die Wahrheit zu erfahren, auch wenn sie schmerzhaft ist. Nikolai Epplée spricht in seinem Buch über den Umgang mit einer unbequemen Vergangenheit in Russland und anderswo von «Erinnerungsdurchbrüchen». Gemeint ist «eine Situation, in der die alte Infrastruktur der Bearbeitung und des Beschweigens der Vergangenheit nicht mehr funktioniert und der Diskurs die errichteten Dämme durchbricht».[96] Der Aufwand, die Dämme zu schützen wird immer größer. Karagodin hat bereits Risse gefunden.

Die Künstlerin Katrin Nenaschewa steht für die zweite positive Entwicklung, die seit einigen Jahren im Gange ist: Die Menschen beginnen zu reflektieren. Seit dem 19. Jahrhundert drehte sich der Diskurs der russischen Elite um die zwei Fragen «wer ist schuld?» und «was tun?». Statt einen Schuldigen zu suchen beginnt Nenaschewa sich zu fragen: «Was habe ich, was haben wir getan, dass wir da stehen, wo wir jetzt stehen.» Propaganda tut genau das Gegenteil, sie baut darauf auf, Verantwortung abzulehnen. Die Ukrainer werden als «Faschisten» diffamiert, um das Gewissen zu entlasten, wenn man Raketen auf sie schießt. Propaganda gibt allen ringsum die Schuld an allem Übel. Wenn Reflexion an die Stelle von Schuldzuweisungen tritt, ist Entwicklung möglich. Die Persönlichkeitspsychologie hat dafür den Begriff «locus of control». Gemeint ist, ob ein Mensch mit der Überzeugung lebt, dass er selbst sein Schicksal bestimmt. Oder ob er sich ständig als Spielball äußerer Kräfte erlebt. Das ist die unreife Perspektive, die Wladimir Putin einnimmt, wenn er davon spricht, zu welchen üblen Taten der Westen ihn wieder genötigt hat. Der Homo sovieticus kannte keine individuelle Verantwortung. Nenaschewa steht für eine Generation, die nach der Auflösung der Sowjetunion geboren ist und lernt, Verantwortung für ihr eigenes Handeln zu übernehmen, gemäß dem Prinzip des Analytikers Carl Gustav Jung: «Ich bin nicht das, was mir passiert ist, ich bin, was ich beschließe zu werden.» In der Folge des Krieges wird die Frage nach der Verantwortung jedes Einzelnen noch einmal mit ganz neuer Dringlichkeit gestellt werden. Die Diskussionen darüber haben unter kritisch denkenden Landsleuten längst begonnen.

Keine dieser Entwicklungen allein wird genügen, um etwas zum Positiven zu verändern. Für einen Wandel in Russland werden alle Qualitäten benötigt – der kaltblütige Scharfsinn von Denis Karagodin, das soziale Gewissen und die Solidarität von Anna Riwina, die Bereitschaft zur Reflexion der Psychoaktivistin Katrin Nenaschewa. Aber ohne die Wut der Partisanen von Primorje wird es auch nicht gehen. Gerade die Deutschen tun sich schwer damit. Ginge es nach den Beobachtern, die das Weltgeschehen vom Sofa Berliner Talkshow-Studios aus beurteilen, dürfte Veränderung nur friedlich ablaufen und auf keinen Fall staatsrechtliche Bedenken hervorrufen. Dass unter den Verteidigern des Kyjiwer Maidan auch gewaltbereite Hooligans und Nationalisten waren, genügte den Deutschen schon, die ganze Revolution der Würde zu diskreditieren. Wer hätte den prügelnden Berkut-Mannschaften sonst etwas entgegensetzen sollen, die mit schwerem Gerät anrückten? Hausfrauen und Rentner waren auch dort, aber alleine fehlte es ihnen an Schlagkraft.

Wir sollten uns darauf einstellen, dass bei dem Umbruch, der irgendwann kommen wird, Figuren eine Rolle spielen, die nicht vorher Sozialkundelehrer oder Verwaltungsbeamte in Deutschland waren. Wenn ein Unterdrückungsstaat einmal so weit fortgeschritten ist, dass Widerstand gefährlich ist, dann braucht es auch die Verrückten, die nicht nüchtern Chancen und Risiken abwägen. Der 13-jährige Roman Strzałkowski, der 1956 beim Posener Aufstand getötet wurde, wäre nach vernünftigen Überlegungen sicher besser zuhause geblieben. Er hatte wahrscheinlich auch keine umfassende Vorstellung von einer demokratischen Ordnung, die anstelle des nachstalinistischen Systems treten sollte. Durften die Schwestern Chatschaturjan ihren Vater töten? Nein. Darf man von Menschen erwarten, ein solches Martyrium still zu erdulden? Niemals.

Wladimir Putin hat diesen Krieg nicht begonnen, weil die Nato, Deutschland oder die USA die falschen Gesprächsansätze hatten. Wer dieser Deutung folgt, unterliegt einer maßlosen

Selbstüberschätzung des westlichen Einflusses auf die Entwicklungen in Russland. Der Krieg gegen die Ukraine, die Gewalt und die Repressionen gegen Andersdenkende und Minderheiten, sind Reaktionen auf einen Wandel, der bereits im Gange ist. Alle in Putins engerem Führungszirkel sind Repräsentanten einer untergegangenen Welt. Ein Regime der Untoten versucht die Zeit anzuhalten.

So paradox das klingen mag: Der Krieg und die Repressionen können auch ein Grund sein, Hoffnung zu schöpfen. Sie zeigen, wie sehr die Untoten in Bedrängnis sind. Nicht durch den Westen, nicht durch die Nato, sondern durch die gesellschaftliche Entwicklung, die der Westen noch weniger steuern kann als das Regime. Diese Entwicklungen sind im Gange. Sie als zwangsläufige Entwicklung zur Demokratie zu feiern, wäre naiv. Einige Beispiele in diesem Buch zeigen, dass es gärt. Das Beispiel der Staniza Kuschtschowskaja zeigt aber auch, dass eine Gesellschaft in einem Teufelskreis der Gewalt gefangen bleiben kann.

Die Deutschen könnten im Umgang mit Russland eine neue Rolle spielen. Statt aus falsch verstandenen Schuldkomplexen über gefährliche Entwicklungen hinwegzusehen und die Bedenken und Warnungen der Staaten und Völker im Osten Europas zu ignorieren oder kleinzureden, könnten sie erkennen, dass die russische Gesellschaft seit dem Zusammenbruch der Sowjetunion eine Entwicklung durchgemacht hat, die den Deutschen aus den 20-er und 30-er Jahren des vergangenen Jahrhunderts sehr vertraut sein sollte: eben das «Eindringen der Kriminalität in den Bereich des Öffentlichen», von dem Arendt spricht. «Es gibt kein Nazi-Gen und ebenso wenig eine genetische Schuld», schreibt Epplée. «Jeder Mensch entscheidet für sich, wer und was er sein möchte.»[97] Wenn wir das den Russen nicht zugestehen, handeln wir selbst gegen das Prinzip der Verantwortung, das der Schlüssel ist zur Überwindung des Totalitarismus.

Dank

Grundlage der hier gesammelten Geschichten waren neben Recherchen vor Ort, Gesprächen mit Beteiligten sowie Gerichtsakten und offiziellen Dokumenten zu einem großen Teil Berichte in russischen Medien. Der Mut, die Professionalität und die Beharrlichkeit unabhängiger Journalisten in Russland kann nicht genügend hervorgehoben werden. Sie leisten unter schwierigsten Bedingungen Großartiges und ohne sie wüssten wir kaum etwas über das Land. Ich habe es beim Schreiben dieses Buches gehalten wie es Korrespondenten überall auf der Welt üblicherweise tun: Dort, wo eine Information exklusiv von einem einzelnen Medium veröffentlicht wurde, wird dieses Medium als Quelle genannt. Dort, wo zahlreiche Medien übereinstimmend berichten, wird darauf verzichtet. Andernfalls entstünde eine Fülle an Fußnoten, die allein dazu diente, die Redlichkeit des Autors zu belegen, Leserinnen und Lesern aber mehr Verwirrung als Mehrwert bringen würde.

Die geschilderten Ereignisse erstrecken sich über einen Zeitraum von mehreren Jahrzehnten. In dieser Zeit haben sich viele Dinge geändert. Darauf wird dort hingewiesen, wo es für das Verständnis von Bedeutung ist. In anderen Fällen wird – um Leser nicht mit Details zu nerven – frech vereinfacht. So gab es zum Beispiel im Jahr 2011 eine Reform der Sicherheitsorgane, im Zuge derer die noch aus der Sowjetunion stammende Bezeichnung Miliz geändert wurde in Polizei. Da Name und organisatorische Struktur der Sicherheitsorgane für die geschilderten Ereignisse kaum Bedeutung haben, ist in diesem Buch durchgehend von der Polizei die Rede, weil der Begriff den Leserinnen und Lesern einfach vertraut ist. Es wird auch nicht jedes Mal erklärt, welche Art von Spezialpolizei oder welche Geheimdienstabteilung im Einsatz war. Das weit verästelte Netz aus Spezialeinheiten und teilweise untereinander konkurrierenden Geheimdiensten ist eine Wissenschaft für sich, die anderswo die ihr gebührende Aufmerksamkeit findet.[98]

Starken Veränderungen unterlag auch der Kurs des Rubels. Für die Umrechnung in Euro habe ich den jeweils zum betreffenden Zeitpunkt gültigen Kurs herangezogen. Wer sich also wundert, dass 1000 Rubel an einer Stelle mit einem Wert von 19 Euro beziffert werden und an einer anderen mit 9 Euro, der bedenke den schwankenden Wechselkurs.

Bei der Transkription des Kyrillischen habe ich mich an den Duden gehalten, es sei denn, es hat sich eine andere Schreibweise etabliert.

Mein Dank gilt allen, die bereit waren, für dieses Buch mit mir zu sprechen, obwohl das für sie selbst Risiken birgt. Insbesondere Katrin Nenaschewa, Ljudmila Petranowskaja, Denis Karagodin und Anna Riwina. Sie sind Gründe, nicht die Hoffnung zu verlieren. Sebastian Schoepp hat mich mit Rat und guten Gesprächen dazu ermuntert, dieses Buch zu schreiben. Thomas Schmidt hat mit wertvoller Kritik am Manuskript geholfen, dass es besser wurde. Und Philipp Crone hat mit regelmäßigen Treffen am Saftstand des Viktualienmarkts einen wichtigen Beitrag geleistet, meinen Vitaminhaushalt, vor allem aber mein Gemüt im Gleichgewicht zu halten. Großen Dank an euch!

Den Leserinnen und Lesern danke ich für ihr Interesse. Anregungen und Kritik erreichen mich unter kdg@julianhans.eu.

Anmerkungen

1 Arendt, Hannah: Was heißt persönliche Verantwortung in einer Diktatur?, München 2018, S. 18.

2 Костюченко, Елена: «Нам здесь жить», часть II. *Новая Газета*, 6.12. 2010. https://novayagazeta.ru/articles/2010/12/06/373-nam-zdes-zhit-chast-ii (letzter Zugriff: 23.11.2023)

3 Ebd.

4 Павловская, Татьяна: Забитые студенты СКГТИ молят защитить их от организованной преступности. *Российская Газета*, 25.10.2005. https://rg.ru/2005/10/25/studenty.html (letzter Zugriff: 23.11.2023)

5 Павловская, Татьяна: Женщину, пытавшуюся остановить Кущевских негодяев, довели до психушки. *Российская Газета*, 16.12.2010. https://rg.ru/2010/12/16/delo.html (letzter Zugriff: 23.11.2023)

6 Ebd.

7 Ebd.

8 Ebd.

9 Россия входит в топ-10 стран по числу самоубийств. *Коммерсантъ*, 10.9.2022. https://www.kommersant.ru/doc/5549246 (letzter Zugriff: 23.11. 2023)

10 Russia's population nightmare is going to get even worse. *Economist*, 4.3. 2023. https://www.economist.com/europe/2023/03/04/russias-population-nightmare-is-going-to-get-even-worse (letzter Zugriff: 23.11.2023)

11 Путин уверен, что россияне готовы за него умереть. *Repost*, 22.8.2023. https://www.youtube.com/watch?v=pPDX8iP8JMY (letzter Zugriff: 23.11. 2023)

12 «Война с Украиной — следствие официального культа смерти». *Вёрстка*, 16.1.2023. https://verstka.media/kult-smerti (letzter Zugriff: 23.11.2023)

13 Inosemzew, Wladislaw: Putins Ökonomie des Todes, *dekoder*, 10.7.2023. https://www.dekoder.org/de/article/krieg-ukraine-soldaten-besoldung-entschaedigung (letzter Zugriff: 23.11.2023)

14 Костюченко, Елена: «Нам здесь жить!» Часть III. *Новая Газета*, 8.12. 2010. https://novayagazeta.ru/articles/2010/12/08/343-nam-zdes-zhit-chast-iii (letzter Zugriff: 23.11.2023)

15 Фочкин, Олег: Павел Корниенко: «Мою отставку Цапки праздновали месяц». *Московский Комсомолец*, 28.11.2010. https://www.mk.ru/inci

dent/2010/11/28/547744-pavel-kornienko-moyu-otstavku-tsapki-prazdnovali-mesyats.html (letzter Zugriff: 23.11.2023)

16 Ebd.

17 Павловская, Татьяна: В Краснодаре найден мертвым бывший глава кущевского РОВД. *Российская Газета*, 29.11.2019. https://rg.ru/2019/11/29/reg-ufo/v-krasnodare-najden-mertvym-byvshij-glava-kushchevskogo-rovd.html (letzter Zugriff: 23.11.2023)

18 Павловская, Татьяна: Власть ничего не знала о существовании криминальной группировки в Кущевском районе. *Российская Газета*, 19.11.2010. https://rg.ru/2010/11/19/kuschevskaya.html (letzter Zugriff: 23.11.2023)

19 Костюченко, Елена: «Нам здесь жить!» Часть III. *Новая Газета*, 8.12.2010. https://novayagazeta.ru/articles/2010/12/08/343-nam-zdes-zhit-chast-iii (letzter Zugriff: 23.11.2023)

20 Костюченко, Елена: Цапковских подельников спасают погоны. *Новая Газета*, 30.11.2012. https://novayagazeta.ru/articles/2012/11/30/52590-tsapkovskih-podelnikov-spasayut-pogony (letzter Zugriff: 23.11.2023)

21 Ebd.

22 Екатерина Рогоза. Обращение следователя из Кущёвской. 7.12.2010. https://www.youtube.com/watch?v=hQklFOQNWOY (letzter Zugriff: 23.11.2023)

23 Братуха, надо давно переходить на «ты»… . *Новая Газета*, 13.12.2010. https://novayagazeta.ru/articles/2010/12/13/272-bratuha-nado-davno-perehodit-na-ty?ysclid=llurrlcmq256320057 (letzter Zugriff: 23.11.2023)

24 Экс-начальник криминальной милиции Кущевского района ежемесячно получал от «Цапков» по 30 тыс. руб. *Interfax*, 9.10.2013. https://www.interfax-russia.ru/south-and-north-caucasus/main/eks-nachalnik-kriminalnoy-milicii-kushchevskogo-rayona-ezhemesyachno-poluchal-ot-capkov-po-30-tys-rub (letzter Zugriff: 23.11.2023)

25 Костюченко, Елена: Сговор с цапками суд не заметил. *Новая Газета*, 23.12.2013. https://novayagazeta.ru/articles/2013/12/23/57761-sgovor-s-tsapkami-sud-ne-zametil (letzter Zugriff: 23.11.2023)

26 Der Titel des Liedes «Rossija dlja grustnych» («Russland für Traurige») ist eine lautmalerische Anspielung auf die Parole der Nationalisten «Rossija dlja Russkich» (Russland den Russen). 2013 wurde die «Verletzung religiöser Gefühle» ins russische Strafgesetz aufgenommen. Eine Reaktion auf das «Punk Gebet» der Akionskünstlerinnen von Pussy Riot in der Moskauer Christ Erlöser Kathedrale. Die Verletzung religiöser Gefühle wurde zu einem beliebten Mittel, um kritische Künstler und Medien zu kriminalisieren. Bei Bedarf findet sich leicht jemand, der vor Gericht bekundet, er

sei durch ein Kunstwerk in seinen Gefühlen verletzt worden. Paragraf 148 sieht dafür bis zu ein Jahr Freiheitsentzug vor.

27 Обращение приморских партизан к жителям России, 21.3.2022. https://www.youtube.com/watch?v=5JPW6mcDYFE (letzter Zugriff: 23.11.2023)

28 Приморские «партизаны»: как бандиты превратились в героев. *Комсомольская Правда*, 25.6.2010. https://www.kp.ru/daily/24512/662813/ (letzter Zugriff: 23.11.2023)

29 Laug, Christoph: Die «Partisanen» von Primorje. In: *Russland-Analysen*, Nr. 205 vom 16.7.2010, S. 16–29.

30 Институциональное доверие: сентябрь 2023. *Левада Центр*, 12.10.2023. https://www.levada.ru/2023/10/12/institutsionalnoe-doverie-sentyabr-2023 (letzter Zugriff: 23.11.2023)

31 Жириновский высказался в поддержку приморских «партизан». *Коммерсантъ*, 7.7.2010. https://www.kommersant.ru/doc/1408937 (letzter Zugriff: 23.11.2023)

32 Epplée, Nikolai: Die unbequeme Vergangenheit. Vom Umgang mit Staatsverbrechen in Russland und Anderswo. Berlin 2023. S. 446

33 Приморские «партизаны»: как бандиты превратились в героев. *Комсомольская Правда*, 25.6.2010. https://www.kp.ru/daily/24512/662813/ (letzter Zugriff: 23.11.2023)

34 Могутин, Никита: Из дела «приморских партизан» пропали имена «оборотней в погонах». *Известия*, 20.7.2012. https://iz.ru/news/531075 (letzter Zugriff: 23.11.2023)

35 Artist Pyotr Pavlensky stripped of human rights award. *Artforum*, 13.7.2016. https://www.artforum.com/news/artist-pyotr-pavlensky-stripped-of-human-rights-award-62178 (letzter Zugriff: 23.11.2023)

36 Во Владивостоке суд признал экстремистской книгу «Ударные отряды» против Путина», Gazeta.ru, 23.1.2015 https://www.gazeta.ru/social/news/2015/01/23/n_6852045.shtml

37 Обращение приморских партизан к жителям России, *InformNapalm*, YouTube https://www.youtube.com/watch?v=5JPW6m

38 Павлова, Анна; Васильев, Павел: «Я был в полной уверенности, что он на стороне Украины». Знакомые «приморского партизана» Александра Ковтуна удивлены его гибелью на войне. *Медиазона*, 21.2.2023. https://zona.media/article/2023/02/21/partisan (letzter Zugriff: 23.11.2023)

39 Ebd.

40 Каныгин, Павел: Хачатурян. Танцы с пистолетом. *Новая Газета*, 21.12.2018. https://novayagazeta.ru/articles/2018/12/20/79005-hachaturyan-tantsy-s-pistoletom (letzter Zugriff: 23.11.2023)

41 Путин заверил в отсутствии у России цели оккупировать Украину. *Interfax*, 16.3.2022. https://www.interfax.ru/world/829579 (letzter Zugriff: 23.11.2023)

42 Hobsbawm, Eric; Ranger, Terence (Hg.): The Invention of Tradition. Cambridge 2007

43 Руднев, Максим: Традиционные ценности и реальность. *Ведомости*, 17.5.2019. https://www.vedomosti.ru/opinion/articles/2019/05/16/801630-traditsionnie-tsennosti (letzter Zugriff: 23.11.2023)

44 Военная доктрина Российской Федерации. *Российская Газета*, 30.12. 2014. https://rg.ru/documents/2014/12/30/doktrina-dok.html (letzter Zugriff: 23.11.2023)

45 Доктрина информационной безопасности Российской Федерации. 5.12.2016. http://kremlin.ru/acts/bank/41460 (letzter Zugriff: 23.11.2023)

46 Указ Президента Российской Федерации № 809. Об утверждении Основ государственной политики по сохранению и укреплению традиционных российских духовно-нравственных ценностей. 09.11. 2022. http://www.kremlin.ru/acts/bank/48502 (letzter Zugriff: 23.11. 2023)

47 Ebd.

48 Partnerschaftsgewalt – Kriminalstatistische Auswertung – Berichtsjahr 2021. Bundeskriminalamt, 1.9.2023. https://www.bka.de/SharedDocs/Downloads/DE/Publikationen/JahresberichteUndLagebilder/Partnerschaftsgewalt/Partnerschaftsgewalt_2021.html (letzter Zugriff: 23.11.2023)

49 Victims of intentional homicide. United Nations Office on Drugs an Crime, o. D. https://dataunodc.un.org/dp-intentional-homicide-victims (letzter Zugriff: 23.11.2023)

50 Ebd.

51 Домашнее насилие в России. *РИА Новости*, 29.1.2013 (aktualisiert 1.3. 2020). https://sn.ria.ru/20130129/920211298.html (letzter Zugriff: 23.11. 2023)

52 «Я тебя сейчас, сука, убивать буду». *Новая Газета*, 25.11.2019. https://novayagazeta.ru/articles/2019/11/25/82847-ya-tebya-seychas-suka-ubivat-budu (letzter Zugriff: 23.11.2023)

53 Черных, Александр: Правительство защищает мужчин от женщин. *Коммерсантъ*, 19.11.2019. https://www.kommersant.ru/doc/4163633 (letzter Zugriff: 23.11.2023)

54 Case of Tunikova and others vs. Russia. European Court of Human Rights, 14.12.2021. https://hudoc.echr.coe.int/fre?i=001-213869 (letzter Zugriff: 23.11.2023)

55 Вишневецкая, Дина: «Президент не поймет». Маргарита Грачева, которой муж отрубил кисти рук, – о рекордной компенсации ЕСПЧ.

Настоящее Время, 17.12.2021. https://www.currenttime.tv/a/margarita-gracheva-muzh-otrubil-kisti-ruk-rekordnaya-kompensatsya-espch/31612172.html (letzter Zugriff: 23.11.2023)

56 Am 7. Februar 2022 reist Frankreichs Präsident Emmanuel Macron zu einer eilig anberaumten Visite nach Moskau. Mehr als sechs Stunden sprechen die beiden Präsidenten miteinander. Macron versucht, Putin von einem Einmarsch in die Ukraine abzuhalten. Bei der Pressekonferenz am Abend sagt Putin diesen Satz über die Ukraine: «Ob es dir gefällt oder nicht, meine Schöne, du wirst es erdulden.» Zwei Wochen später fällt seine Armee über das Nachbarland her.

57 Aktuelle Zahlen bei OVD-Info: https://en.ovdinfo.org

58 Виноградова, Екатерина: Треть россиян оказались зависимыми от выплат государства. *РБК*, 12.1.2023. https://www.rbc.ru/economics/12/01/2023/63be83e59a794786222dfa6a (letzter Zugriff: 23.11.2023)

59 Рождаемость, смертность и естественный прирост населения. Росстат, 17.6.2022. https://rosstat.gov.ru/storage/mediabank/demo21_2021.xls (letzter Zugriff: 23.11.2023)

60 Аналитики оценили число российских семей с ипотекой. *Ведомости*, 11.2.2021. https://www.vedomosti.ru/realty/news/2021/02/11/857552-analitiki-otsenili-chislo-rossiiskih-semei-s-ipotekoi (letzter Zugriff: 23.11.2023)

61 Inosemzew, Wladislaw: Putins Ökonomie des Todes. *dekoder*, 10.7.2023. https://www.dekoder.org/de/article/krieg-ukraine-soldaten-besoldung-entschaedigung (letzter Zugriff: 23.11.2023)

62 1 StR 483/02

63 Радионова, Рина: Бабушка умерла, а Крестина попала в аварию: мать сестер Хачатурян впервые рассказала, как девушки живут сейчас. *Woman.ru*, 31.10.2022. https://www.woman.ru/real-life/babushka-umerla-a-krestina-popala-v-avariyu-mat-sester-khachaturyan-vpervye-rasskazala-kak-devushki-zhivut-seichas-id845111 (letzter Zugriff: 23.11.2023)

64 Асмолов, Александр: «Если враг не существует, то его изобретают». «Скажи Гордеевой» 5.3.2022. https://www.youtube.com/watch?v=CL9bigv1hek (letzter Zugriff: 23.11.2023)

65 Alle Angaben gemäß der Dokumentation von Denis Karagodin auf karagodin.org (letzter Zugriff: 23.11.2023)

66 За прадеда. Время покажет. *Первый Канал*, 9.12.2016. https://www.1tv.ru/shows/vremya-pokazhet/vypuski/za-pradeda-vremya-pokazhet-vypusk-ot-09-12-2016 (letzter Zugriff: 23.11.2023)

67 Рыжкина, Надежда; Лютова, Ева: «Мой отец не палач, у него – награды!»: сын сотрудника НКВД написал заявление на правнука расстрелянного сибиряка. *Комсомольская Правда*, 4.3.2021. https://www.nsk.kp.ru/daily/27247/4376858 (letzter Zugriff: 23.11.2023)

68 Осс, Наталия: Я боюсь справедливости. *Известия*, 23 November 2016. https://iz.ru/news/646830 (letzter Zugriff: 23.11.2023)

69 Lenin, Wladimir Iljitsch: Drei Quellen und drei Bestandteile des Marxismus. *Prosweschtschenije* Nr. 3, März 1913. Zitiert nach https://www.marxists.org/deutsch/archiv/lenin/1913/03/quellen.htm (letzter Zugriff: 23.11.2023)

70 Медведев, Сергей: Эффект Карагодина. Почему власть боится томского философа? *Republic*, 29.11.2016. https://republic.ru/posts/76777 (letzter Zugriff: 23.11.2023)

71 Arendt, Hannah: Was heißt persönliche Verantwortung in einer Diktatur? München, 2022. S. 33.

72 Ebd.

73 Epplée, Nikolai: Die unbequeme Vergangenheit. Vom Umgang mit Staatsverbrechen in Russland und anderswo. Berlin, 2023. S. 507

74 Ebd., S. 397

75 Яковлев, Владимир: Меня назвали в честь деда. 8.9.2016. https://www.facebook.com/1206441856087060/photos/a.1214617398602839/1214765738588005/?type=3 (letzter Zugriff: 23.11.2023)

76 Около 15 миллионов россиян находятся в депрессии, показало исследование. *РИА Новости*, 5.9.2023. https://ria.ru/20230905/depressiya-1894414168.html (letzter Zugriff: 23.11.2023)

77 Мингазов, Сергей: Эксперты связали рост спроса на услуги психологов со «спецоперацией» и мобилизацией. *Forbes.ru*, 28.12.2022. https://www.forbes.ru/society/483190-eksperty-svazali-rost-sprosa-na-uslugi-psihologov-so-specoperaciej-i-mobilizaciej (letzter Zugriff: 23.11.2023)

78 Стогней, Анастасия: «Фамилия знакомая». Кто в России продвигает закон о психологической помощи в разгар войны. *BBC*, 2.11.2022. https://www.bbc.com/russian/features-63482465 (letzter Zugriff: 23.11.2023)

79 Genau in dieser Haltung sah Hannah Arendt die moralische Wahl, die dem Einzelnen in der Diktatur bleibt: «Ich glaube, dass diejenigen, die nicht teilnahmen, ein anderes Kriterium hatten: Sie stellten sich die Frage, inwiefern sie mit sich selbst zusammenleben könnten, wenn sie bestimmte Taten begingen», Arendt, Hannah: Was heißt persönliche Verantwortung in einer Diktatur? München, 2018. S. 46.

80 За полгода ФСБ возбудила рекордное количество дел о «госизмене». *Holod*, 7.8.2023. https://holod.media/2023/08/07/fsb-zavodit/ (letzter Zugriff: 23.11.2023)

81 Панин, Илья: «Пытаются угадать по лицу, каких взглядов собеседник»: как живут и находят друг друга несогласные россияне.

Cherta, 1.6.2023. https://cherta.media/story/kak-zhivut-nesoglasnye-rossiyane (letzter Zugriff: 23.11.2023)

82 Konzeption der Außenpolitik der Russischen Föderation. 31.3.2023. https://www.mid.ru/ru/detail-material-page/1860586/?lang=de (letzter Zugriff: 23.11.2023) Военная доктрина Российской Федерации. 30.12.2014. https://rg.ru/documents/2014/12/30/doktrina-dok.html (letzter Zugriff: 23.11.2023)

83 Иеромонах Иоанн (Гуайта): «Это единственный грех, который не прощается». *«Скажи Гордеевой»*, 11.10.2022. https://www.youtube.com/watch?v=Oa_WFY4UnWI (letzter Zugriff: 23.11.2023). Guaita bezieht sich auf eine theologische Debatte zu Matthäus 12, 31–32 («Lästern gegen den heiligen Geist»).

84 Как женщина в Чечне выступила против Кадырова и чем это закончилось. *Настоящее Время*, 23.12.2015. https://www.youtube.com/watch?v=CSOKDIYA_dA (letzter Zugriff: 23.11.2023)

85 Хроника публичных извинений на Кавказе. *Кавказский узел*, 22.11.2022. https://www.kavkaz-uzel.eu/articles/345536 (letzter Zugriff: 23.11.2023)

86 OVD ist die Abkürzung für eine Polizeiwache. Die Organisation wurde während des Protestwinters 2011/2012 im Umfeld von Memorial gegründet und führte zunächst ein Monitoring von Festnahmen bei Demonstrationen. Inzwischen veröffentlicht sie auch regelmäßig Berichte zu Entwicklungen auf dem Gebiet der Menschenrechte, insbesondere bei Polizei und Justiz.

87 Apology Videos and More: Post-Full-Scale Invasion Analysis of Extrajudicial Pressure Tactics. OVD-Info, 4.7.2023. https://en.ovdinfo.org/apology-videos-and-more-post-full-scale-invasion-analysis-extrajudicial-pressure-tactics (letzter Zugriff: 23.11.2023)

88 «Я думаю, если бы я был на месте того солдата в окопе, то я не выжил бы. Я чувствую себя как животное. Простите меня, пожалуйста» – Nekoglai записал извинения за свою пародию. РИА Новости, 11.11.2022. http://t.me/rian_ru/185124 (letzter Zugriff: 23.11.2023)

89 В. Путин. Интервью ведущему *CNN*, Ларри Кингу. 08.09.00 Part 1, https://www.youtube.com/watch?v=OY_hnDgELts&t=65 s (letzter Zugriff: 23.11.2023)

90 Крупные ДТП с участием VIP-машин в 2010 г. *RBC*, 9.12.2010. https://www.rbc.ru/society/09/12/2010/5703e13a9a79473c0df17e5d (letzter Zugriff: 23.11.2023)

91 Мерседес S666 (Дорогу колеснице). Noize MC, 28.2.2010. https://www.youtube.com/watch?v=XX5NPcg_FxE (letzter Zugriff: 23.11.2023)

92 Путин подтвердил помилование заключенных для отправки на

войну. Как это устроено, рассказывают решения судов. *BBC Russia*, 14.6.2023. https://www.bbc.com/russian/articles/c29zj48ky9ro (letzter Zugriff: 23.11.2023)

93 Родственники Гагиевой сообщили об освобождении Техова. *Kawkasskij Usel*, 18.5.2023. https://www.kavkaz-uzel.eu/articles/388771 (letzter Zugriff: 23.11.2023)

94 Как бывшие заключенные из ЧВК «Вагнер» снова совершают преступления после возвращения с фронта. *Verstka*, 23.8.2023. https://verstka.media/pomilovannye-boycy-chvk-vagner-podozrevayutsia-v-ubiystve-dvenadcati-i-iznasilovanii-chetveryh-chelovek (letzter Zugriff: 23.11.2023)

95 Тамарченко, Евгения: Убийства, наркотики, избиения. «Вот Так» узнал, за что российские суды прощают участников войны, Wot Tak, 13.9.2023. https://vot-tak.tv/novosti/13-09-2023-za-chto-proshhayut-uchastnikov-vojny (letzter Zugriff: 23.11.2023)

96 Epplée, Nikolai: Die unbequeme Vergangenheit. Vom Umgang mit Staatsverbrechen in Russland und anderswo. Berlin, 2023. S. 7

97 Ebd., S. 409

98 Wer es genau wissen will, lese Andrej Soldatow, Irina Borogan und Mark Galeotti

Bild- und Rechtenachweis

S. 39: Foto: Anna Artemeva/Nowaja Gaseta

S. 45: Foto: Anna Artemeva/Nowaja Gaseta

S. 52: Fotoquelle: https://www.mk.ru/incident/2010/12/26/555128-kroshka-protiv-tsapka.html

S. 96: Screenshot aus dem Bekennervideo auf YouTube – https://www.youtube.com/watch?v=5JPW6mcDYFE

S. 120: Fotoquelle: https://i.dailymail.co.uk/1s/2020/01/31/16/24122160-7951601-Mikhail_Khachaturyan_57_was_killed_by_his_daughters_Krestina_Ang-a-53_1580486842344.jpg

S. 145: Screenshot von Facebook

S. 164: Foto © Denis Karagodin, karagodin.org – Fotoquelle: https://karagodin.org/?attachment_id=2154

S. 169: Foto: Julian Hans

S. 218: picture-alliance/Reuters/Anton Vaganov

Der Text auf S. 160 wurde abgedruckt mit freundlicher Genehmigung von Boris Grebenschtschikow.

Leider war es nicht in allen Fällen möglich, die Inhaber der Rechte zu ermitteln. Wir bitten deshalb gegebenenfalls um Mitteilung. Der Verlag ist bereit, berechtigte Ansprüche abzugelten.

Russische Geschichte

Gerd Koenen

Der Russland-Komplex

Die Deutschen und der Osten

Aktualisierte Ausgabe. Mit einem Kapitel ‹Wieder Krieg – eine Nachbetrachtung 2022›

3., aktualisierte Auflage. 2023. 560 Seiten mit 55 Abbildungen. Gebunden

Karl Schlögel

Das sowjetische Jahrhundert

Archäologie einer untergegangenen Welt

4., durchgesehene Auflage. 2018. 912 Seiten mit 86 Abbildungen. Gebunden

Manfred Hildermeier

Geschichte Russlands

Vom Mittelalter bis zur Oktoberrevolution

4., durchgesehene Auflage. 2022. 1504 Seiten mit 11 Karten. Leinen

Historische Bibliothek der Gerda Henkel Stiftung

Manfred Hildermeier

Geschichte der Sowjetunion 1917–1991

Entstehung und Niedergang des ersten sozialistischen Staates

Mit einem zusätzlichen Kapitel über das postsowjetische Russland 1991–2016

3., durchgesehene Auflage. 2022. 1348 Seiten mit 79 Tabellen, 10 Diagrammen und einer Karte. Leinen

Historische Bibliothek der Gerda Henkel Stiftung

Andreas Kappeler

Russische Geschichte

8., aktualisierte Auflage. 2022. 122 Seiten mit 5 Karten. Broschiert

C.H.Beck Wissen Band 2076